Praxishandbuch SAP® Cloud Integration

2., erweiterte Auflage

Adam Kiwon

Willkommen bei Espresso Tutorials!

Unser Ziel ist es, SAP-Wissen wie einen Espresso zu servieren: Auf das Wesentliche verdichtete Informationen anstelle langatmiger Kompendien – für ein effektives Lernen an konkreten Fallbeispielen. Viele unserer Bücher enthalten zusätzlich Videos, mit denen Sie Schritt für Schritt die vermittelten Inhalte nachvollziehen können. Besuchen Sie unseren YouTube-Kanal mit einer umfangreichen Auswahl frei zugänglicher Videos: *https://www.youtube.com/user/EspressoTutorials*.

Kennen Sie schon unser Forum? Hier erhalten Sie stets aktuelle Informationen zu Entwicklungen der SAP-Software, Hilfe zu Ihren Fragen und die Gelegenheit, mit anderen Anwendern zu diskutieren:

http://www.fico-forum.de.

Eine Auswahl weiterer Bücher von Espresso Tutorials:

- Sebastian Abshoff:
  Mobile Apps mit den SAP® Cloud Platform Mobile Services
  http://5345.espresso-tutorials.de
- Maximilian Köbler:
  Schnelleinstieg in SAP S/4HANA® Cloud
  http://5379.espresso-tutorials.de
- Tobias Steckenborn:
  Schnelleinstieg in SAP® Cloud Platform Workflow
  http://5427.espresso-tutorials.de
- Udo Walsch, Stefan Endrejat:
  Schnelleinstieg SAP® SuccessFactors – Employee Central mit Recruiting und Learning *http://5429.espresso-tutorials.de*
- Klaus-Peter Sauer:
  SAP® Data Warehouse Cloud
  http://5465.espresso-tutorials.de
- Tobias Steckenborn:
  Schnelleinstieg SAP® Business Technology Platform (BTP) – Services und Integration
  http://5642.espresso-tutorials.de

Bibliografische Information der Deutschen Nationalbibliothek
Die Deutsche Nationalbibliothek verzeichnet diese Publikation in der Deutschen Nationalbibliografie; detaillierte bibliografische Daten sind im Internet über https://portal.dnb.de abrufbar.

Adam Kiwon
Praxishandbuch SAP® Cloud Integration – 2., erweiterte Auflage

ISBN: 978-3-960121-84-8

Lektorat: Die Korrekturstube, Anja Achilles

Korrektorat: Die Korrekturstube, Team Wallmow 65

Coverdesign: Philip Esch

Coverfoto: iStockphoto.com | Olemedia No. 1316144933

Satz & Layout: Johann-Christian Hanke

2. Auflage 2023

URL: *www.espresso-tutorials.de*

Feedback:
Wir freuen uns über Fragen und Anmerkungen jeglicher Art. Bitte senden Sie diese an: *info@espresso-tutorials.com*.

Inhaltsverzeichnis

Vorwort 9

1 Schnittstellenplattformen 13

2 SAP Business Technology Platform 15
- 2.1 Integration Platform as a Service 15
- 2.2 Bereitstellungsoptionen 18
- 2.3 Data Services und Process Integration 19
- 2.4 Account Cockpit 20
- 2.5 SAP Cloud Integration Onboarding 21

3 Schnittstellenentwicklung mit SAP Cloud Integration 27
- 3.1 Architektur 28
- 3.2 Integration Content 33
- 3.3 Entwicklungsprozess 48
- 3.4 Modularisierung 61
- 3.5 Fehlerbehandlung 64
- 3.6 Transportwesen 67
- 3.7 Sicherheit 72
- 3.8 Qualität und Integration Excellence 86

4 Integration Patterns 89
- 4.1 Events 89
- 4.2 Connectivity 93
- 4.3 Transformationen 132
- 4.4 Calls 148
- 4.5 Routings 156
- 4.6 Persistenz 163
- 4.7 Message Security 168
- 4.8 Laufzeitvariablen 170

5 Beispielszenario **173**
5.1 Überblick 173
5.2 Umsetzung 174
5.3 Implementierung einer Variante 193

6 Standard Integration Content **201**
6.1 Schnittstellen konfigurieren 201
6.2 Aktualisierungskonzept 206
6.3 Erweiterungskonzept 207

7 Monitoring und Betrieb **211**
7.1 Nachrichten und Artefakte 211
7.2 Alerting 214
7.3 Zertifikate und Identitäten 216
7.4 Speicher 217
7.5 Logs und Traces 217
7.6 Eclipse 219
7.7 SAP Solution Manager und Focused Run 220
7.8 SAP Cloud ALM 221

8 Spezialthemen **223**
8.1 B2B Add-on 223
8.2 Partner Directory 224
8.3 Integration Advisor 226
8.4 Trading Partner Management 226
8.5 Lokales Deployment 228
8.6 API Management 233
8.7 Event Mesh 235
8.8 Open Connectors 237
8.9 Integration Assessment 240
8.10 Workflow und Business Rules 241
8.11 SAP-Partner-Add-ons 242

9 Zusammenfassung und Ausblick **245**

A Der Autor **248**

B Index **250**

C Disclaimer **253**

Vorwort

Dieses Praxishandbuch vermittelt Ihnen die Grundlagen der Modellierung von Schnittstellen mit SAP Cloud Integration als Teil der SAP Integration Suite. Ein zentraler Aspekt ist dabei die Vermittlung von Kenntnissen, wie die Integration zwischen Anwendungen, Systemen, Partnern und Behörden in der Cloud bzw. in hybriden Umgebungen erfolgen sollte und wie Schnittstellen sicher betrieben werden können. Es erläutert Ihnen die verwandten Integrationskomponenten der seit 2012 existierenden Integrationsplattform und beschreibt Szenarien für deren Koexistenz. Zudem soll es Experten als nützliches Nachschlagewerk zu detaillierten Funktionsweisen der einzelnen *Integration Patterns* dienen.

Kapitel 2 beschreibt Ihnen die Integrationsplattform der SAP und setzt SAP Cloud Integration in den Kontext zu anderen Technologien, die für eine Cloud sowie hybride Architekturen verwendet werden können und jeweils spezielle Funktionen bereitstellen, die eine konkrete Integrationsanforderung erfüllen.

Kapitel 3 stellt Ihnen die Grundlagen für ein robustes Schnittstellendesign bzw. die Entwicklung von Schnittstellen (Integration Content) mit SAP Cloud Integration vor und erläutert Ihnen die Zusammenhänge.

In Kapitel 4 werden die verschiedenen Integration Patterns, die für die Entwicklung des *Integration Content* benötigt werden, mit ihrer jeweiligen Funktionsweise anhand von Beispielen aufgelistet.

Kapitel 5 vertieft das in Kapitel 4 erworbene Wissen in einem Praxisbeispiel, das Sie Schritt für Schritt in Ihrem eigenen SAP- Cloud Integration-Tenant umsetzen können.

Leser, die sich nur für die Verwendung des Standard-Contents interessieren, können gleich zu den Kapiteln 6 und 7 springen, in denen die Konfiguration vorhandener Integration Packages und der Betrieb (Monitoring) von Schnittstellen in der Cloud beschrieben werden.

Den Abschluss bildet Kapitel 9 mit einer Ergänzung zu speziellen Integrationsthemen, die auf dem erlernten Wissen aufbauen.

Anmerkungen zur 2. Auflage

SAP hat mit der Umbenennung von SAP Cloud Platform in SAP Business Technology Platform (BTP) im Januar 2021 (siehe *https://bit.ly/3T41OGF*) auch einige Services umbenannt. Diesen Veränderungen trägt die vorliegende zweite Auflage Rechnung und ergänzt zwischenzeitlich hinzugekommene Funktionalitäten. Dazu gehören u. a. Integration-Content-Elemente wie APIs und Collections, die in Abschnitt 3.2 erläutert werden. Wesentliche Erweiterungen betreffen insbesondere Cloud Foundry und damit einhergehende Anpassungen der Konfiguration von Cloud Integration Content.

Sie finden die Umbenennung auch im aktuellen Titel des Buches »Praxishandbuch SAP® Cloud Integration« wieder. Die vormals übliche Abkürzung CPI (Cloud Platform Integration) wird zwar in der SAP-Community noch verwendet, jedoch etabliert sich nach und nach die Verwendung von SAP CI oder SCI. Während bei den meisten Komponenten der SAP BTP lediglich »Cloud Platform« als Namensbestandteil entfernt wurde, hat die SAP den Service *Enterprise Messaging* gänzlich durch *Event Mesh* abgelöst.

SAP Cloud Integration ist im Kontext der BTP heute Teil der *SAP Integration Suite*, die Konzepte und Funktionen dieser Middleware sind jedoch weiterhin eigenständig zu betrachten und bilden die zentrale Komponente für das Thema »Prozessintegration im SAP-Kosmos«.

SAP-Begriffe Deutsch/Englisch

Im Verlauf des Buches werden sowohl deutsche als auch englische Fachbegriffe verwendet. Dies liegt zum einen daran, dass nicht jeder englische Begriff in seiner deutschen Übersetzung in der Praxis verwendet wird. So spricht man z. B. typischerweise von Deployment und nicht von Bereitstellung. Zum anderen steht die Benutzeroberfläche von SAP Cloud Integration nur in englischer Sprache zur Verfügung.

In den Text sind Kästen eingefügt, um wichtige Informationen besonders hervorzuheben. Jeder Kasten ist zusätzlich mit einem Piktogramm versehen, das diesen genauer klassifiziert:

Hinweis

Hinweise bieten praktische Tipps zum Umgang mit dem jeweiligen Thema.

Beispiel

Beispiele dienen dazu, ein Thema besser zu illustrieren.

! Achtung

Warnungen weisen auf mögliche Fehlerquellen oder Stolpersteine im Zusammenhang mit einem Thema hin.

Die Form der Anrede

Um den Lesefluss nicht zu beeinträchtigen, verwenden wir im vorliegenden Buch bei personenbezogenen Substantiven und Pronomen zwar nur die gewohnte männliche Sprachform, meinen aber gleichermaßen Personen weiblichen und diversen Geschlechts.

Hinweis zum Urheberrecht

Sämtliche in diesem Buch abgedruckten Screenshots unterliegen dem Copyright der SAP SE. Alle Rechte an den Screenshots hält die SAP SE. Der Einfachheit halber haben wir im Rest des Buches darauf verzichtet, dies unter jedem Screenshot gesondert auszuweisen.

1 Schnittstellenplattformen

Dieses Kapitel vermittelt Ihnen die Bedeutung und den Nutzen sowie eine kurze Historie der Evolution von Schnittstellenplattformen bei der SAP, die mit SAP Cloud Integration als aktueller Technologie ihren vorläufigen Endpunkt findet.

Schnittstellen ermöglichen den elektronischen Datenaustausch zwischen (meist heterogenen) Anwendungen. IT-Landschaften in Unternehmen erfordern den Einsatz von Schnittstellenplattformen, sobald eine gewisse Komplexität erreicht ist. Meist ist dies bereits dann der Fall, wenn bestimmte Funktionen nicht mehr in einem Anwendungssystem allein betrieben werden (z. B. bei einer von der Auftragsverarbeitung getrennten Finanzbuchhaltung oder einer geteilten Verwaltung von Kundenstammdaten) oder ein elektronischer Austausch von Dokumenten mit Geschäftspartnern erfolgt (z. B. via EDIFACT).

Schnittstellenplattformen sind Systeme, die die standardisierte Entwicklung von Schnittstellen in IT-Landschaften gestatten und diese zudem verwalten, steuern sowie überwachen. Die dazugehörigen Konzepte basieren auf der *Enterprise Application Integration (EAI)* bzw. auf *Serviceorientierter Architektur (SOA)* und sorgen für die integrierte Abwicklung von Geschäftsprozessen in einer verteilten Landschaft von Anwendungen. Ziel ist die Vermeidung von Punkt-zu-Punkt-Architekturen, da diese u. a. schlecht zu verwalten und zu überwachen sind. Synonyme Begriffe für eine Schnittstellenplattform sind Enterprise Service Bus (ESB), Message Broker oder Message-oriented Middleware (MOM).

SAP-Schnittstellenplattformen existieren seit etwa 2004, und ihre Geschichte begann mit der *SAP Exchange Infrastructure (XI)*. Davor existierte zwar bereits der *SAP Business Connector (BC)*, ein von der Firma WebMethods zugekauftes Produkt, das ein SAP-R/3-System in die Lage versetzte, über Internetprotokolle (z. B. HTTP mit Fremdsystemen zu kommunizieren. SAP XI war jedoch das erste echte SAP-Produkt zu den Themen »Integration« und »Connectivity« und ein wesentlicher Bestandteil der Integrationsplattform SAP NetWeaver. Später wurde das Produkt in *SAP Process Integration (PI)* umbenannt, unter dem es noch heute weitverbreitet ist. SAP PI basiert auf einem sogenannten *Dual-Stack*, d. h., es werden ein ABAP- sowie ein Java-Server verwendet.

Die letzte Stufe der Evolution (zumindest in der On-Premise-Welt) stellt das Produkt *SAP Process Orchestration (PO)* dar, das nur noch auf einem Java-Stack aufbaut und darüber hinaus die Komponenten SAP Business Process Management (BPM) sowie SAP Business Rules Management (BRM) beinhaltet, um primär zustandsbehaftete (stateful) Integrationen (z. B. das Aggregieren/Sammeln oder Korrelieren/Verknüpfen von Nachrichten) sowie die Verwaltung von Geschäftsregeln zu unterstützen.

SAP Cloud Integration, ehemals SAP Cloud Platform Integration (SAP CPI), ehemals SAP HANA Cloud Integration (HCI), ist die aktuelle Cloud Middleware der SAP und die zentrale Komponente der SAP Integration Suite. Wesentliche Elemente von SAP PI/PO finden sich darin nicht wieder; so enthält es z. B. kein starr festgelegtes (geradezu dogmatisches) Vorgehensmodell für die Erstellung von Schnittstellen. Im Gegensatz zur proprietären und sehr SAP-eigenen Implementierung werden hier offene Standards wie z. B. Apache Camel als Laufzeitumgebung verwendet. Dennoch ist eine Abwärtskompatibilität für die bereits erstellten Message-Mappings gewährleistet, da diese SAP-spezifische Laufzeitumgebung ebenfalls implementiert wurde.

SAP Cloud Integration basiert auf einer gänzlich flexiblen *Pipeline*, einem grafisch dargestellten Block, in dem sich die Verarbeitungsschritte als grafische Elemente sehr individuell anordnen lassen. Dies ist Fluch und Segen zugleich, da eine diesbezügliche extreme Standardisierung zugunsten einer hohen Flexibilität auch ein Qualitätsrisiko bedeutet. Letzteres lässt sich jedoch durch die Etablierung guter Entwicklungsrichtlinien und eines Vorgehensmodells begrenzen, sowie ggf. durch den Einsatz zusätzlicher Tools, die eine möglichst hohe Transparenz sowie eine Schnittstellensteuerung ermöglichen.

2 SAP Business Technology Platform

Dieses Kapitel gibt Ihnen einen Überblick über die wesentlichen Funktionen von SAP Business Technology Platform im Hinblick auf das Thema Integration. Zudem werden grundlegende Konzepte der Verwaltung sowie der Inbetriebnahme erläutert.

SAP Business Technology Platform (SAP BTP), vormals SAP Cloud Platform, stellt die *Platform as a Service (PaaS)* von SAP dar. Unter diesem Begriff werden Cloud-Dienste zusammengefasst, die die Erstellung und den Betrieb von Webanwendungen ermöglichen. Entsprechend vielfältig sind die unterschiedlichen angebotenen Dienste (Services), die jeweils eine bestimmte Aufgabe übernehmen, so z. B. Datenbanken, Entwicklungsumgebungen, Dokumentenverwaltung, Benutzeroberflächen (UIs) sowie Integrationsfunktionen. Diejenigen Services, die der Integrationsfunktionalität einer Plattform zugerechnet werden, bezeichnet man als *Integration Platform as a Service (iPaaS)*.

2.1 Integration Platform as a Service

Zur iPaaS von SAP gehören aktuell die folgenden Services:

- SAP Integration Suite: API Management
- SAP Integration Suite: **Cloud Integration**
- SAP Integration Suite: Open Connectors
- SAP Integration Suite: Integration Advisor
- SAP Integration Suite: Trading Partner Management
- SAP Integration Suite: Integration Assessment
- (Advanced) Event Mesh
- Connectivity (Cloud Connector)
- SAP Master Data Integration

- SAP Data Intelligence
- SAP Graph

Cloud Integration wird mittlerweile nicht mehr als eigenständiger Service angeboten, sondern nur als Komponente der *SAP Integration Suite*.

Ausgewählte Services, für die ein kombinierter Einsatz mit SAP Cloud Integration sinnvoll ist, werden in Kapitel 8 erläutert.

Übersicht der SAP-BTP-Services

Unter der URL *https://discovery-center.cloud.sap/viewServices* finden Sie die aktuell verfügbaren Services inkl. einer Möglichkeit, die Kosten für deren Einsatz zu kalkulieren.

In der Bereitstellungsoption »Neo« (siehe Abschnitt 2.2) konnten Sie noch zwei verschiedene Editionen erwerben, die *Process Integration (PI) Edition* und die (umfangreichere) *Enterprise Edition*. In der PI-Version sind pro Produktionsumgebung drei Verbindungen sowie zehn Gigabyte Bandbreite enthalten. Eine Verbindung stellt dabei eine Anwendung dar, also typischerweise eine IP-Adresse, über die Nachrichten ausgetauscht werden. Weitere Verbindungen können Sie zusätzlich (kostenpflichtig) lizenzieren. Die Enterprise Edition hingegen umfasst zusätzliche Services (z. B. B2B-Adapter, siehe Abschnitt 8.1, oder Event Mesh, siehe Abschnitt 8.7) und ist hinsichtlich der Anzahl der Verbindungen nicht limitiert. Mittlerweile ist es nicht mehr möglich, einen Cloud Integration Tenant auf Neo zu erwerben, Erweiterungen (z. B. zusätzliche Verbindungen) sind jedoch möglich.

Seit 2019 bündelt die SAP einige eigentlich autarke Services, die das Thema Integration betreffen, unter dem Begriff *SAP Integration Suite* (siehe Abbildung 2.1). Sie verfolgt damit das Ziel, deren Koexistenz und Interaktion zu verbessern und sie entsprechend einfacher zu vermarkten.

Abbildung 2.1: SAP Integration Suite

Die Lizenzierung der Integration Suite erfolgt aktuell über drei verschiedene Editionen, die eine unterschiedliche Anzahl an Umgebungen bereitstellen und nach Anzahl übertragener Nachrichten abgerechnet werden, wobei das Volumen erweitert werden kann (siehe SAP-Hinweis https://launchpad.support.sap.com/#/notes/2903776):

- **Basic**: Enthält einen SAP Cloud Integration Tenant (ohne JMS und B2B-Funktionalität) mit 10.000 Nachrichten
- **Standard**: enthält den Basic-Umfang inkl. *JMS* (siehe Abschnitt 4.2.23), *API Management* (siehe Abschnitt 8.6), *Open Connectors* (siehe Abschnitt 8.8), *Integration Advisor* (siehe Abschnitt 8.3) und Trading Partner Management (siehe Abschnitt 8.4)
- **Premium**: enthält 4 Tenants mit dem Umfang der Standard-Edition inkl. *Alert Notification Service* (siehe Abschnitt 3.3.3) und *Transport Management Service* (siehe Abschnitt 3.6.2)
- **Free Tier**: entspricht dem Umfang der Standard-Edition, ist jedoch gratis und zeitlich auf 90 Tage begrenzt mit der Option, den Account in einen Bezahlservice umzuwandeln.

☛ SAP Integration Suite – Editionen

Eine Übersicht der bestehenden Editionen finden Sie im SAP-Blog unter *https://bit.ly/3fx5CND*.

2.2 Bereitstellungsoptionen

SAP unterscheidet aktuell zwei Arten von Rechenzentren, in denen die iPaaS-Services betrieben werden:

- *Neo* (SAP-eigene Rechenzentren mit proprietärer Bereitstellung und Verwaltung)
- *Cloud Foundry* (Rechenzentren sogenannter Hyperscaler)

Cloud Foundry ist eine Open-Source-PaaS, die von verschiedenen Software-Anbietern (z. B. SAP) verwendet und von Infrastrukturanbietern (Hyperscaler) bereitgestellt wird.

Hyperscaler wiederum sind Dienstleister im Cloud-Umfeld, über die durch den Zusammenschluss tausender Server in Rechenzentren eine Vielzahl an Systemen und ganze IT-Landschaften genutzt werden können. Zu den bekannteren gehören:

- Microsoft Azure
- Amazon Web Services (AWS)
- Google Cloud Platform
- Alibaba Cloud (Aliyun)

Dabei gilt es zu beachten, dass diese Hyperscaler ihre eigenen Plattformen betreiben, die sich hinsichtlich ihrer jeweiligen Funktionalität häufig ähneln (Datenbanken, Laufzeitumgebungen und viele weitere Services). Wir wollen sie im Weiteren allerdings nur als alternative Rechenzentren betrachten.

Manche Services der SAP BTP existieren exklusiv nur in einer von beiden Umgebungen.

Während einige Dienste der SAP Business Technology Platform bereits von Beginn an in der *Cloud Foundry* zu finden sind, wird SAP Cloud Integration erst seit 2019 in dieser Umgebung bereitgestellt.

Eine Neu-Lizenzierung mit Neo ist im Kontext von SAP Cloud Integration mittlerweile nicht mehr möglich, SAP-Bestandskunden können die Services weiterhin ohne Einschränkung oder Enddatum nutzen, jedoch werden Innovationen und neue Funktionen primär in Cloud Foundry bereitgestellt.

SAP BTP Trial in Cloud Foundry

Sie können den Dienst sogar kostenlos ausprobieren (siehe *https://developers.sap.com/tutorials/hcp-create-trial-account.html*).

Die Funktionalität dieser Testversion (Trial) ist jedoch noch etwas beschränkt (z. B. fehlen bestimmte Adapter, Transporte, APIs) und wird im Detail in folgendem SAP-Hinweis beschrieben: *https://launchpad.support.sap.com/#/notes/2752867*.

2.3 Data Services und Process Integration

SAP Cloud Integration wird über zwei unterschiedliche Verwendungsarten bzw. Ausprägungen angeboten:

- Process Integration (PI)
- Data Services (DS)

Process Integration wird hier im Buch detailliert erläutert; sie bildet die SAP Middleware für die nachrichten- und prozessbasierte Integration in der Cloud, während die *Data-Services*-Ausprägung die Datenperspektive einnimmt. Der primäre Fokus von Data Services liegt auf der Replikation von Daten (typischerweise direkt aus Datenbanktabellen) im Sinne eines ETL-Tools (Extract, Transform, Load). Aktuell ist das von DS verwendete primäre Integrationsszenario das SAP-Produkt *Integrated Business Planning (IBP)*. Dabei werden Daten aus SAP ECC bzw. SAP S/4HANA über lokal installierte Agenten in die Cloud geladen, um dort die entsprechende Planungsapplikation mit Daten zu versorgen und passende Funktionalitäten bereitzustellen.

2.4 Account Cockpit

Die zentrale Verwaltung von Services findet im *Account Cockpit* bzw. *SAP BTP Cockpit* statt. Es wird über die URL *https://account.hana.ondemand.com* aufgerufen, und man authentifiziert sich mit seinem S-User.

Jedes Unternehmen, das einen Vertrag mit der SAP schließt, also z. B. eine SAP-Integration-Suite-Lizenz kauft bzw. subskribiert, bekommt einen sogenannten *Global Account* zugewiesen. Dieser ist direkt an die Lizenz und die Laufzeit gekoppelt. Um eine Vielzahl an Global Accounts zu vermeiden, empfiehlt die SAP ein »consumption-based commercial model« (siehe *https://bit.ly/3sZQDo7*), das das *Cloud Platform Enterprise Agreement (CPEA)* mit einschließt – ein Verfahren der Subskription mittels sogenannter *Cloud Credits*, die man erhält, um einzelne Services zu aktivieren, ohne ständig neue Global Accounts zu erstellen. Dabei sind alle Services auswählbar, die unter dem *SAP Business Technology Platform Service Description Guide* verfügbar sind (siehe *https://www.sap.com/about/trust-center/agreements/cloud/cloud-services.html*). Jeder Global Account ist genau einer Region und damit einem Rechenzentrum zugeordnet.

Innerhalb eines solchen Global Accounts werden mehrere Sub-Accounts angelegt, die typischerweise einem *Tenant* zugeordnet sind. Ein Tenant entspricht dabei typischerweise genau einer *Virtual Machine (VM)*, auf der die Services bereitgestellt und zur Laufzeit ausgeführt werden. Pro Sub-Account aktiviert man sodann diejenigen Services, die man einsetzen möchte.

Bei der Verwendung von SAP Cloud Integration bzw. der SAP Integration Suite empfiehlt sich der Einsatz unterschiedlicher Tenants. Jeder Umgebung (Development, Quality Assurance, Production) ordnet man jeweils einen Tenant zu. Abbildung 2.2 veranschaulicht die einzelnen Tenants eines Global Accounts, hier DEV (Development) als Entwicklungsumgebung, QA (Quality Assurance) als Testumgebung und PRD (Production) als Produktivsystem. Die jeweiligen Sub-Accounts enthalten eine eigene Java-Laufzeitumgebung innerhalb einer VM sowie ein Schema in einer HANA-Datenbank.

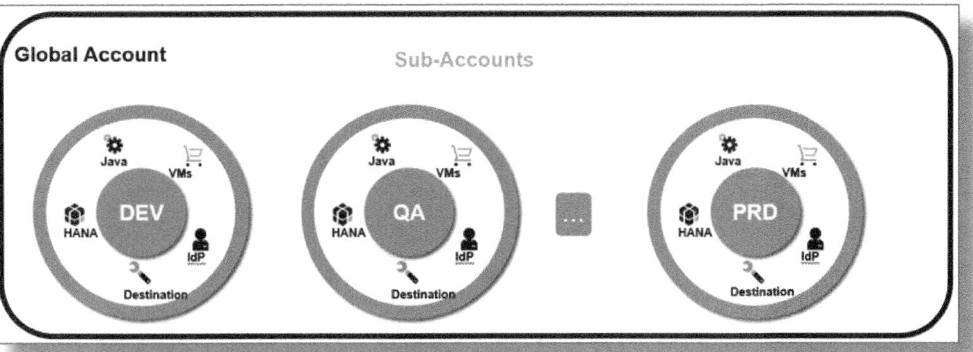

Abbildung 2.2: Global Account und Sub-Accounts

Wichtig ist, dass der SAP mitgeteilt wird, welcher Sub-Account/Tenant für die Produktion eingesetzt wird, da das SAP-Operations-Team dann die Überwachung entsprechend gründlich vornimmt, um Ausfälle zu vermeiden bzw. die sogenannte Elastizität zu gewährleisten, im vorliegenden Sinn also die automatische Skalierung der Hardware-Ressourcen, d. h. das Hinzufügen von Speicherplatz oder Rechenleistung, wenn die Anforderungen an die Software steigen.

2.5 SAP Cloud Integration Onboarding

Mit *Onboarding* ist die Inbetriebnahme eines SAP Cloud Integration bzw. SAP Integration Suite Tenants gemeint. Nach der Aktivierung des Dienstes bzw. bei Abschluss einer Subscription erhält der auf Kundenseite hinterlegte Administrator zu seinem S-User eine E-Mail mit Informationen für die erste Anmeldung. **In Neo** war es in der Vergangenheit so, dass dem Administrator dabei bereits der Service *Cloud Integration* im Account Cockpit des Sub-Accounts (bei Verwendung von CPEA) aufgeführt oder aber ein neuer Sub-Account bereitgestellt wurde, der dem SAP Cloud Integration Tenant entspricht. **In Cloud Foundry** erfolgt die Aktivierung und Zuordnung der Service Integration Suite durch einen Selfservice-Prozess, siehe *https://bit.ly/3FNStA3*.

Der Administrator kann anschließend weitere Administratoren benennen sowie die Zuordnung der berechtigten Nutzer als Mitglied (Member) des Cloud Integration Service (unter Angabe der S-User) vornehmen. Abbildung 2.3 listet die zugeordneten Administratoren auf der Ebene des GLOBAL ACCOUNT auf. Ein Administrator ist infolgedessen in der Lage, sich innerhalb des Global Account weitere Rechte (z. B. zu Sub-Accounts) zu erteilen. Deshalb sollte die Verbreitung dieses Privilegs innerhalb einer Organisation mit Bedacht erfolgen.

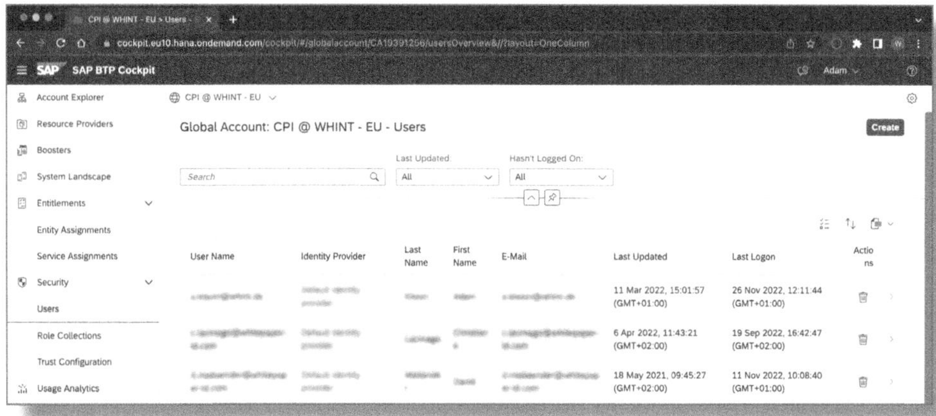

Abbildung 2.3: Global-Account-Mitglieder

Zudem können z. B. Entwickler, die keine Administratorrechte erhalten sollen, dem Dienst direkt zugeordnet und mit entsprechenden Berechtigungen ausgestattet werden (siehe Abbildung 2.4). In Neo wird einem Benutzer (S-User) hier die vordefinierte Rolle AUTHGROUP.INTEGRATIONDEVELOPER zugewiesen. Alternativ können Sie auch sogenannte *Gruppen* definieren, die einem Benutzer zugeordnet werden. Diese Gruppen können Sie aus mehreren Rollen zusammenstellen. In Cloud Foundry erfolgt die Zuweisung etwas anders und wird in Abschnitt 3.7.2 behandelt.

Der Login erfolgt über eine URL im Browser, auch als *Web User Interface (WebUI)* bezeichnet. Die URL hängt von der Tenant-ID sowie der Region, in der der Sub-Account betrieben wird, ab. Die URL lässt sich in Neo über den Sub-Account CPI PRODUCTIVE unter SUBSCRIPTIONS ermitteln (siehe Abbildung 2.5).

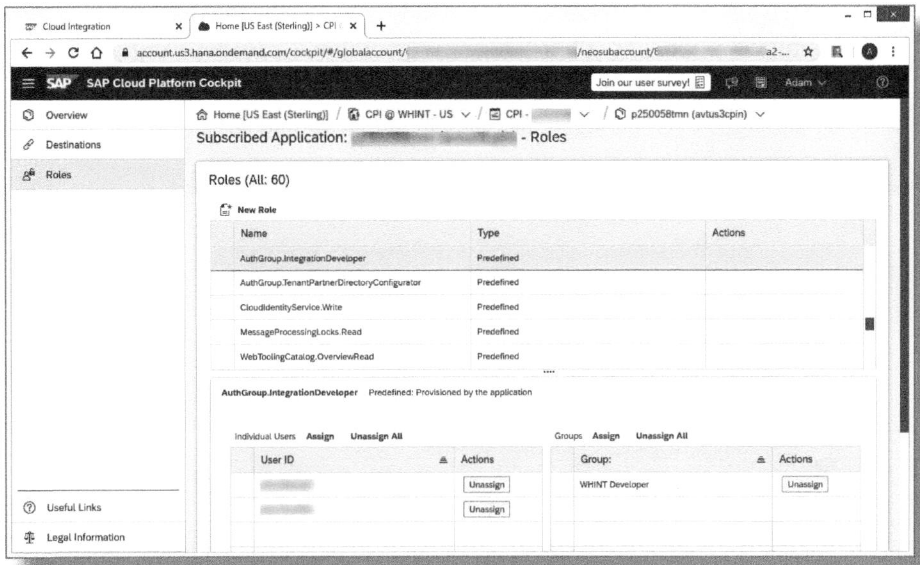

Abbildung 2.4: Rollenzuweisung für SAP Cloud Integration in Neo

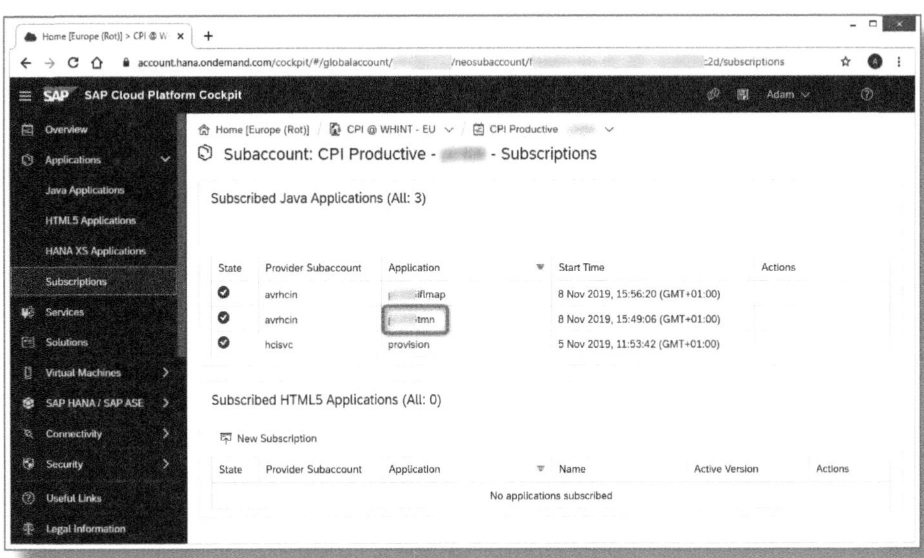

Abbildung 2.5: Subscriptions in einem Sub-Account

Die Startseite von SAP Cloud Integration entspricht typischerweise derjenigen in Abbildung 2.6 (Neo) bzw. Abbildung 2.7 (Cloud Foundry).

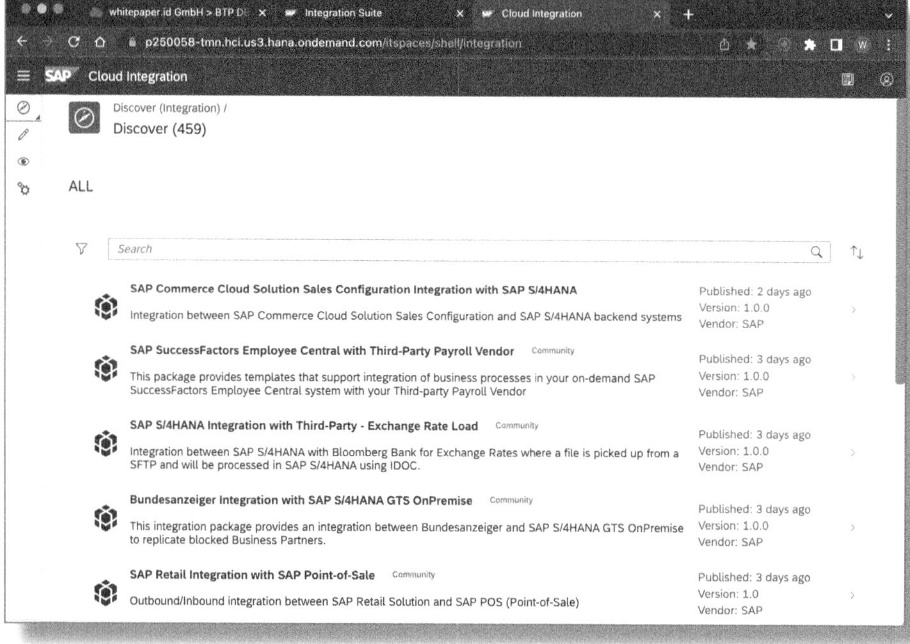

Abbildung 2.6: SAP Cloud Integration – Startseite (Neo)

Browserempfehlung

SAP empfiehlt die Nutzung von Google Chrome als Browser für alle SAP-BTP-Produkte, um die beste Kompatibilität hinsichtlich der Anzeige und der Funktionalität zu ermöglichen.

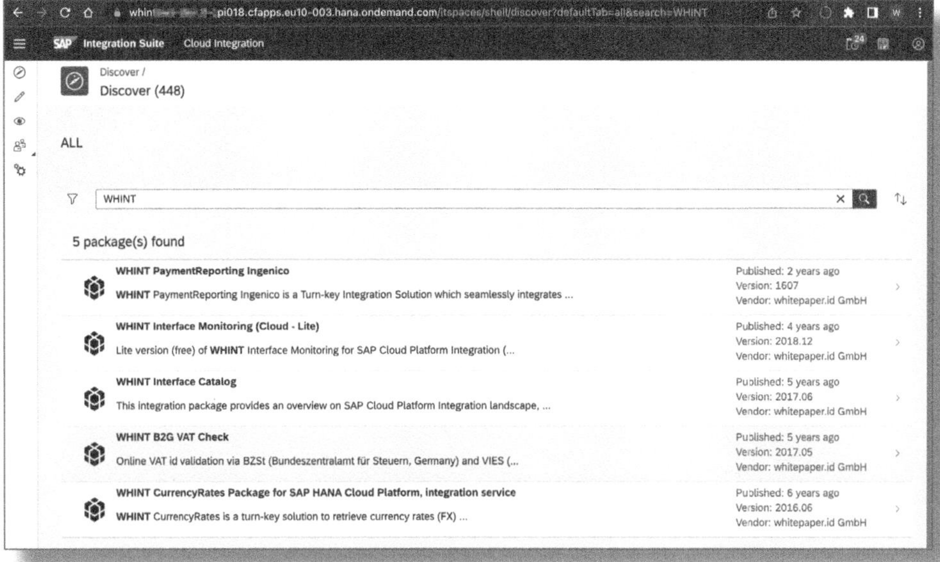

Abbildung 2.7: SAP Cloud Integration – Startseite (Cloud Foundry)

3 Schnittstellenentwicklung mit SAP Cloud Integration

Dieses Kapitel beschreibt den Prozess der Schnittstellenentwicklung mit SAP Cloud Integration sowie die wesentlichen Objekte und Konzepte, die dabei Anwendung finden.

Nachdem Sie sich über den Browser auf dem Tenant angemeldet haben, haben Sie die Wahl, in einen der folgenden Bereiche zu navigieren:

- DISCOVER
- DESIGN
- MONITOR

Hinter DISCOVER verbergen sich der SAP-Katalog, der fertigen, verwendbaren Integration Content enthält, sowie aufrufbare Schnittstellen von SAP-Anwendungen (APIs), die Sie in neu erstellten Schnittstellen bausteinartig einsetzen (»konsumieren«) können. In Kapitel 6 erläutere ich Ihnen die dazugehörigen Konzepte.

Der MONITOR stellt Überwachungs- und Konfigurationsmöglichkeiten bereit, die in Kapitel 7 behandelt werden.

Der Bereich DESIGN umfasst die Entwicklung von Schnittstellen und wird hier bzw. in Kapitel 4 ausführlich erläutert.

Weiterführende Informationen in SAP Help

Weitere Informationen zur Funktionalität von SAP CI finden Sie unter *https://help.sap.com/viewer/p/CLOUD_INTEGRATION*.

3.1 Architektur

3.1.1 Nodes

Sämtliche Aktivitäten hinsichtlich der Entwicklung von Cloud Integration-Schnittstellen erfolgen über den Browser, der sich wiederum mit der sogenannten *Tenant Management Node* verbindet. Darüber hinaus gibt es zwar vereinzelte Szenarien, die die Software Eclipse anstelle eines Browsers als Entwicklungsumgebung verwenden (siehe Abschnitt 7.6), die SAP jedoch hat alle wesentlichen Funktionen in der WebUI implementiert. Die Tenant Management Node dient der Interaktion zwischen Entwicklern bzw. Administratoren und dem Cloud Integration Tenant, um Änderungen an den Objekten vorzunehmen oder ein Monitoring zu betreiben.

Für die Laufzeit kommt die *Runtime Node* zum Einsatz. Dort werden die Schnittstellen bereitgestellt, und mit diesen Nodes interagieren die beteiligten Systeme. Jede Node stellt dabei eine eigene VM dar, die über Hauptspeicher (RAM), CPUs usw. verfügt. Die Skalierung der Cloud Integration erfolgt dementsprechend über die Größe und Anzahl der Nodes. Da sich das System »elastisch« verhalten soll, d. h., der Kunde sich nicht darum kümmern müssen soll, ob das System einer Belastung standhält, ist »die Dimensionierung der Laufzeitumgebung« für den Kunden nicht immer transparent. Abbildung 3.1 veranschaulicht den Aufbau der SAP-Cloud-Integration-Architektur.

Weitere Informationen zur SAP-Cloud-Integration-Architektur

Im SAP Help Portal finden Sie unter nachfolgenden Links den Aufbau der Architektur von SAP Cloud Integration:

- in Neo: *https://bit.ly/32lHCcE*
- in Cloud Foundry: *https://bit.ly/3FPfiDk*

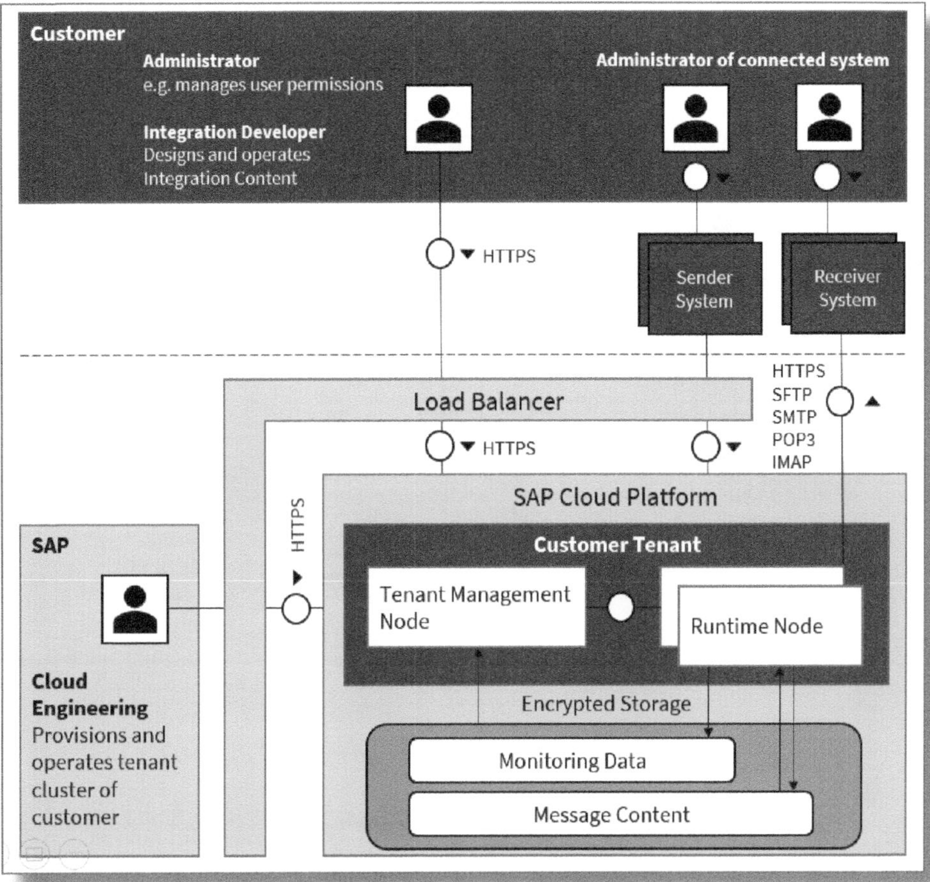

Abbildung 3.1: SAP Cloud Integration – Architektur

3.1.2 Apache Camel

SAP Cloud Integration basiert auf der Laufzeitumgebung *Apache Camel*. Dabei handelt es sich um ein Open-Source-Projekt der Apache Software Foundation, das Java als Laufzeit verwendet und sogenannte Entwurfsmuster (*Enterprise Integration Patterns*) unterstützt, die für Systeme genutzt werden, die auf den Prinzipien von Enterprise Application Integration (EAI) und Message Oriented Middleware (MOM) beruhen. Einer der Vorteile von Apache Camel ist die Existenz einer Vielzahl von *Components*, die eine Integration zu Systemen und Anwendungen ermöglichen (siehe Abbildung 3.2) und somit die Entwicklung eines Adapters auf SAP Cloud Integration erleichtern, sofern die vorhandenen Adapter nicht bereits ausreichen, um Schnittstellen zu entwickeln. Darüber hinaus ist eine genauere Kenntnis von Apache Camel nicht erforderlich, um auf SAP Cloud Integration Schnittstellen modellieren zu können, da die mitunter sehr komplexe technische Implementierung für den Entwickler seitens der SAP abstrahiert wurde. Camel-eigene Begriffe wie »Endpoint« und »Processor« spielen in der SAP Cloud Integration WebUI daher keine Rolle.

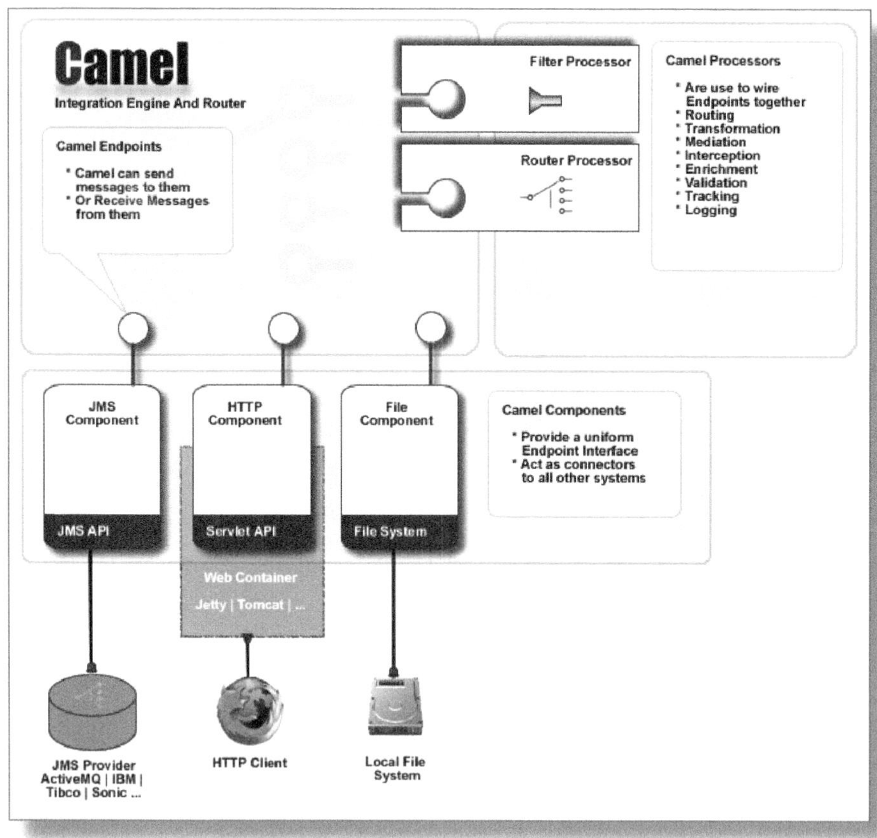

Abbildung 3.2: Apache-Camel-Architektur

3.1.3 Aktualisierungskonzept

Ein Cloud Integration Tenant wird, wie jedes echte Cloud-Produkt (SaaS – Software as a Service), regelmäßig und derzeit ungefähr monatlich aktualisiert. Hierfür erhält der Tenant-Administrator eine Informations-E-Mail mit Angaben zu den betroffenen Tenants (siehe Abbildung 3.3).

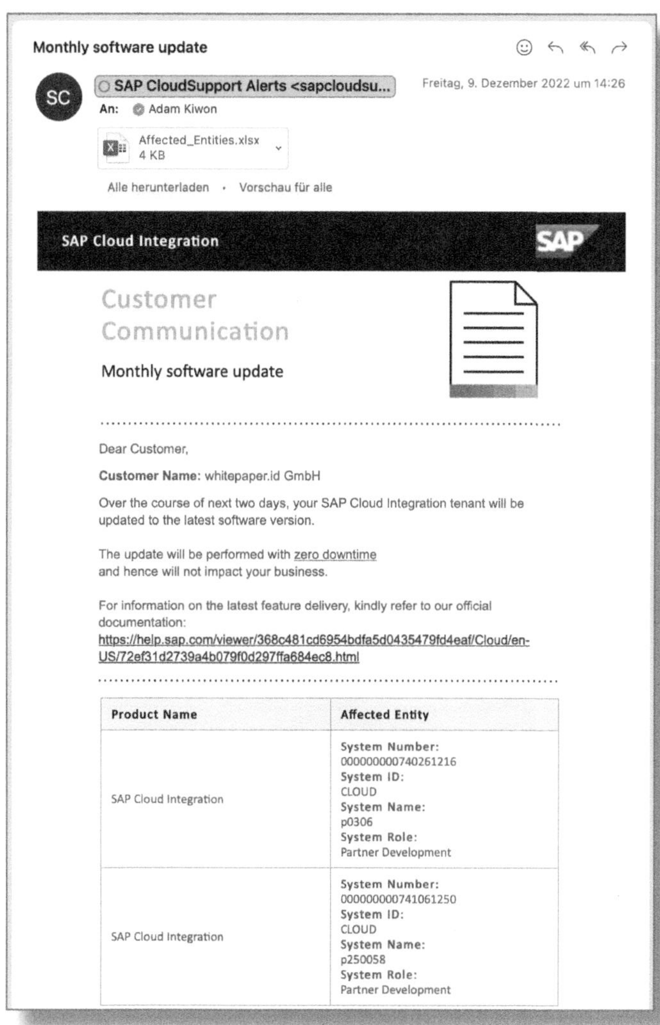

Monthly software update

SAP CloudSupport Alerts <sapcloudsu... — Freitag, 9. Dezember 2022 um 14:26

An: Adam Kiwon

Affected_Entities.xlsx
4 KB

Alle herunterladen · Vorschau für alle

SAP Cloud Integration

Customer Communication

Monthly software update

Dear Customer,

Customer Name: whitepaper.id GmbH

Over the course of next two days, your SAP Cloud Integration tenant will be updated to the latest software version.

The update will be performed with zero downtime and hence will not impact your business.

For information on the latest feature delivery, kindly refer to our official documentation:
https://help.sap.com/viewer/368c481cd6954bdfa5d0435479fd4eaf/Cloud/en-US/72ef31d2739a4b079f0d297ffa684ec8.html

Product Name	Affected Entity
SAP Cloud Integration	**System Number:** 000000000740261216 **System ID:** CLOUD **System Name:** p0306 **System Role:** Partner Development
SAP Cloud Integration	**System Number:** 000000000741061250 **System ID:** CLOUD **System Name:** p250058 **System Role:** Partner Development

Abbildung 3.3: SAP Cloud Integration – Update-E-Mail

Dabei gilt es zu beachten, dass die SAP im Vorfeld diverse technische Kombinationen erprobt und eine Vielzahl an Szenarien (vor allem den von SAP ausgelieferten Standard Integration Content) ausführlich testet (siehe auch Kapitel 6). Die SAP hat in einem Blogeintrag zusammengefasst, wie bei den Tests vorgegangen und eine störungsfreie Aktualisierung sichergestellt wird: *https://bit.ly/32ku7tR*. Dort wird auch die Möglichkeit erwähnt, ausgewählte eigene Integration Flows testweise an die SAP zu liefern, um diese mit jedem neuen Update (kostenpflichtig) mittesten zu lassen.

Der Status der Cloud Integration pro Data Center lässt sich im SAP Trust Center ermitteln: *https://www.sap.com/germany/about/trust-center/cloud-service-status.html* (siehe Abbildung 3.4). Dort können Sie vergangene Ereignisse nachverfolgen (z. B. eine erfolgte Wartung/ein erfolgtes Update oder eine außerplanmäßige Störung, siehe Abbildung 3.5).

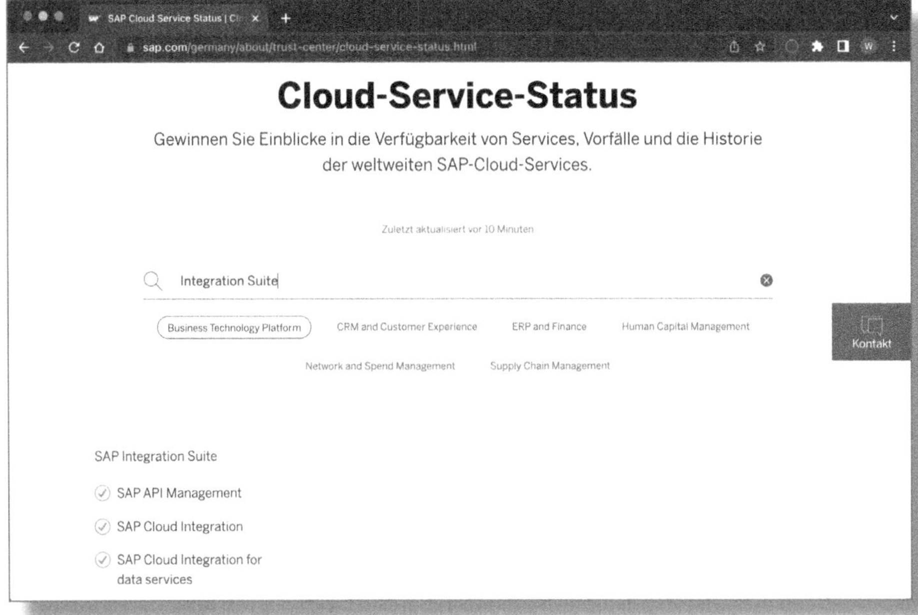

Abbildung 3.4: SAP Trust Center

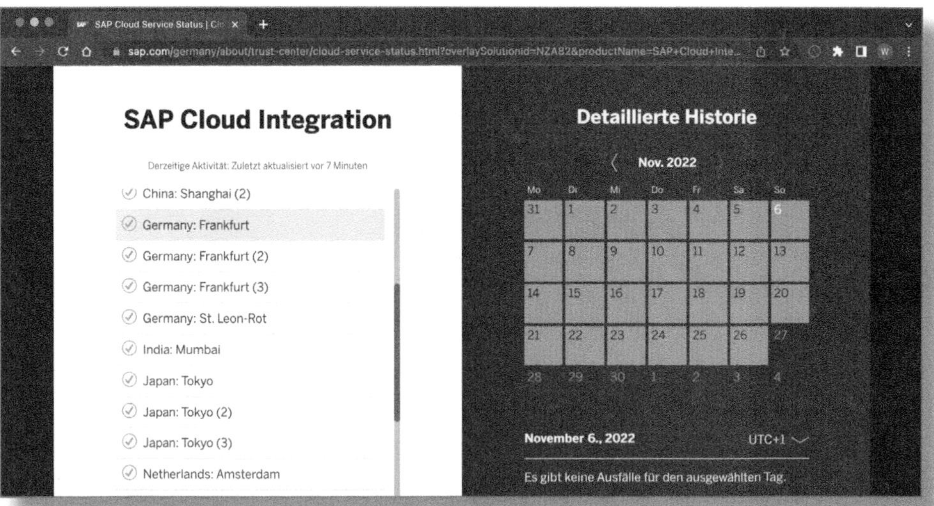

Abbildung 3.5: SAP Cloud Integration – Statushistorie

3.2 Integration Content

Integration Content bezeichnet eine Software, die für die Funktionsweise einer Schnittstelle benötigt wird. Damit sind sämtliche Elemente gemeint, die eine Schnittstelle repräsentieren. Umgangssprachlich spricht man auch von »digitalem Klebstoff«, über den Systeme, Anwendungen, Geschäftspartner und Behörden miteinander verbunden werden können. Nachfolgende Objekte, die besondere Arten von Integration Content darstellen, werden hinsichtlich ihrer Bedeutung und Funktionalität erläutert. Dabei werden die Möglichkeiten innerhalb der Integration Suite beschrieben (Cloud Integration im Kontext von Cloud Foundry).

3.2.1 Integration Package

Ein Integration Package ist eine Art Verzeichnis bzw. Archiv, das mehrere, typischerweise zusammengehörige Schnittstellen bündelt. Mit diesem können Sie, neben einer Kurzbeschreibung (SHORT DESCRIPTION in Abbildung 3.6), eine Dokumentation als Text erfassen (siehe DESCRIPTION in Abbildung 3.7) bzw. vorhandene Dokumente unter DOCUMENTS importieren oder als Hyperlink auf ein freigegebenes Dokument (z. B. in der Anwendung SharePoint) verweisen.

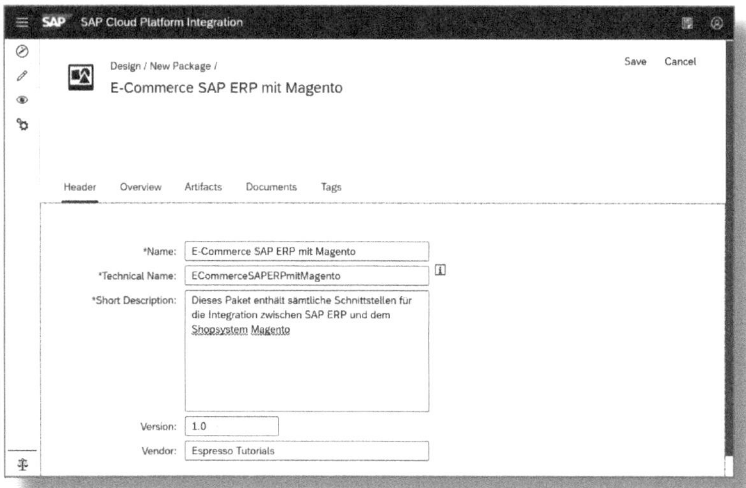

Abbildung 3.6: Integration Package anlegen

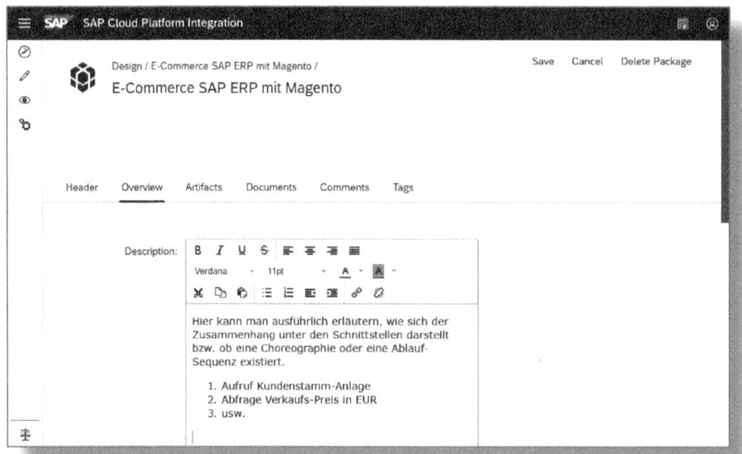

Abbildung 3.7: Dokumentation im Integration Package

Die eigentlichen Schnittstellen werden unter ARTIFACTS angelegt. Sie können nun eine Auswahl aus folgenden Objekten treffen, die ich Ihnen in den nachfolgenden Abschnitten erläutern werde:

- Integration Flow
- OData API
- SOAP API
- REST API
- Value Mapping
- Message Mapping
- Script Collection

! Transporte

Beachten Sie, dass bei der Entwicklung von Schnittstellen der Transport zwischen den Tenants auf der Ebene der gesamten Integration Packages erfolgt, d. h., sämtliche Artefakte werden z. B. vom Entwicklungstenant zum Testtenant transportiert. Wie dies geschieht und welche Konzepte dabei relevant sind, betrachtet Abschnitt 3.6.

3.2.2 Integration Flow

Ein *Integration Flow* (auch: *iFlow*) stellt das wichtigste Element in der Schnittstellenentwicklung mit SAP Cloud Integration dar. Hier werden z. B. zwei Anwendungen durch Konnektivität (Übertragen von Nachrichten) und Transformation (Umwandeln von Nachrichten hinsichtlich Struktur, Format und Inhalt) miteinander verknüpft. Bei der Anlage eines Integration Flow geben Sie neben dem Namen auch eine Kurzbeschreibung an, die anschließend in der Paketübersicht angezeigt wird (siehe Abbildung 3.8). Zudem können Sie bei Bedarf einen Sender und Empfänger benennen; dies hat eine rein dokumentierende Funktion und wirkt sich nicht auf das Design des grafischen Objektes aus, erhöht jedoch das Verständnis für den Geschäftsprozess.

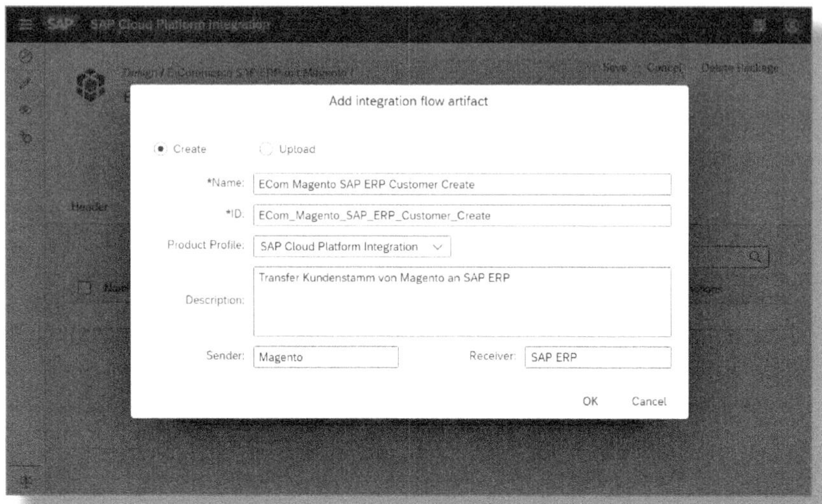

Abbildung 3.8: Integration Flow anlegen

Weil es die gängigste Form einer Schnittstelle darstellt, wird das generierte Objekt zwar nicht zwangsläufig, aber in der Regel mit einem Sender, einem Integrationsprozess und einem Empfänger (Receiver) angelegt (siehe Abbildung 3.9); nach dem EVA-Prinzip (Eingabe, Verarbeitung, Ausgabe) der EDV wird auf diese Art typischerweise eine Nachricht behandelt. Dennoch kann ein Integration Flow z. B. nur aus einem Integrationsprozess bestehen, der nicht durch eine eintreffende Nachricht gestartet wird, sondern durch ein zeitgesteuertes Ereignis, den *Timer* (siehe Events in Abschnitt 4.1), und keinen weiteren Empfänger aufruft, da nur eine Cloud-Integration-interne Aktivität ausgeführt wird.

Sie können eine Beschreibung hinterlegen, die den Ablauf der Schnittstelle im Detail erläutert. Häufig ist dies jedoch nicht notwendig, wenn die grafische Darstellung aussagekräftig genug ist. Letztere basiert auf dem Modellierungsstandard *BPMN 2.0 (Business Process Model and Notation)*. Wenn Sie die Elemente bereits kennen, ist dies sicherlich hilfreich. Falls nicht, werden Sie das Konzept schnell verinnerlichen. In Abschnitt 3.3 werden wir es näher betrachten.

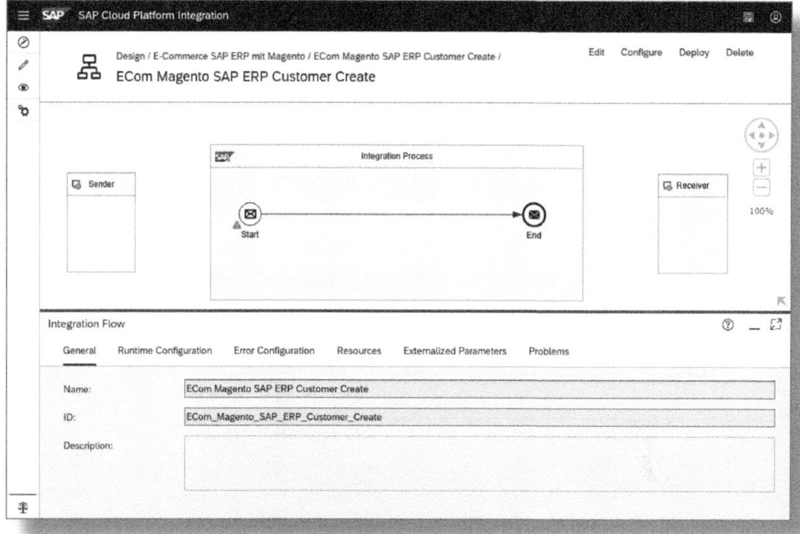

Abbildung 3.9: Integration Flow Template

Auf der Ebene des Integration Flow legen Sie zudem das Laufzeitverhalten (Runtime Configuration) fest. Hier können Sie auswählen, auf welcher Umgebung das Objekt »installiert« (deployed) werden soll (SAP Cloud Integration oder SAP Process Orchestration, siehe Abschnitt 8.4) oder ob z. B. HTTP-Sessions aus Performancegründen wiederverwendet oder die Anmeldung bei einem auf dem HTTP-Protokoll basierten Empfänger immer vollständig durchlaufen werden soll (siehe Abbildung 3.10). ON EXCHANGE wird dabei für zustandsbehaftete Services verwendet, ON INTEGRATION FLOW für zustandslose (stateless) Services.

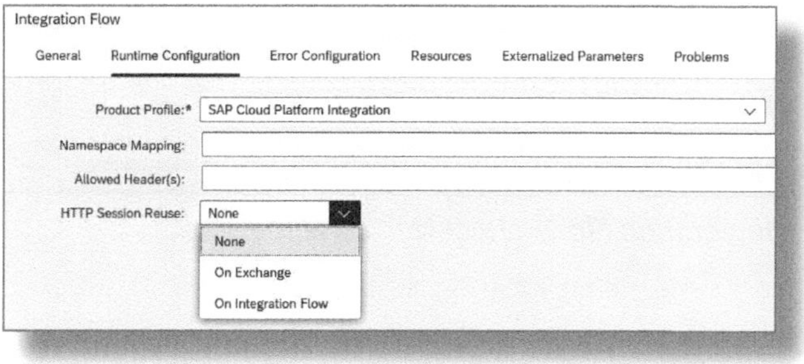

Abbildung 3.10: Wiederverwendung von HTTP-Sessions

Ein Integration Flow kann aus jeweils mehreren Integrationsprozessen, Sendern und Empfängern bestehen. Der Austausch von Nachrichten zwischen den Komponenten erfolgt hier grafisch durch das Verbinden der rechteckigen Kästen, indem per Drag-and-drop eine Linie gezogen wird. In Abbildung 3.11 wurde eine Verbindung vom Sender zum Start Event des Integrationsprozesses hergestellt. Dabei erscheint ein Auswahlfenster, auf dem der zu verwendende Adapter (hier: HTTPS) zu selektieren ist. Anschließend können Sie die Adapter-spezifischen Eigenschaften des sogenannten Kommunikationskanals konfigurieren.

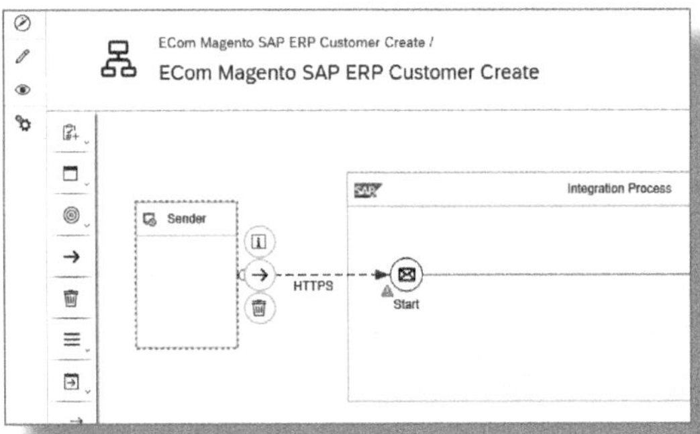

Abbildung 3.11: Integration Flow – Sender-Verbindung

Ähnlich verfahren Sie bei der Konfiguration einer Verbindung hin zu einem Empfänger, indem Sie eine Linie vom End Event zum Receiver ziehen (siehe Abbildung 3.12).

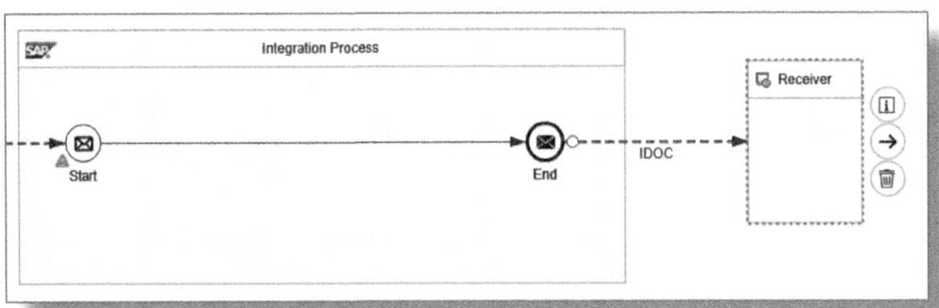

Abbildung 3.12: Integration Flow – Receiver-Verbindung

Abbildung 3.13 zeigt einen Integration Flow mit zwei Integrationsprozessen, die durch unterschiedliche Ereignisse gestartet werden. Beide rufen einen lokalen Integrationsprozess auf, der eine Wiederverwendung ermöglicht.

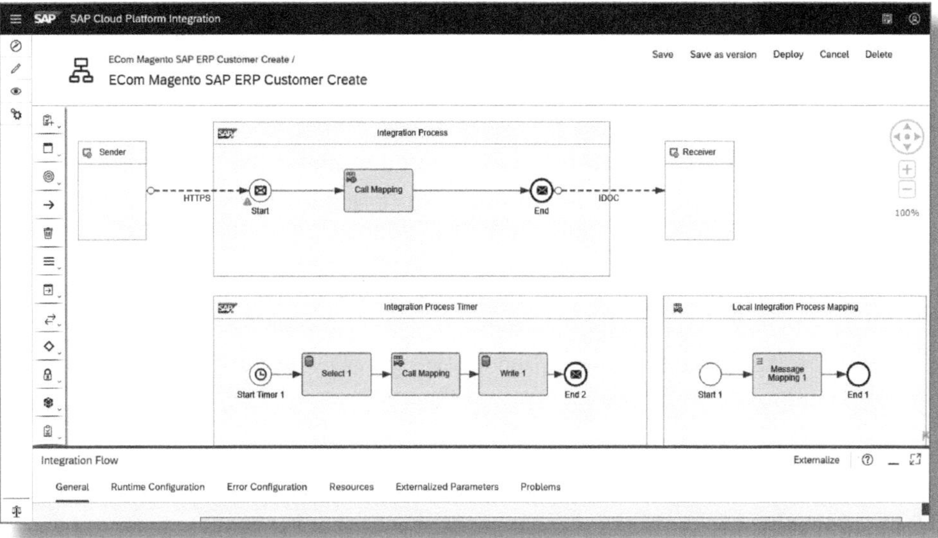

Abbildung 3.13: Integration Flow mit zwei Integrationsprozessen

Während der obere Integrationsprozess eine Nachricht via HTTPS vom Sender empfängt, ein Mapping ausführt und ein IDoc an den Empfänger sendet, startet der untere Integrationsprozess über einen Timer. Anschließend wird der sogenannte *Data Store* aufgerufen, um eine Nachricht zu lesen, das Mapping wird abgefragt und das Ergebnis in den Data Store geschrieben. Diese Darstellung soll Ihnen nur einen ersten Eindruck hinsichtlich der möglichen Komplexität und Interaktion der Elemente innerhalb eines Integration Flow vermitteln. Die einzelnen Elemente und Komponenten werden ausführlich in Kapitel 4 behandelt.

3.2.3 OData API

Eine *OData API* ermöglicht die Bereitstellung aufrufbarer Schnittstellen (APIs), die auf dem Open-Data-Protokoll basieren. Hierbei kann eine Senderanwendung (typischerweise eine UI5-HTML-Applikation) das Artefakt aufrufen. Ein Integration Flow kann zwar ebenfalls einen Sender via OData-Adapter anbinden, jedoch nur für eine einzelne Methode einer spezifischen Operation.

Der OData-Service von SAP Cloud Integration bietet die Option einer umfassenden Integration, deren Grundlage eine EDMX-Definition (Entity Data Model XML) darstellt und verschiedene Operationen gestattet. Der Service kann dabei basierend auf einem vorhandenen OData-Service oder einer SOAP (Simple Object Access Protocol) API generiert oder gänzlich neu angelegt werden. Zu jeder Methode werden sodann automatisch einzelne Integration Flows erstellt, die die tatsächliche Anbindung an ein Empfängersystem durchführen.

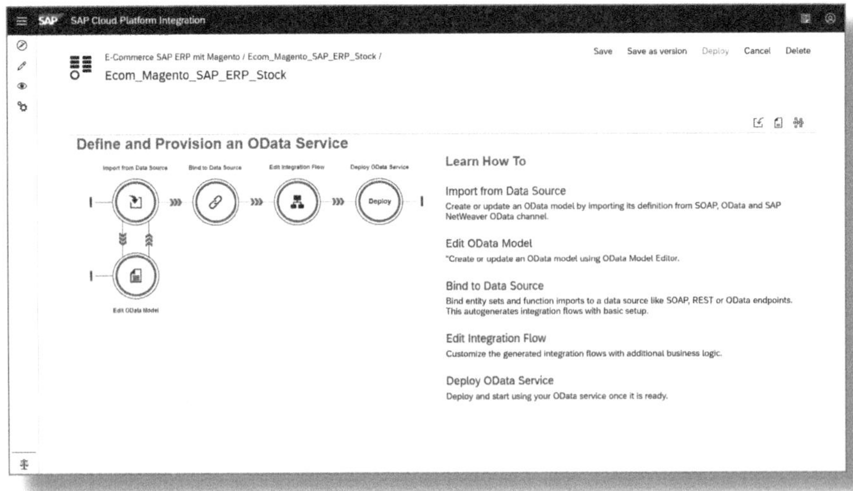

Abbildung 3.14: OData-Service – Definition

Abbildung 3.14 zeigt den Ablauf der Service-Definition mit den Optionen, ein OData-Modell aus einer Datenquelle zu importieren oder neu zu erstellen, indem die Metadaten (EDMX) manuell editiert werden.

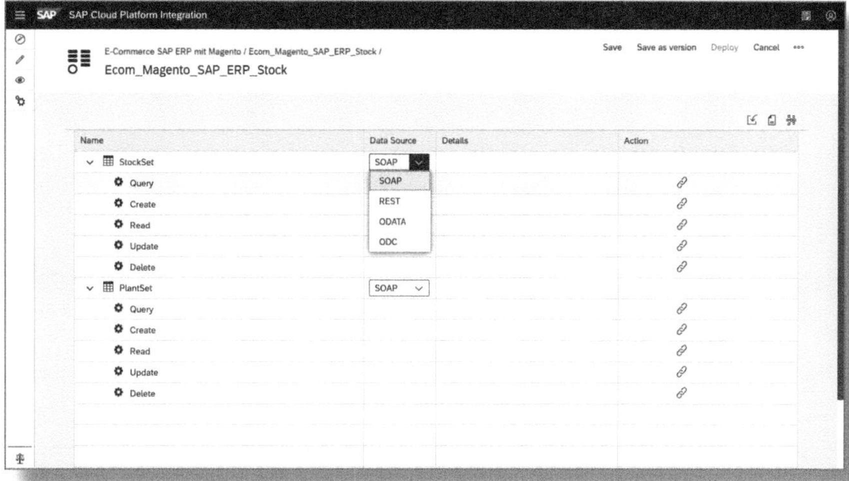

Abbildung 3.15: OData-Service – Modell

In dem Beispiel aus Abbildung 3.15 wird eine EDMX mit zwei Entitäten verwendet: StockSet und PlantSet. Beide Entitäten bieten mehrere Operationen, um Daten aufzulisten (Query), anzulegen (Create), zu lesen (Read), zu ändern (Update) und zu löschen (Delete). Zu jeder Operation kann ein Integration Flow generiert werden, der via SOAP, REST oder OData eine Empfänger-Anwendung aufruft.

Abbildung 3.16 stellt einen generierten Integration Flow dar, der mit dem HTTP-Adapter erreicht wird. Er führt für die Query-Operation der Entität StockSet einen REST-Service im Zielsystem aus. Vor und nach diesem Aufruf ist zu erkennen, dass Skripte durchlaufen werden, die eine Nachricht jeweils verändern können. Hierbei handelt es sich um eine Vorlage, die Sie bei jedem neu angelegten Integration Flow Ihren Anforderungen entsprechend modifizieren können.

Im Grunde können Sie einen OData-Service als Gruppierung einzelner Integration Flows verstehen, die zueinander in Beziehung gesetzt werden können.

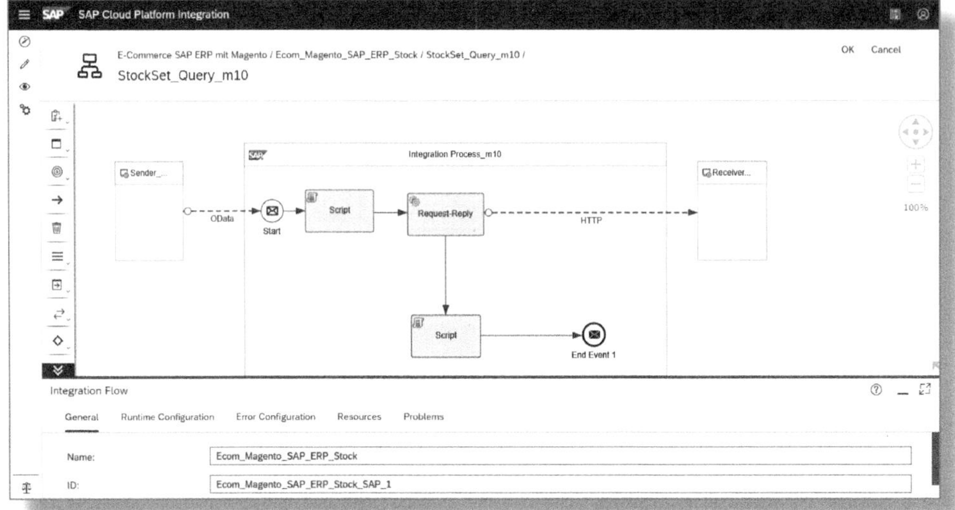

Abbildung 3.16: OData-Service – generierter Integration Flow

So sind auch komplexere Kombinationen möglich, z. B. indem ein generierter Integration Flow einen anderen Integration Flow aufruft. Diese Art der internen Kommunikation stelle ich Ihnen in Abschnitt 3.4.2 näher vor.

3.2.4 SOAP API

Eine SOAP API stellt einen vorkonfigurierten Integration Flow dar, der über einen SOAP-Sender-Kanal verfügt und neben einem Integrationsprozess die Verarbeitungslogik in einem lokalen Integrationsprozess beinhaltet (siehe Abbildung 3.20 bzw. Abschnitt 3.4.1).

Neben dieser Erleichterung bei der Anlage einer SOAP API gegenüber einem Integration Flow besteht die Besonderheit darin, dass das Objekt im Monitoring nicht als Integration Flow behandelt wird, sondern als eigenständiges Objekt (ALL SOAP APIs, siehe Abbildung 3.18).

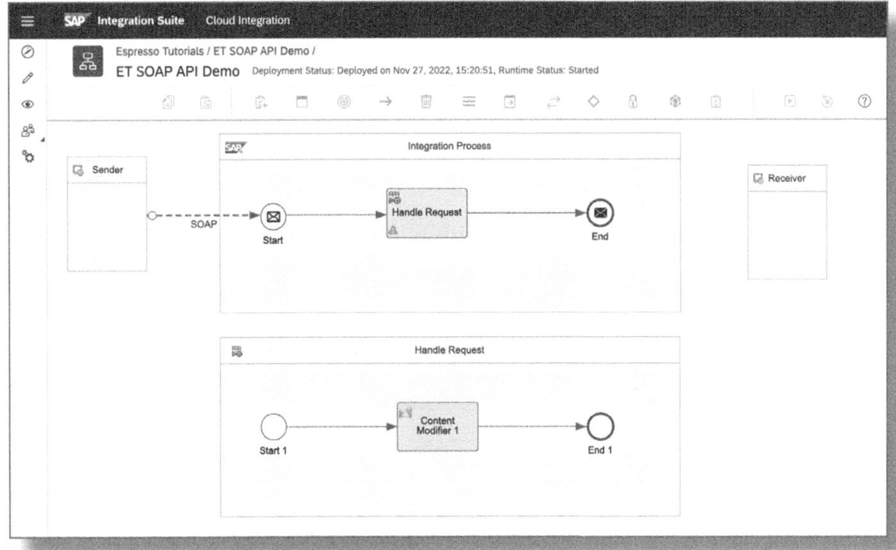

Abbildung 3.17: SOAP-API-Vorlage

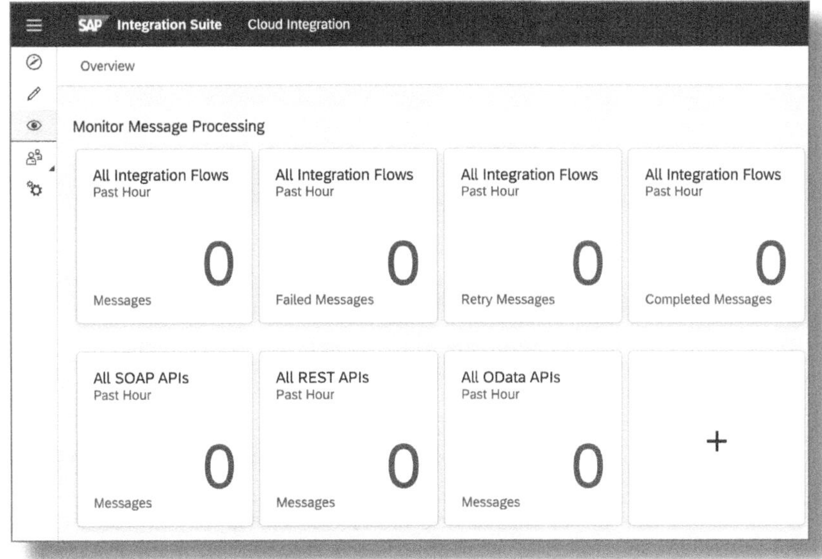

Abbildung 3.18: API-Monitoring

SOAP APIs werden nur durch die Integration Suite (Cloud Foundry) bereitgestellt, nicht in Neo.

3.2.5 REST API

Eine REST API stellt einen vorkonfigurierten Integration Flow dar, der über einen HTTPS-Sender-Kanal verfügt und neben einem Integrationsprozess die Verarbeitungslogik in einem lokalen Integrationsprozess beinhaltet (siehe Abbildung 3.19 bzw. Abschnitt 3.4.1).

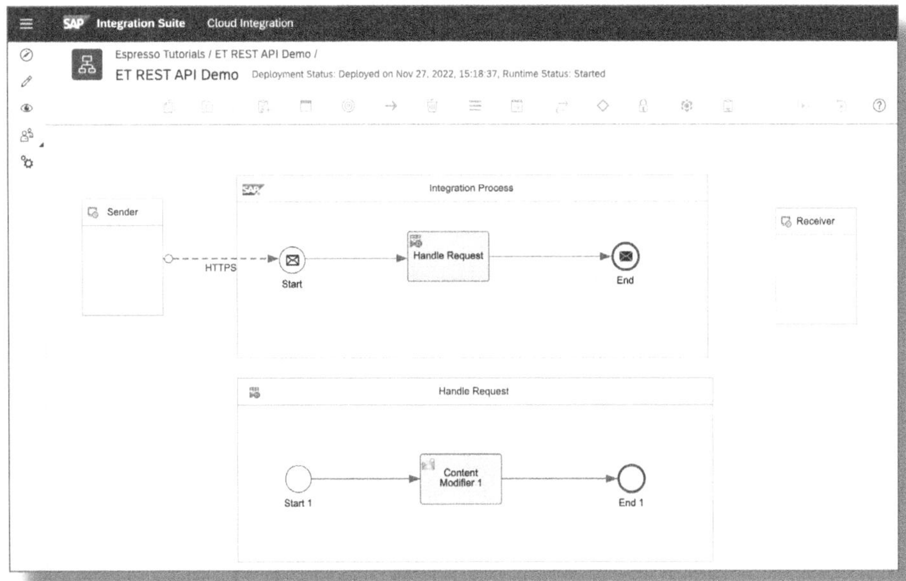

Abbildung 3.19: REST-API-Vorlage

Zusätzlich zu den erwähnten Eigenschaften von APIs gegenüber klassischen Integration Flows (siehe Abschnitt SOAP API) gilt als weiterer Vorteil eine mögliche Unterscheidung zwischen Schnittstellen, die Anwendungen/Systeme miteinander verbinden und der Bereitstellung von APIs, also zur sog. API-fizierung von Anwendungen, die durch SAP Cloud Integration oder durch beliebige andere Verwender konsumiert werden können.

REST APIs werden nur durch die Integration Suite (Cloud Foundry) bereitgestellt, nicht in Neo.

3.2.6 Value Mapping

Value Mappings ermöglichen die Konvertierung von Werten (typischerweise Codelisten) und werden innerhalb von Mapping-Programmen (Message Mappings) aufgerufen. Sie können sich ein Value-Mapping-Objekt wie eine Datenbanktabelle vorstellen, die Sie abfragen, um zu einem gegebenen Eingabewert einen Ausgabewert zurückzuerhalten. Beispiele hierfür sind etwa Währungsschlüssel oder Mengeneinheiten, die nicht immer nach ein und demselben ISO-Standard verwendet werden. Damit also z. B. ein proprietärer Währungsschlüssel »weuro1« in den ISO-Code »EUR« (nach *ISO 4217*) umgewandelt werden kann, hinterlegen Sie diesen Eintrag in einem Value Mapping. Dazu definieren Sie die Agency (den Herausgeber), den Identifier (das Objekt) und nehmen die entsprechenden Werte auf. Abbildung 3.20 zeigt Ihnen, wie das Artefakt angelegt wird. Pro Value Mapping können mehrere Zuordnungen für unterschiedliche Objekte erfasst werden, hier exemplarisch für die Währungsschlüssel und Mengeneinheiten dargestellt.

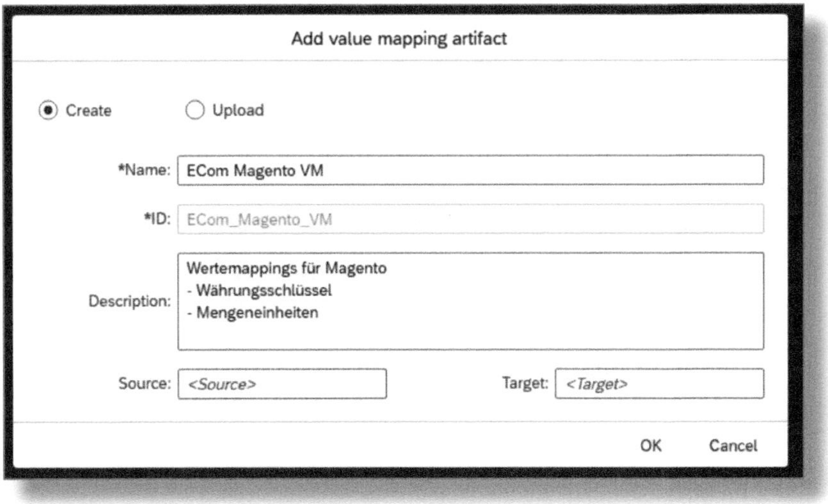

Abbildung 3.20: Value Mapping anlegen

Die Werte fügen Sie je erfasster und ausgewählter Zeile hinzu (siehe Abbildung 3.21).

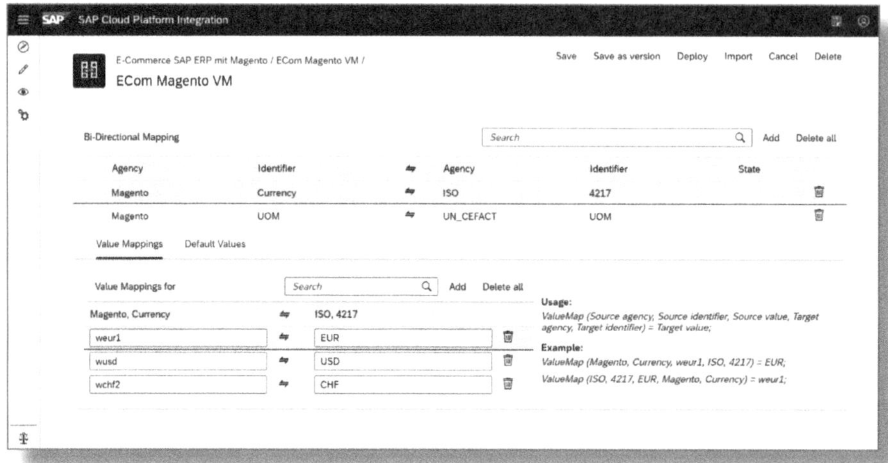

Abbildung 3.21: Value Mapping – Werte zuordnen

Dabei sind auch Zuordnungen von N:1 möglich (wenn z. B. »weur1« oder »weur2« beide in den Wert »EUR« konvertiert werden), wobei die Zuordnungen grundsätzlich direktional funktionieren.

Falls Sie also einen Wert haben, dem mehrere Ergebnisse folgen können, wählen Sie den sogenannten DEFAULT VALUE aus (siehe Abbildung 3.22).

Bi-Directional Mapping

Agency	Identifier		Agency	Identifier	State
Magento	Currency	⇆	ISO	4217	
Magento	UOM	⇆	UN_CEFACT	UOM	

Value Mappings | Default Values

Default value for mappings

Source agency	Source identifier	Source value	Target agency	Target identifier	Target value
ISO	4217	EUR	Magento	Currency	we... (weur1, weur2)

Abbildung 3.22: Value Mapping – Default Value

Sie können auch Value Mappings, die Sie z. B. in einem Tabellenkalkulationsprogramm vorbereitet haben, importieren. Das Format dazu sieht wie folgt aus und ist durch die Zeichen Komma und Pipe getrennt:

```
,FromAgency|FromIdentifier,ToAgency|ToIdentifier
Id,FromValue1|FromValue2,ToValue
```

Bezogen auf Abbildung 3.21 müsste der Import wie folgt aussehen:

```
,Magento|Currency,ISO|4217
1,weur1,EUR
2,wusd,USD
3,wchf2,CHF
```

Der Aufruf erfolgt dann typischerweise aus einem grafischen Message Mapping, oder aus einem Groovy-Skript heraus (siehe Abschnitt 4.3.5).

3.2.7 Message Mapping

Message Mappings als eigenständige Integrationsartefakte dienen der Wiederverwendung von Transformationsobjekten in unterschiedlichen Integration Flows. Das Objekt selbst wird in Abschnitt 4.3.1 näher erläutert. Die Einbindung erfolgt im Integration Flow unter RESOURCES • REFERENCES (siehe Abbildung 3.23).

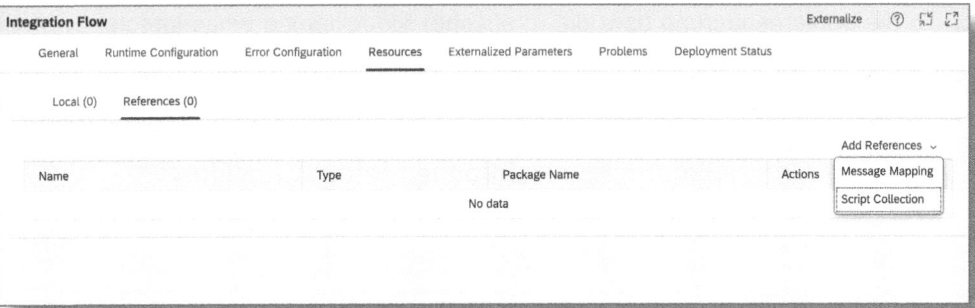

Abbildung 3.23: Referenzierte Transformationen

3.2.8 Script Collection

Script Collections dienen der Wiederverwendung von Skripten (Groovy und JavaScript) in unterschiedlichen Integration Flows. Die Objekte selbst werden in den Abschnitten 4.3.5 und 4.3.6 näher erläutert. Die Einbindung der Skripte erfolgt analog zu den Message Mappings (siehe Abschnitt 3.2.7).

3.3 Entwicklungsprozess

Die Entwicklung einer Schnittstelle sollte einem standardisierten Muster folgen; Sie sollten sich also folgende Fragen stellen:

- Wer sind die beteiligten Systeme/Anwendungen/Partner?
- Welche Kommunikationsprotokolle werden unterstützt?
- Welche Authentifizierung ist möglich?
- Welche Nachrichtenformate werden verwendet?
- Ist eine Transformation der Nachricht(en) notwendig?
- Gibt es besondere Anforderungen an die Verarbeitung?
- Wie soll mit Fehlersituationen umgegangen werden?

Je mehr Fragen Sie beantworten können, desto einfacher fällt Ihnen die Implementierung bzw. die (grafische) Modellierung eines Integration Flow.

3.3.1 Modellierung eines einfachen Integration Flow

Die beteiligten Akteure werden (analog zum BPMN-Standard) als »Pools« dargestellt, also als rechteckige Kästen, die eine Bezeichnung tragen. Im Integration Flow sind dies die Sender, Empfänger und Integrationsprozesse. Diese Pools interagieren miteinander durch Nachrichten, die ausgetauscht und durch Verbindungslinien visualisiert werden. Wir konzentrieren uns bei der Entwicklung auf das, was sich innerhalb der Integrationsprozesse abspielt bzw. beim Integrationsprozess zum Empfänger oder vom Sender hin zum Integrationsprozess (siehe Abbildung 3.24).

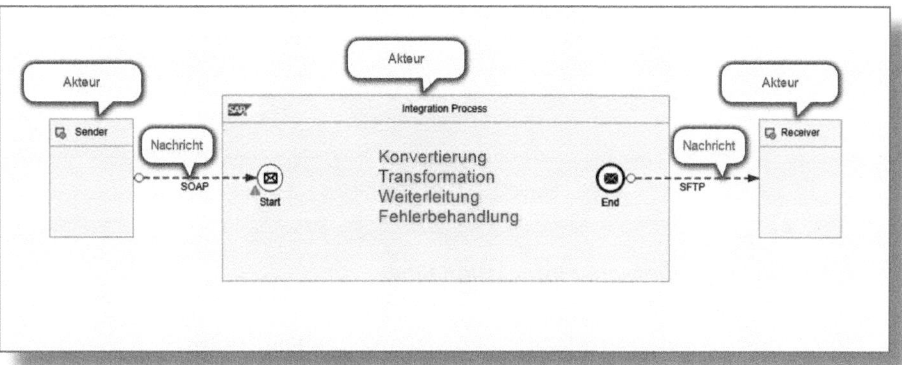

Abbildung 3.24: Integration Flow – Grundstruktur

Innerhalb eines Prozesses werden folgende Objekttypen verwendet:

- Ereignis (visualisiert durch einen Kreis)
- Aktivität (visualisiert durch einen rechteckigen Kasten)
- Gateway (Verzweigung, visualisiert durch eine Raute)

Ein Startereignis sorgt dafür, dass die Verarbeitung beginnt. Dies kann das Eintreffen einer Nachricht sein (Start Event Message) oder auch nur ein Zeitpunkt (Start Event Timer).

Im besten Fall nimmt das System keine Änderung der Nachricht vor, und dem Empfänger wird die Nachricht zugestellt. In diesem einfachen Beispiel werden lediglich ein Startereignis (Timer), ein Endereignis (Message) und ein Empfänger mit Mail-Adapter konfiguriert (siehe Abbildung 3.25).

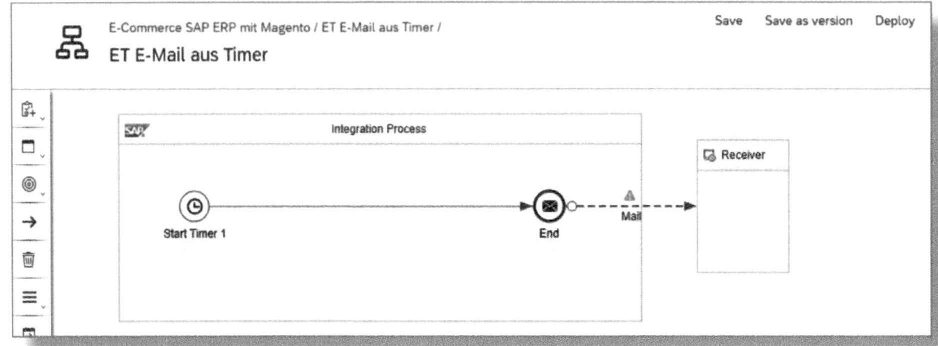

Abbildung 3.25: Einfacher Integration Flow

Durch das Selektieren eines Objektes erscheint im unteren Bereich des Bildschirms eine Konfigurationsmöglichkeit. Der Timer kann z. B. hinsichtlich des Aufrufintervalls konfiguriert werden (hier wochentags zweistündlich zwischen 8 und 18 Uhr, siehe Abbildung 3.26).

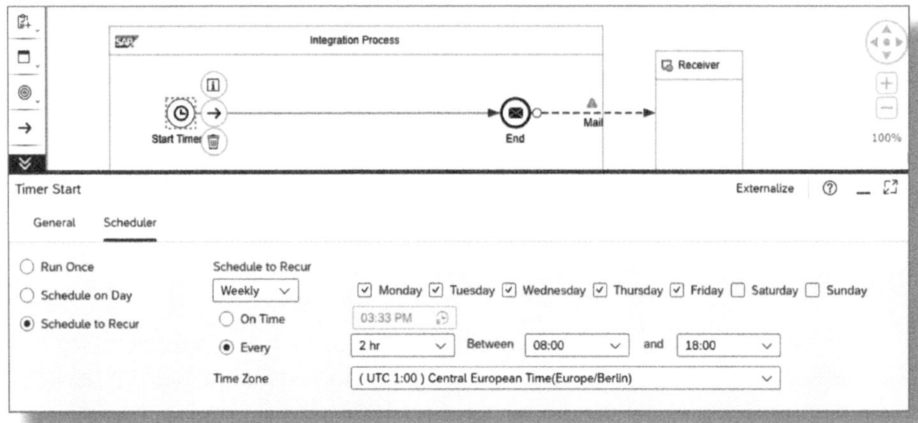

Abbildung 3.26: Timer-Event-Konfiguration

Ebenso verfahren Sie mit den Verbindungslinien zwischen Event und System (hier E-Mail), um eine Verbindung zum E-Mail-Server herzustellen (siehe Abbildung 3.27).

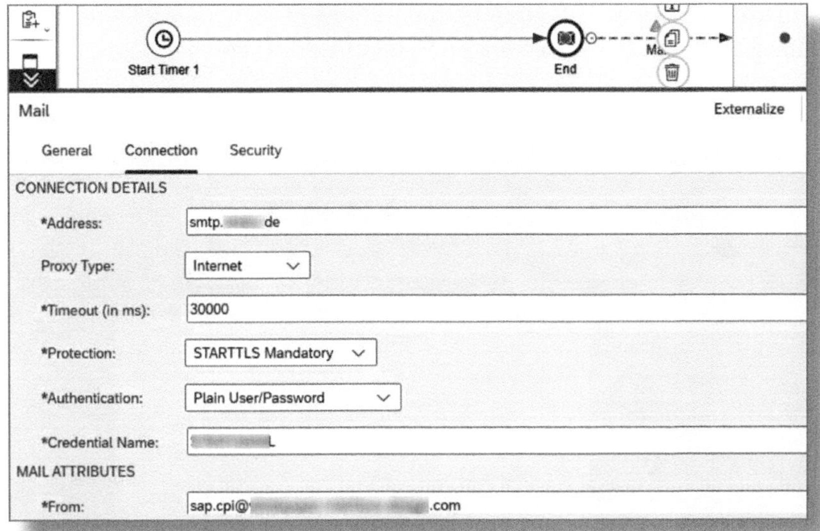

Abbildung 3.27: Mail-Adapter-Konfiguration

Dabei müssen Sie berücksichtigen, dass der E-Mail-Server erreichbar sein muss, also im Internet oder On-Premise über einen Cloud Connector verfügbar gemacht wurde (siehe Abschnitt 3.7.4). Die Authentifizierung erfolgt hier über sogenannte *Credentials*, die hier nur als Alias angegeben werden und im Bereich MONITORING • MANAGE SECURITY • SECURITY MATERIAL angelegt werden (Details hierzu finden Sie in Abschnitt 3.7.1).

3.3.2 Versionieren und Bereitstellen

Das Sichern erfolgt über die Auswahl SAVE oder SAVE AS VERSION. »Save« speichert den Integration Flow als Entwurf (Draft) und wird während des Entwicklungsprozesses verwendet. Sobald Sie über eine annähernd stabile Version verfügen, sollten Sie diese sichern und ggf. eine Versionsnummer vergeben sowie einen kurzen Kommentar hinzufügen (siehe Abbildung 3.28). Sie behalten sich auf diese Weise die Möglichkeit vor, bei Bedarf zukünftig auf diese Version zurückgreifen zu können, wenn z. B. ein Integration Flow stark verändert wurde und Sie zur letzten funktionierenden Version zurückkehren möchten.

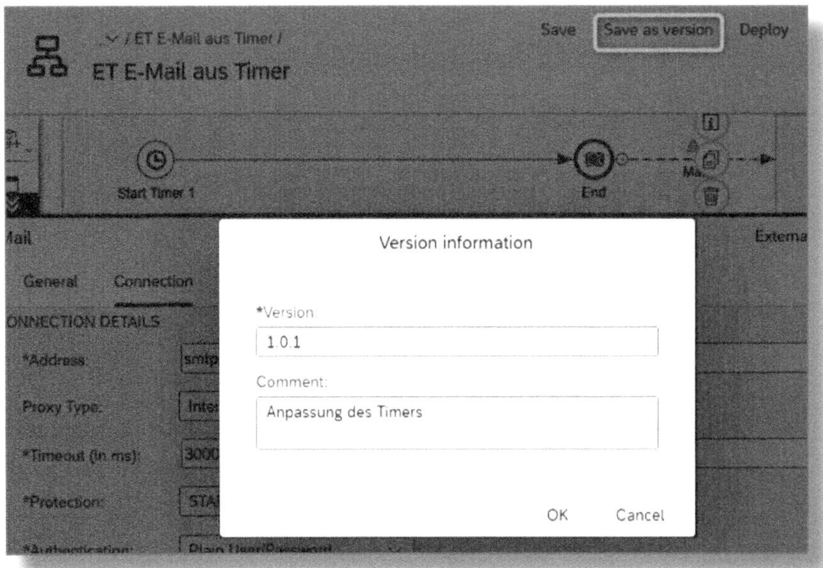

Abbildung 3.28: Integration Flow versionieren

Mit jeder »Save-as-version-Aktivität« verfügen Sie somit über eine Versionshistorie, die Sie im Bedarfsfall aufrufen und mit der Sie den Integration Flow reaktivieren können (siehe Abbildung 3.29).

! Transport von Versionen

Sie können nur versionierte Integration Flows exportieren bzw. (in einen anderen Cloud Integration Tenant) transportieren.

Das Sichern allein startet den Integration Flow jedoch nicht. Hierfür wählen Sie DEPLOY aus, damit das Objekt in der Laufzeitumgebung des Cloud Integration Tenants bereitgestellt wird (siehe Abbildung 3.30).

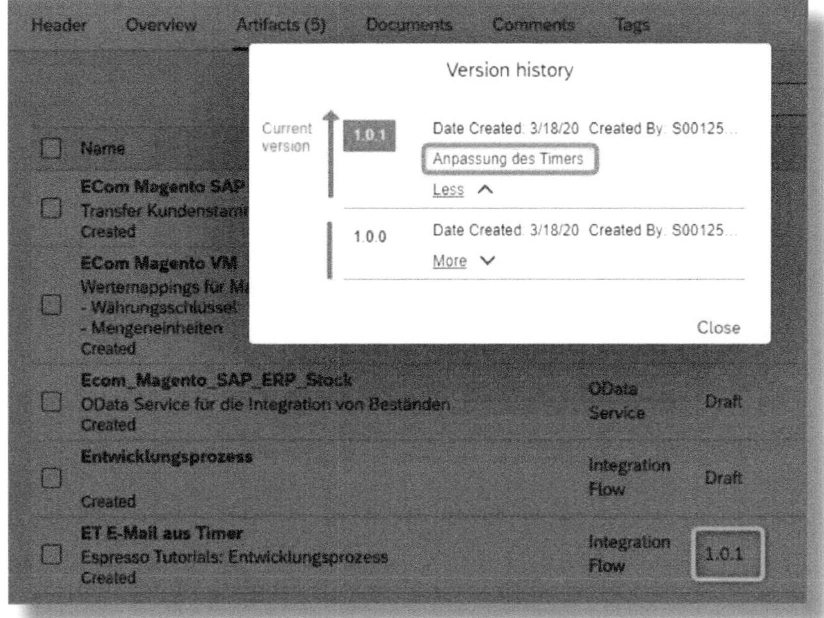

Abbildung 3.29: Integration Flow – Versionshistorie

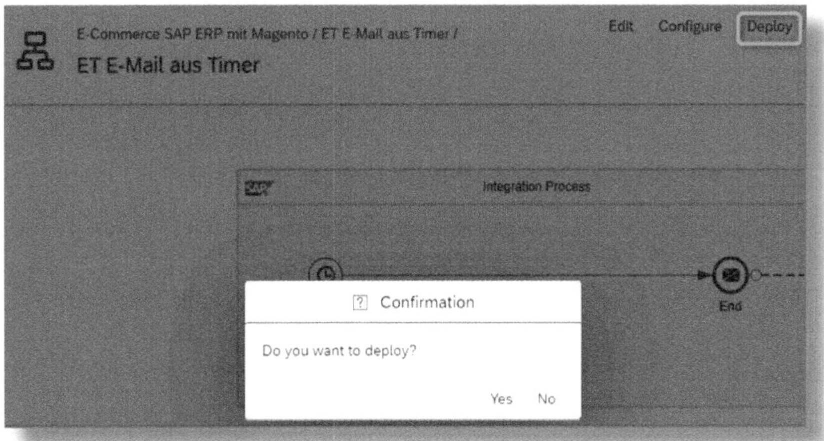

Abbildung 3.30: Integration Flow Deployment

Im Monitorbereich des Tenants können Sie unter MANAGE INTEGRATION CONTENT den Verlauf des Deployments beobachten, bis der Integration Flow gestartet wurde (siehe Abbildung 3.31).

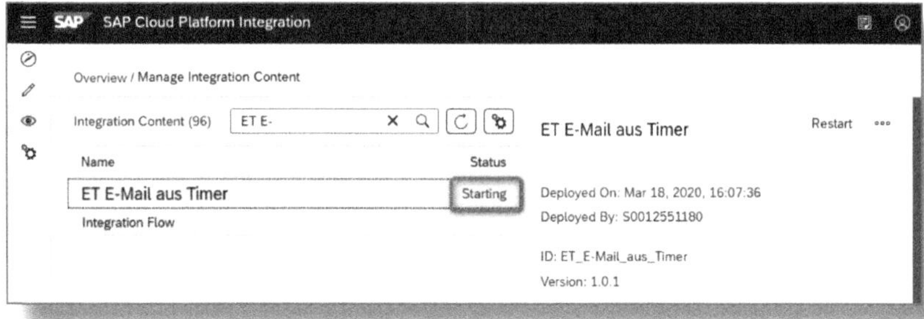

Abbildung 3.31: Integration Flow startet

Sie können hier zudem einstellen, wie stark der Detaillierungsgrad des *Message Processing Logs* sichtbar gemacht werden soll (siehe Abbildung 3.32).

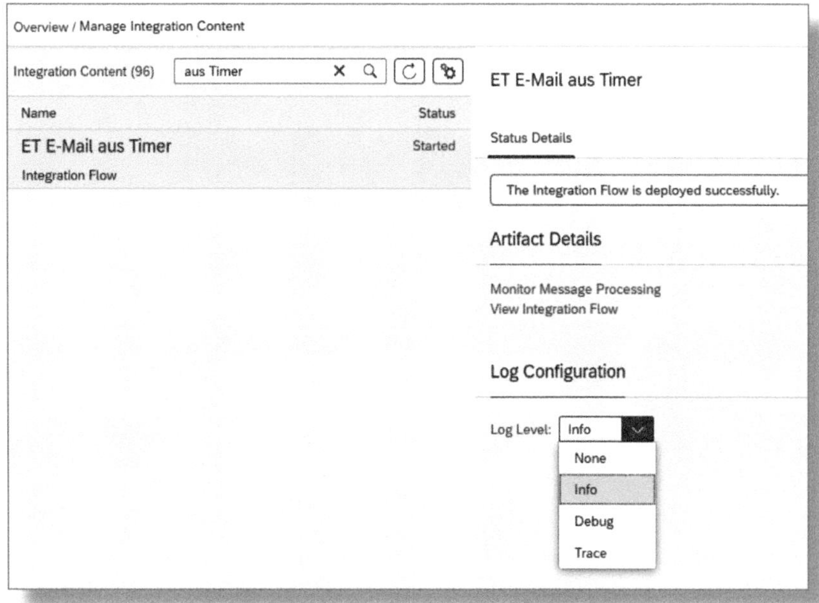

Abbildung 3.32: Integration Flow – Log Configuration

Der LOG LEVEL bietet dabei folgende Auswahlmöglichkeiten:

- NONE: Auf das Schreiben von Logs wird verzichtet.
- INFO: Nur die wichtigsten Logs werden festgehalten.
- DEBUG: Detaillierte Logs werden geschrieben.
- TRACE: Zusätzlich zu Debug wird auch die Payload für jeden Verarbeitungsschritt gespeichert, dies jedoch nur für eine Dauer von zehn Minuten.

3.3.3 Monitoring

Sobald der Integration Flow gestartet ist, können Sie die Aktivität bzw. die damit verbundene(n) Nachricht(en) im Monitor via MONITOR MESSAGE PROCESSING überwachen (siehe Abbildung 3.33).

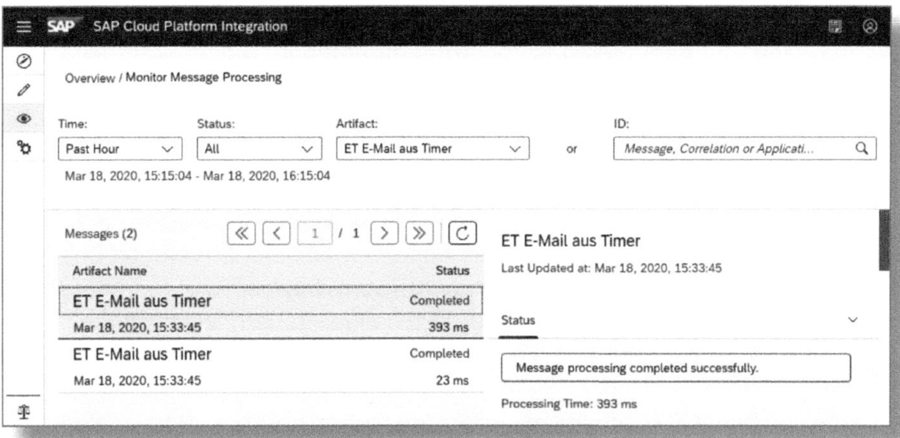

Abbildung 3.33: Integration Flow – Monitoring

Die Menge der Log-Informationen beim Monitoring ist dabei abhängig von

- dem eingestellten Log-Level des Integrationsartefakts und
- der Entscheidung des Entwicklers, aus dem Integration Flow heraus Einträge in das Log zu schreiben (siehe Abschnitt 7.5).

☛ Simulation Mode

Während der Entwicklung kann es hilfreich sein, den Simulation Mode zu verwenden. Dazu wird der Integration Flow im Read-Only-Modus geöffnet und über einen Button oben rechts aktiviert. Sie können Start- und Endpunkte definieren, Eingabedaten für die Simulation einer Nachricht hinterlegen und das Ergebnis der Verarbeitungsschritte überprüfen. Nähere Information finden Sie in folgendem Blogbeitrag: *https://bit.ly/3hdIN81*.

3.3.4 Aufbau der Nachricht (Message)

Während der Entwicklung empfiehlt es sich, Integration Flows frühzeitig (mit einer minimalen Funktionalität) bereitzustellen (deployen) und nach und nach deren Komplexität zu erhöhen. Dieses Vorgehen hilft bei der Fehlersuche und der Vermeidung von Folgefehlern in der Modellierung.

Exemplarisch sollen hier zwei typische Elemente hinzugefügt werden: Transformation und Routing. Der einfachste Weg, eine Nachricht zu verändern, ist die Verwendung des *Content Modifiers*. Er versetzt uns in die Lage, den Inhalt einer Nachricht (*Body/Payload*) zu verändern oder den *Message Header* bzw. die *Exchange Property* zu definieren, respektive zu löschen.

Eine Nachricht (Message) besteht zunächst aus einem »Body«, also den Nutzdaten, z. B. einem XML-Dokument, mehreren Headern und ggf. Anhängen (Attachments) (siehe Abbildung 3.34).

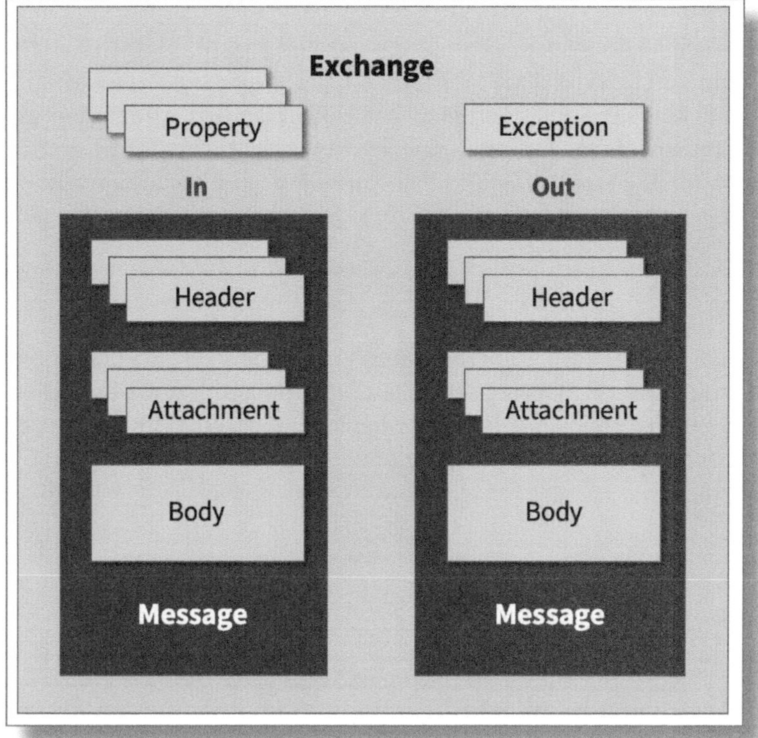

Abbildung 3.34: Message und Exchange

Die einfachste Analogie hierzu ist eine E-Mail. Sie beinhaltet als Body z. B. den Text (»Sehr geehrte Damen und Herren ...«), mehrere Header (z. B. Absender, Empfänger, Betreff) und ggf. Anhänge (z. B. ein PDF-Dokument).

Eine Exchange stellt in SAP Cloud Integration (und in Apache Camel) eine Art Behälter dar (Container), der Zugriff innerhalb eines Ablaufschritts auf Nachricht(en) zu Beginn und am Ende ihrer Bearbeitung ermöglicht.

Properties

Für das Verständnis der SAP Cloud Integration ist Folgendes wichtig: Eine Message verändert sich (mit Body, Headers, Attachments) im Rahmen eines Verarbeitungsschritts, z. B. beim Aufruf eines beteiligten Systems, während die Properties einer Exchange einen statischen Charakter einnehmen und sich unterdessen nicht verändern.

Message Header können bereits durch ein Sendersystem übergeben werden (z. B. als HTTP-Header), allerdings muss die Annahme ebensolcher auf der Ebene des Integrationsprozesses »erlaubt« werden, da diese sonst entfernt werden (siehe Abbildung 3.35).

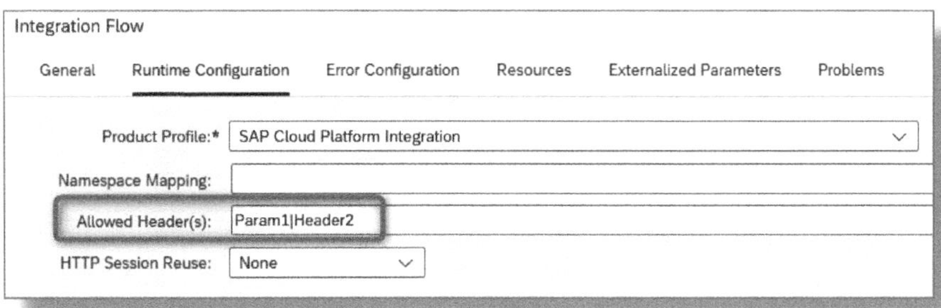

Abbildung 3.35: Message Header – Annahme erlauben

Der Content Modifier gestattet uns also den Zugriff auf die MESSAGE HEADER und den MESSAGE BODY sowie auf die EXCHANGE PROPERTIES, um diese zu erzeugen, zu verändern oder zu löschen (siehe Abbildung 3.36).

Exemplarisch setzen wir hier den MESSAGE BODY und erzeugen somit einen Nachrichteninhalt.

Im nächsten Schritt verändern wir die Nachricht, indem wir den Body in einen Header schreiben und ihn abwandeln (siehe Abbildung 3.37 und Abbildung 3.38).

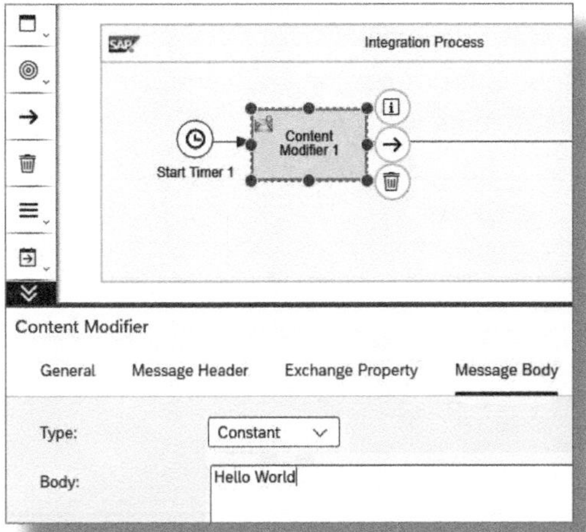

Abbildung 3.36: Content Modifier

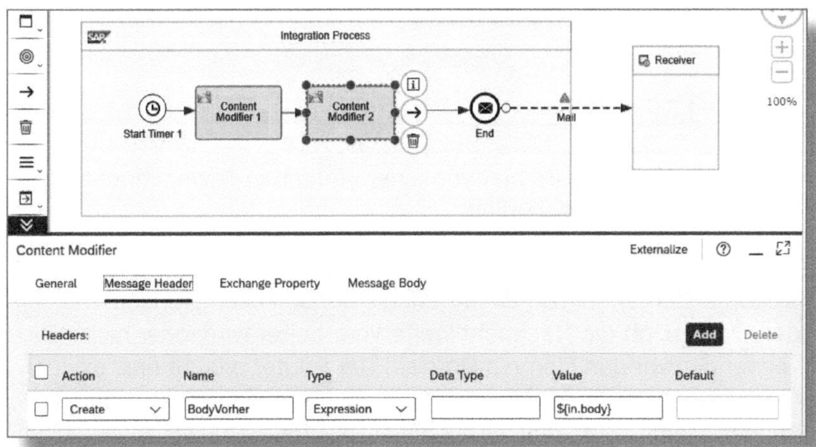

Abbildung 3.37: Message Header erzeugen

Der Header *BodyVorher* wird hier mit dem Inhalt der Laufzeitvariablen *${in.body}* gefüllt. Neben dieser Variablen existieren weitere, die einen Zugriff auf Message, Properties oder Kontextinformationen wie Message-ID gewähren.

Laufzeitvariablen

Eine Übersicht über SAP-Cloud-Integration-Laufzeitvariablen finden Sie unter: *http://blog.whint.de/runtime-variables-cpi.*

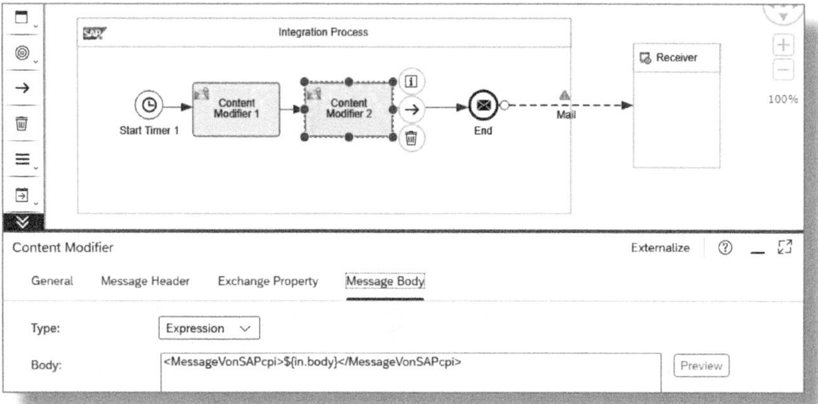

Abbildung 3.38: Message Body verändern

Der *Message Body* wird hier von einer einfachen Textnachricht in eine XML-Nachricht umgewandelt.

Neben der Transformation (hier via *Content Modifier)* fügen wir ein weiteres Element hinzu: das Routing. Hier soll exemplarisch entschieden werden, ob die Nachricht weiterverarbeitet wird, oder nicht. Dazu verwenden wir das Element ROUTER. Der Router erlaubt uns, exklusive (eindeutige) Pfade der Verarbeitung von Nachrichten zu wählen. Wir können damit z. B. den Inhalt einer Header-Variable abfragen und situationsabhängig von diesem unterschiedlich handeln (siehe Abbildung 3.39).

Wenn also die Variable des Headers *BodyVorher* den Wert »World« enthält, wird die Verarbeitung weiter ausgeführt (Senden der E-Mail), sonst wird ein End Event – die *Escalation* – ausgelöst, das die weitere Verarbeitung unterbricht und die Nachricht im Monitor als *Escalated* markiert. Ändern wir also den Inhalt des Bodys (Content Modifier 1) in »Hallo Welt«, wird die Verarbeitung abgebrochen und die Nachricht erhält den STATUS *Escalated* (siehe Abbildung 3.40).

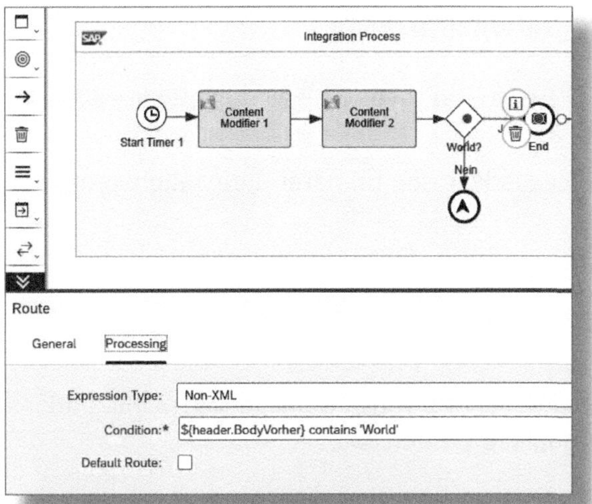

Abbildung 3.39: Router – Message Header

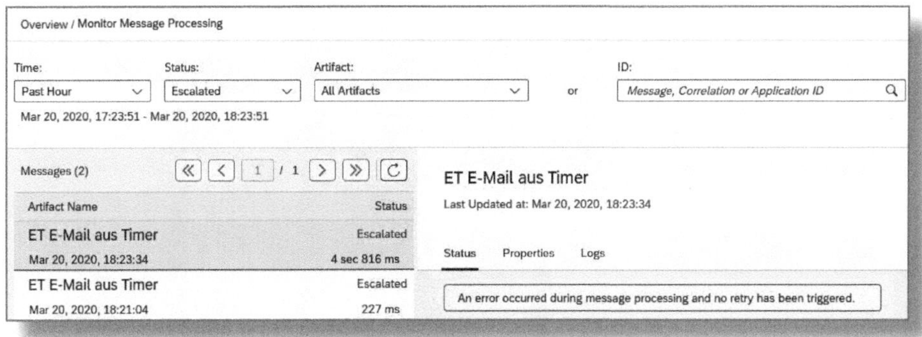

Abbildung 3.40: Escalated Message

3.4 Modularisierung

Beim Design eines Integration Flows kommen Sie unweigerlich an einen Punkt, an dem die Komplexität zunimmt und die Aspekte Übersichtlichkeit und Wiederverwendung relevant werden. Die Aufteilung des Integration Flows in einzelne Integrationsprozesse hilft Ihnen, den damit verbundenen Anforderungen gerecht zu werden.

3.4.1 Lokale Integrationsprozesse

Die Auslagerung von Prozessschritten in lokale Integrationsprozesse ist z. B. dann sinnvoll,

- wenn sie die Lesbarkeit des primären Integrationsprozesses erhöht,
- wiederkehrende Schritte isoliert,
- die Fehlerbehandlung spezifisch erfolgt (siehe Abschnitt 3.5) oder
- der Aufruf gleicher Schritte von unterschiedlichen Integrationsprozessen ermöglicht werden soll.

Dazu wird links in der Modellierungsumgebung unter PROCESS • LOCAL INTEGRATION PROCESS ein lokaler Integrationsprozess angelegt, die auszuführenden Schritte werden hinzugefügt oder aus dem Hauptprozess verschoben, und der Aufruf des Prozesses via CALL • LOCAL CALL • PROCESS CALL wird eingefügt (siehe Abbildung 3.41).

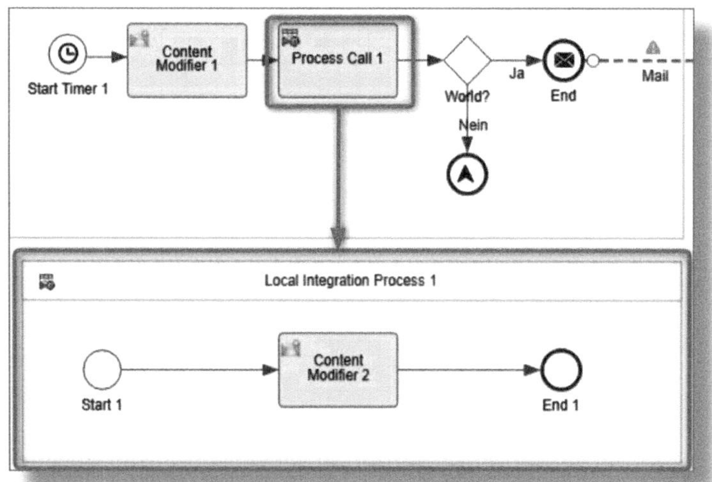

Abbildung 3.41: Lokaler Integrationsprozess

3.4.2 Kommunikation zwischen Integration Flows

Sie können eine Modularisierung bzw. Kommunikation nicht nur zwischen Haupt- und lokalen Integrationsprozessen herstellen, sondern auch zwischen (Haupt-)Integrationsprozessen untereinander. Dies kann sowohl lokal innerhalb eines Integration Flows erfolgen als auch Flow-übergreifend.

Das Mittel der Wahl hierfür ist der sogenannte *ProcessDirect*-Adapter. Sie konfigurieren eine Kommunikation hin zu einem Empfänger, nutzen den ProcessDirect-Adapter als Kommunikationskanal und geben eine relative URL (Service) an, z. B. */ET/HelloWorld* (siehe Abbildung 3.42).

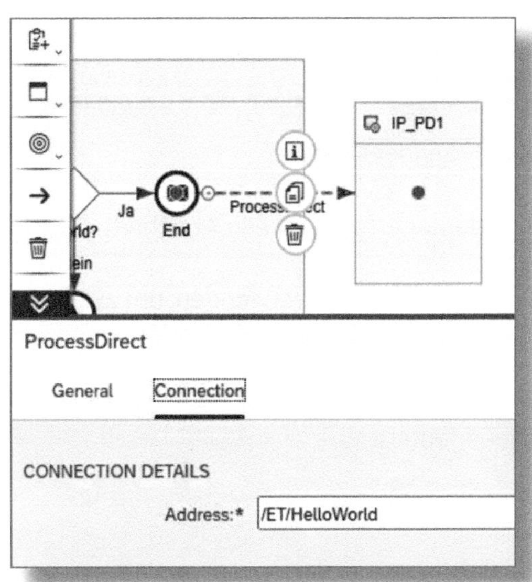

Abbildung 3.42: ProcessDirect – Empfänger-Adapter

Dazu passend legen Sie einen Sender-Kommunikationskanal zu einem Integrationsprozess an. Beachten Sie dabei, dass die Verwendung des Services global pro SAP Cloud Integration Tenant gültig ist, d. h., es darf nur einen Service geben, der mit diesem Namen bereitgestellt wird. Über die Namensgleichheit der Adresse ist die Kommunikation der Prozesse untereinander möglich (siehe Abbildung 3.43).

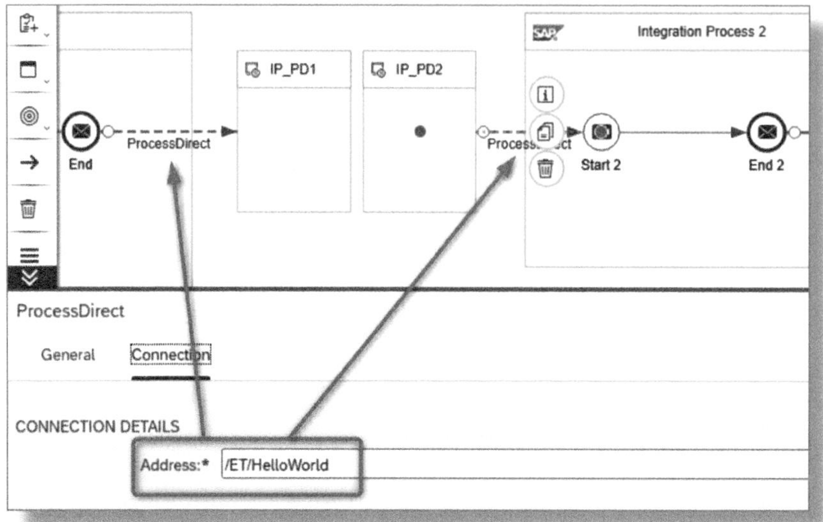

Abbildung 3.43: ProcessDirect – Sender-Channel

Näheres zum ProcessDirect-Adapter erfahren Sie in Abschnitt 4.2.14.

Alternativ können Sie auch den JMS-Adapter verwenden, um zwei Integration Flows miteinander zu verbinden. Dabei wird über Queues kommuniziert. Dies hat den Vorteil, dass die Nachrichten zwischengespeichert und im Fehlerfall wiederholt werden können. Der JMS-Adapter wird in Abschnitt 4.2.23 näher erläutert.

3.5 Fehlerbehandlung

Während der Verarbeitung von Nachrichten können immer wieder Fehler auftreten, z. B. wenn die gesendete Nachricht nicht dem vereinbarten Format entspricht oder eine unvorhergesehene Situation eintritt (z. B. bei Nichterreichbarkeit eines der beteiligten Systeme). Etwaige Fehlersituationen und deren Behebung müssen Sie deshalb unbedingt berücksichtigen und entsprechend modellieren.

3.5.1 Exception Subprocess

Grundsätzlich lassen sich Fehler durch einen sogenannten *Exception Subprocess* abfangen. Innerhalb dieses Subprozesses können Sie Aktionen vornehmen (z. B. Detailinformationen ins *Message Processing Log* schreiben, siehe Abschnitt 7.5; Benutzer informieren oder die Nachricht an den Empfänger zurücksenden, siehe Abbildung 3.44).

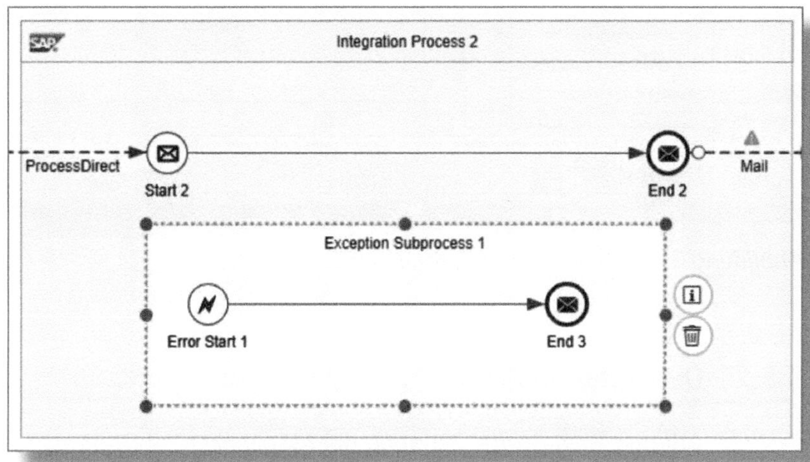

Abbildung 3.44: Exception Subprocess

Dabei können Sie entscheiden, ob die Nachricht mit der abgefangenen Fehlersituation

1. als erfolgreich im Monitoring angezeigt wird,
2. als fehlerhaft oder
3. als eskaliert.

Letztgenannte Anzeige soll darstellen, dass eine unerwünschte Situation eingetreten ist (z. B. Probleme bei der Empfängerermittlung), die Verarbeitung jedoch fortgesetzt bzw. akzeptiert wird. Die Steuerung des iFlow-Verhaltens innerhalb der Fehlerbehandlung erfolgt über das End Event des Subprozesses (Message, Escalation, Error, siehe Abbildung 3.45).

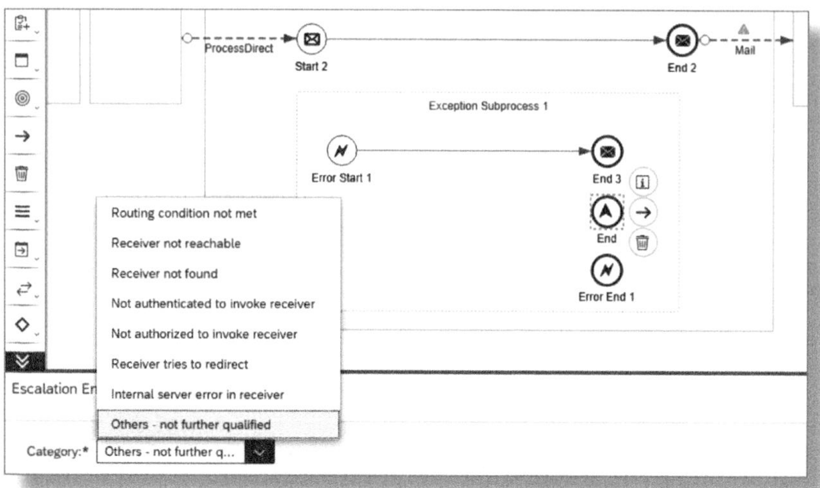

Abbildung 3.45: Exception Subprocess – End Event

3.5.2 Queueing

Je nach Adapter besteht für Sie auch die Möglichkeit, auf temporäre Fehler einzugehen, indem die Nachricht zwischengespeichert wird, z. B. wenn das Empfängersystem vorübergehend nicht erreichbar ist. Das Zwischenspeichern (Queueing) erfolgt dabei entweder im Data Store (siehe Abschnitt 4.6) oder über *JMS Queues* (siehe Abschnitt 4.2.23). Aktuell unterstützen folgende Adapter ein Queueing:

- AS4 (siehe Abschnitt 4.2.8)
- XI (siehe Abschnitt 4.2.17)

Verwenden Sie Adapter, die diese Funktion nicht unterstützen, müssen Sie, sofern Nachrichten zwischengespeichert werden sollen, ggf. ein Queueing im Integration Flow implementieren. Dies können Sie modellieren, indem Sie auch eine Wiederholung der Nachrichten aus der Queue/dem Data Store einfügen.

Alternativ kann sogar die Annahme der Nachricht verweigert werden, wenn ein Fehler in der Verarbeitung auftritt. Dies unterstützen die Adapter SOAP (siehe Abschnitt 4.2.3) und SFTP (siehe Abschnitt 4.2.4).

☛ Queueing-Empfehlungen

Eine gute Übersicht hinsichtlich der Fehlerbehandlung sowie zum Thema »Queueing« findet sich in dem Blogbeitrag *SAP Cloud Integration Asynchronous Messaging Best Practices* unter:

http://blog.whint.de/sap-cpi-asynchronous-messaging-best-practices/.

3.6 Transportwesen

Der Transport von Integration Content erfolgt typischerweise auf der Ebene des Integration Package. Hierfür müssen alle Artefakte (Integration Flow, OData-Service, Value Mapping) versioniert sein (»Save as version«, siehe Abschnitt 3.3.2), um kenntlich zu machen, dass die Schnittstellen fertig entwickelt sind. Sie können Integration Flows im Prinzip auch einzeln herunterladen und in einem anderen Tenant neu anlegen, allerdings ist diese Methode nicht empfehlenswert, da es sich quasi um eine Neuanlage als Kopie handelt, nicht um den Transport eines Entwicklungsobjektes, das ausschließlich im Entwicklungssystem verändert wird und in nachfolgende Umgebungen (Qualitätssicherung/Staging/Produktion) nur via Transport gelangt.

3.6.1 Externalisierung von Parametern

Damit ein Objekt in unterschiedlichen SAP Cloud Integration Tenants bzw. entsprechenden Laufzeitumgebungen unverändert bleiben kann, müssen Sie veränderliche Parameter externalisieren; dies können z. B. Benutzernamen und Passwörter sein, aber auch Hostnamen, IP-Adressen bzw. Parameter, die das Verhalten/den Prozessablauf eines Integration Flow steuern sollen. Hierfür bieten alle Kommunikationskanäle sowie einige Elemente der Modellierung (z. B. der Content Modifier) die Möglichkeit der Externalisierung an (siehe Abbildung 3.46).

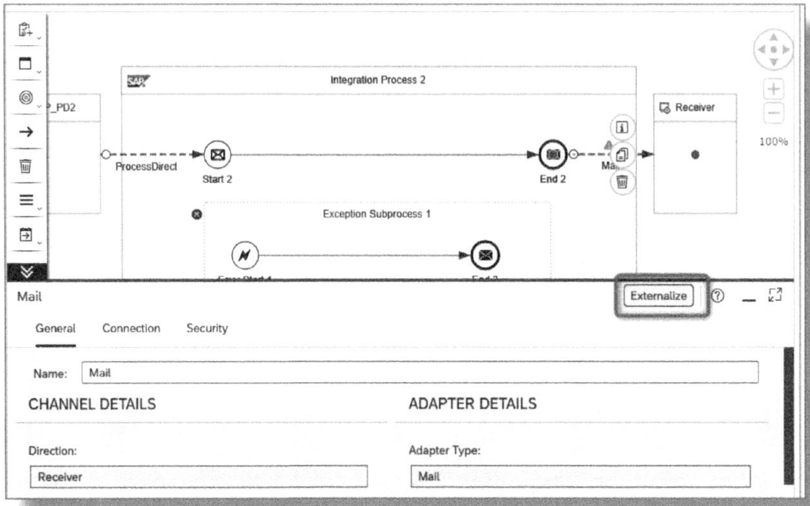

Abbildung 3.46: Externalisierung im Adapter

Für die Externalisierung wählen Sie für jeden Parameter, der änderbar sein soll, einen Namen, den Sie mit doppelt geschweiften Klammern eintragen. Dadurch verändert sich der bereits eingegebene Wert optisch und kann hier nicht mehr abgewandelt werden (siehe Abbildung 3.47).

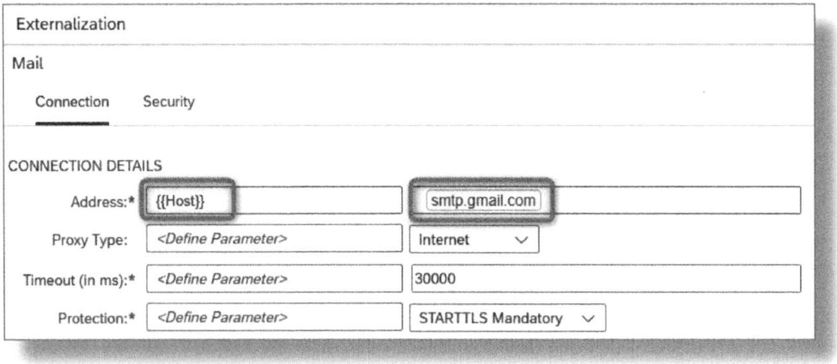

Externalization
Mail
Connection Security
CONNECTION DETAILS
Address:* {{Host}} smtp.gmail.com
Proxy Type: <Define Parameter> Internet
Timeout (in ms):* <Define Parameter> 30000
Protection:* <Define Parameter> STARTTLS Mandatory

Abbildung 3.47: Externalisierung von Parametern

Die Modifizierung der Parameter erfolgt nun über den Button CONFIGURE, den Sie dann erreichen, wenn Sie sich nicht mehr im Änderungsmodus befinden bzw. auf der Ebene des Integration Package (ARTIFACTS • CONFIGURE).

Zusätzlich können Sie sich auf der Ebene des Integration Flow anzeigen lassen, welche Parameter insgesamt existieren, und ggf. nicht mehr verwendete Parameter entfernen (siehe Abbildung 3.48).

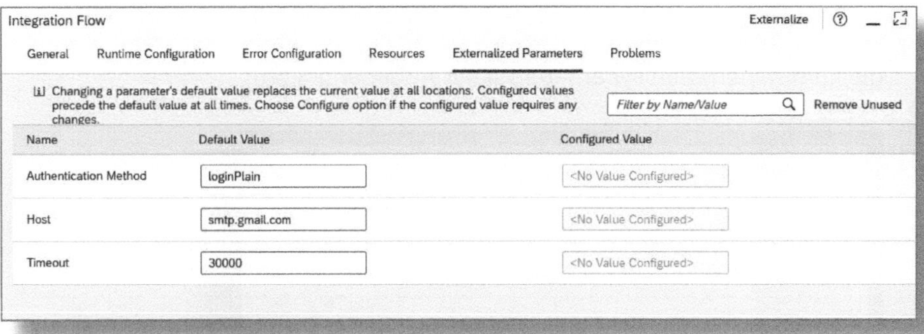

Abbildung 3.48: Externalisierte Parameter im Integration Flow

3.6.2 Transportwege

Für den Transport selbst stehen Ihnen folgende Wege zur Verfügung:

- der manuelle EXPORT/IMPORT (siehe Abbildung 3.49)
- der Transport via CTS+
- der Transport via MTAR
- der Transport via SAP Cloud Transport Management

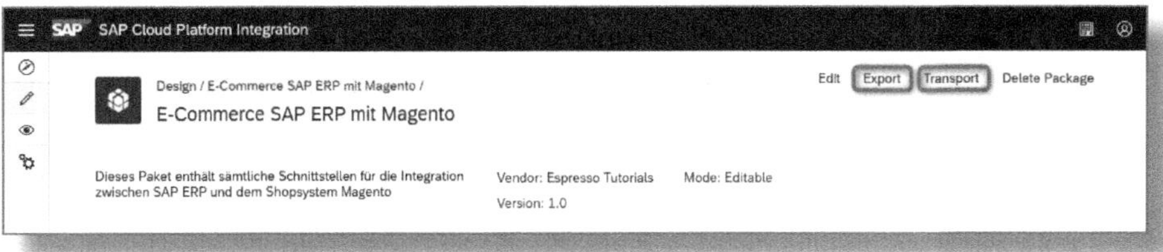

Abbildung 3.49: Export und Transport von Paketen

Der einfachste Weg ist der *manuelle Export/Import*: Hierfür laden Sie das Integration Package als ZIP-Archiv auf Ihr lokales Dateisystem und importieren es über die Funktion IMPORT im Zieltenant. Wenn das Paket noch nicht existiert, werden die konfigurierbaren Parameter automatisch mit den Vorschlagswerten (Default) versorgt. Anschließend müssen Sie die Werte der Laufzeitumgebung entsprechend anpassen, sichern und das Deployment auf diesem Tenant durchführen. Sollte das Paket bereits existieren, erhalten Sie eine diesbezügliche Warnung. Sie können es aber auch getrost überschreiben, da nur die statischen Entwicklungsobjekte mit der neueren Version ersetzt werden, nicht jedoch die konfigurierbaren Parameter (siehe Abbildung 3.50).

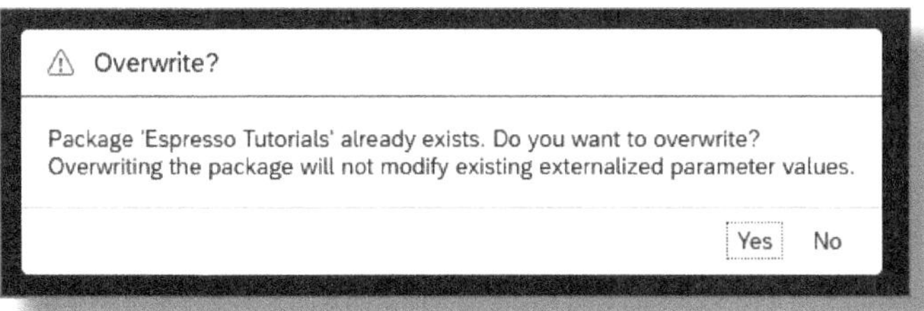

Abbildung 3.50: Integration Package Import

Um einen echten Transport zu ermöglichen, müssen Sie auf Tenant-Ebene in den Einstellungen die Transportart auswählen (siehe Abbildung 3.51).

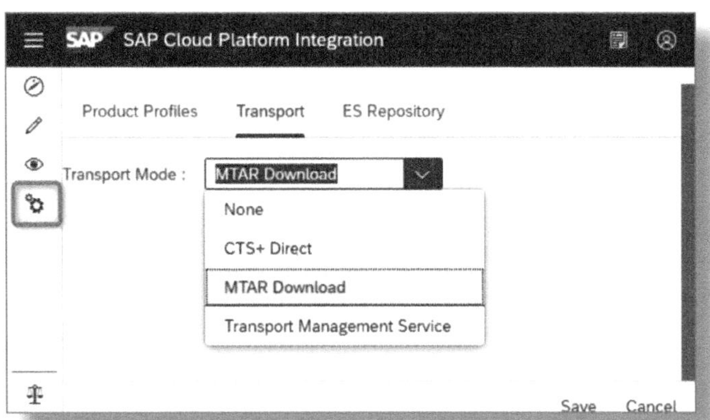

Abbildung 3.51: Transport Mode

CTS+ (Enhanced Change and Transport System) wird von SAP-Kunden bereits in der On-Premise-Welt verwendet, z. B. um SAP-PI-Schnittstellen zu transportieren. Der Transport erfolgt über ein auf ABAP basierendes System; häufig ist dies der SAP Solution Manager. Damit der Transport erfolgen kann, müssen Sie eine Verbindung (über eine Destination) zum ABAP-System via SAP Cloud Connector herstellen. CTS+-Transporte besitzen den Vorteil, dass bereits eingerichtete Solution-Manager-Szenarien wie ChaRM (Change and Request Management) weiterverwendet werden können, um ganze Implementierungsprojekte systemübergreifend zu transportieren und somit eine bessere Kontrolle über die Projektphasen zu erhalten.

MTAR (Multitarget Application Archive) ist ein Weg, das Integration Package ins lokale Dateisystem des Benutzers zu exportieren und im Zieltenant (wiederum mithilfe von CTS+) zu importieren.

Als letzte Option existiert der *SAP Cloud Transport Management Service,* der einen direkten Transport ermöglicht, ohne ein weiteres System einzubeziehen (siehe Abbildung 3.52). Hierfür erstellen Sie vom SAP Cloud Integration Tenant eine Verbindung zum Transport-Service, der sich dann mit den nachfolgenden SAP Cloud Integration Tenants verbindet. Dieses Vorgehen bietet sich an, wenn Sie keine On-Premise-Systeme involvieren möchten, weil keine bereitstehen, oder um den Konfigurationsaufwand gering zu halten.

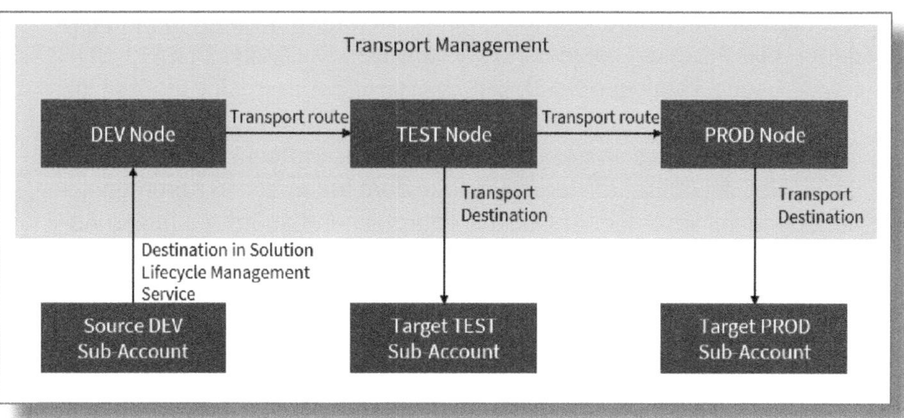

Abbildung 3.52: SAP Cloud Transport Management Service

3.7 Sicherheit

Das Thema »Sicherheit« umfasst diverse Bereiche – von der Authentifizierung über Benutzerrollen bis hin zur Verschlüsselung der Kommunikation und der Nachrichten selbst. Dieser Abschnitt befasst sich mit den technischen Authentifizierungsmethoden (siehe Abschnitt 3.7.1) und Berechtigungskonzepten (siehe Abschnitt 3.7.2), der Kommunikation an sich (siehe Abschnitt 3.7.3) und, als besondere Form der Kommunikation, mit dem SAP Cloud Connector (siehe Abschnitt 3.7.4).

3.7.1 Authentifizierung

SAP Cloud Integration sieht grundsätzlich folgende Authentifizierungsmethoden für eine Kommunikation mit einem anderen System vor:

- *Basic* (Benutzername und Passwort)
- *Client Certificate* (Zertifikate und private Schlüssel)
- *OAuth* (HTTP-Token-basierte Authentifizierung)

Jeder Adapter bietet dabei seine spezifischen Methoden an (siehe Abschnitt 4.2). Häufig legt der eingehende Kommunikationskanal fest, wie die Authentifizierung erfolgen soll. Dies ist bei Adaptern, die auf dem HTTP-Protokoll basieren, entweder USER ROLE oder CLIENT CERTIFICATE (siehe Abbildung 3.53).

Über die USER ROLE, in der die entsprechende Nutzerrolle anzugeben ist, erfolgt die Authentifizierung, die Sie dem technischen Kommunikationsbenutzer im Account Cockpit entsprechend zuordnen (siehe Abbildung 3.54). Dabei kann es sich um die vordefinierte Rolle *ESBMessaging.send* handeln oder um eine selbst definierte. Die Zuordnung erfolgt hier auf dem Laufzeitknoten (IFLMAP) und nicht auf der Tenant Management Node (TMN), über die Entwickler und Administratoren zugeordnet werden (siehe Abschnitt 2.5).

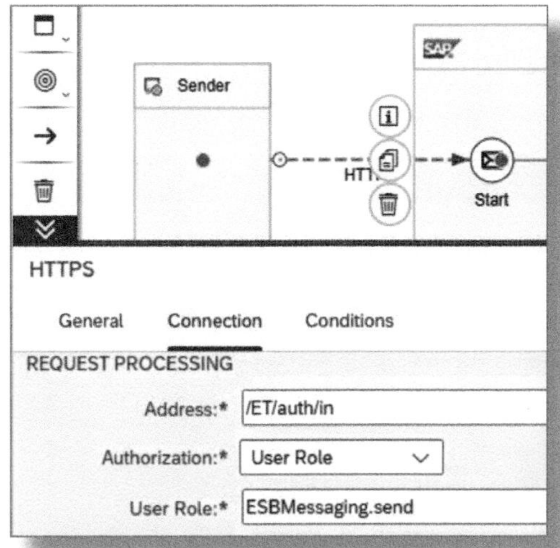

Abbildung 3.53: Authentifizierung bei eingehender Kommunikation

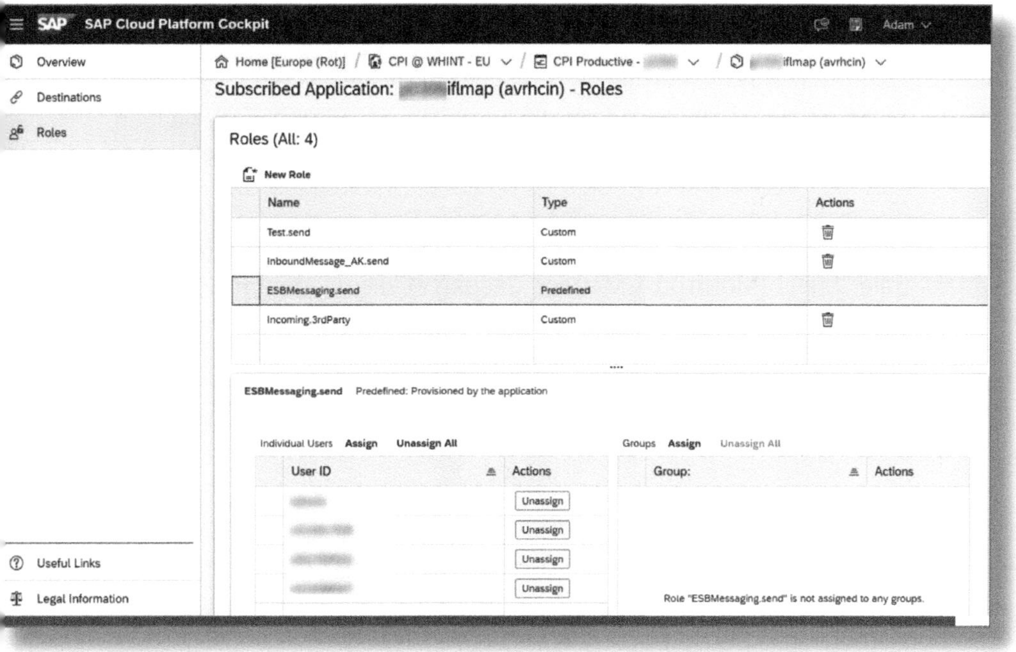

Abbildung 3.54: Rollenzuweisung zum Benutzer in Neo

Man kann dabei mehrere User Roles anlegen, z. B. um die Ausführbarkeit einzelner Integration Flows voneinander zu trennen (siehe Abbildung 3.55).

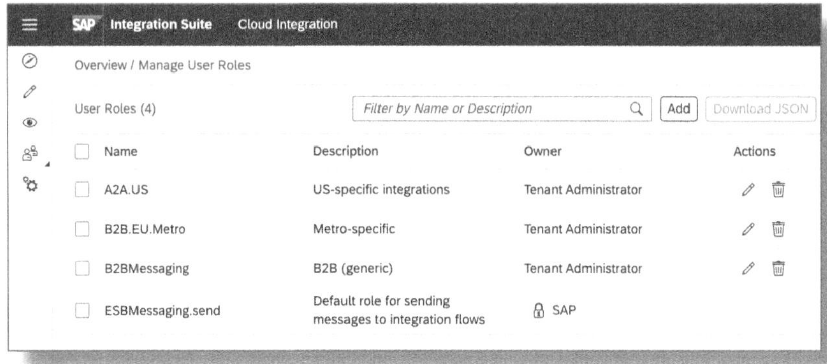

Abbildung 3.55: User Roles in Cloud Foundry

Alternativ können Sie über den Senderkanal die Auswahl CLIENT CERTIFICATE treffen, wenngleich diese Methode nicht empfehlenswert ist, da hierfür ein Zertifikat im Integration Flow zu hinterlegen ist. Wenn das Zertifikat nun ausläuft und ersetzt werden muss, sind Sie gezwungen, jeden Integration Flow zu ändern und neu bereitzustellen, der dieses Zertifikat verwendet. Um dies zu umgehen, verwenden Sie weiterhin die USER ROLE und fügen ein sogenanntes *Certificate-to-User-Mapping* hinzu. Dabei handelt es um eine Hinterlegung von Zertifikaten an zentraler Stelle (MONITOR • MANAGE SECURITY), die wiederum Benutzern zugeordnet werden, die über die jeweilige Rolle verfügen (siehe Abbildung 3.56).

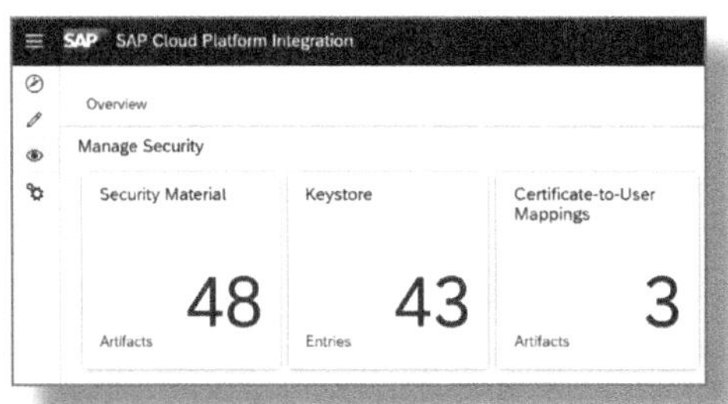

Abbildung 3.56: Manage Security

Diese Möglichkeit besteht jedoch nur in Neo. In Cloud Foundry (Integration Suite) werden Zertifikate im SAP BTP Cockpit in sog. Serviceinstanzen hinterlegt, die entsprechenden User Roles zugeordnet sind. Diesen Serviceinstanzen können Sie entsprechend die zu verwendenden Zertifikate hinterlegen.

Basic

Die einfachste Methode der Authentifizierung verwendet einen Benutzernamen sowie ein Passwort. Für die eingehende Kommunikation ist dies typischerweise ein S- oder P-User, d. h. ein durch SAP verwalteter Benutzername. Einen S-User beantragen Sie über die SAP-Basisadministration (dies kann auch ein technischer Kommunikationsbenutzer sein), während ein P-User (Public) durch jeden Benutzer mit einer E-Mail-Adresse erstellt werden kann. Der Vorteil von S-Usern liegt in der Berechtigung, ein SAP-Passport-Zertifikat zu beantragen, das auch für eine zertifikatsbasierte Authentifizierung eingesetzt werden kann.

In Cloud Foundry kann man zusätzlich über Serviceinstanzen einen technischen Schlüssel anlegen und mit der aufrufenden Anwendung teilen. Bitte beachten Sie, dass SAP für eingehende Aufrufe aus Sicherheitsgründen generell von Basic Authentication abrät, manchmal lässt sich dies jedoch nicht vermeiden, weil die beteiligte Anwendung keine anderen Optionen unterstützt.

Die ausgehende Kommunikation erfolgt in den Kommunikationskanälen über ein Benutzeralias (USER CREDENTIAL), das nur auf den echten Benutzer verweist. Hinterlegt werden diese unter SECURITY MATERIAL (MONITOR • MANAGE SECURITY, siehe Abbildung 3.56). Dieses Vorgehen birgt den Vorteil in sich, dass bei einem sich ändernden Passwort nicht der Integration Flow angepasst werden muss, sondern nur das Alias (siehe Abbildung 3.57).

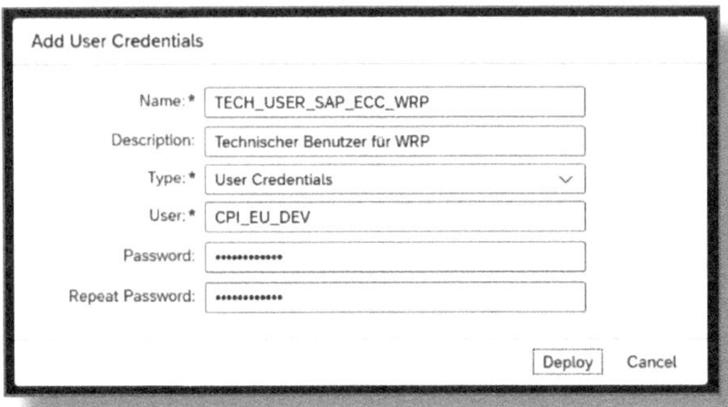

Abbildung 3.57: User Credentials

Client Certificate

Bei der Verwendung von Zertifikaten zur Authentifizierung ist für die eingehende Kommunikation zu beachten, dass das Zertifikat von einer Zertifizierungsstelle (CA) ausgestellt wurde, die von SAP Business Technology Platform unterstützt wird.

> **Unterstützte Zertifizierungsstellen**
>
> Eine Liste unterstützter Zertifizierungsstellen findet sich in SAP Help unter *https://bit.ly/2C5IUy1*.

Die Verwendung selbst signierter Zertifikate ist nicht gestattet. Für die Authentifizierung wird der öffentliche Schlüssel (Public Key) des Zertifikats im Integration Flow bzw. im Bereich CERTIFICATE-TO-USER MAPPINGS hinterlegt. Das aufrufende System authentifiziert sich mit dem privaten Schlüssel (Private Key).

Bei ausgehender Kommunikation wird in SAP Cloud Integration entsprechend ein privater Schlüssel im sogenannten *Keystore* hinterlegt (MONITOR • MANAGE SECURITY). Dieser bzw. der Verweis auf das Alias kann in Empfänger-Kommunikationskanälen referenziert werden.

OAuth

Zusätzlich besteht sowohl für die eingehende als auch für die ausgehende Kommunikation noch die Möglichkeit einer Authentifizierung über OAuth. Dabei muss das aufrufende System zunächst eine HTTP-URL verwenden (häufig geschützt durch einen Benutzernamen und Passwort bzw. Key und Secret); es erhält einen sogenannten *Token* zurück, der beim eigentlichen Aufruf der Kommunikationsadresse als HTTP-Header (Authorization) mitgegeben wird.

Für die eingehende Kommunikation (nur Neo) ist im Account Cockpit ein neuer Client anzulegen und dort ein Benutzername (ID) sowie ein Passwort (Secret) zu vergeben (siehe Abbildung 3.58).

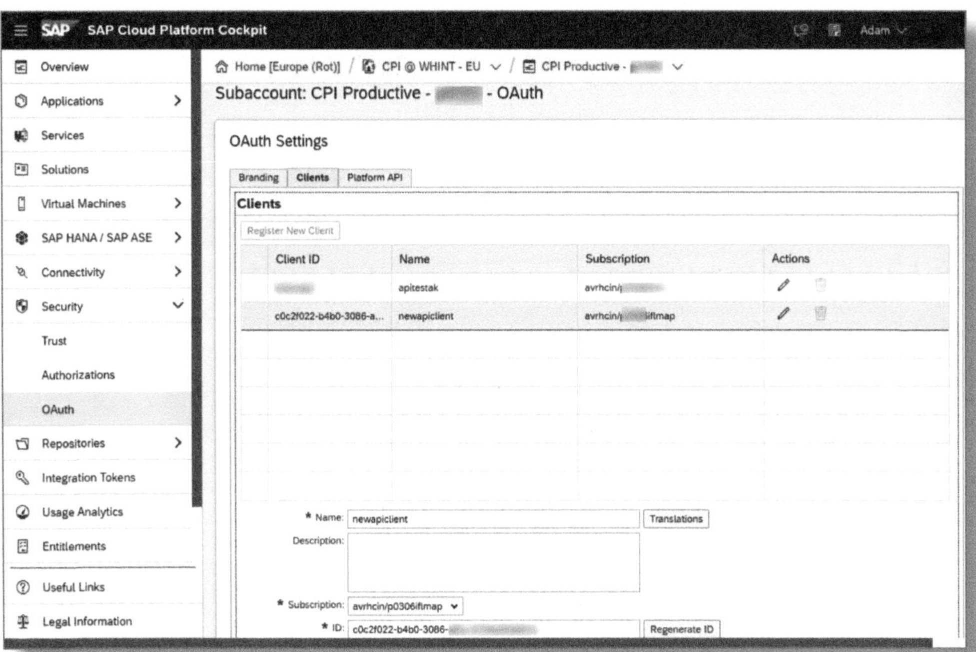

Abbildung 3.58: OAuth Client

Zusätzlich muss diesem Benutzer, der nun kein S- oder P-User ist, die User Role zugeordnet werden (z. B. ESBmessaging.send), siehe Abbildung 3.59.

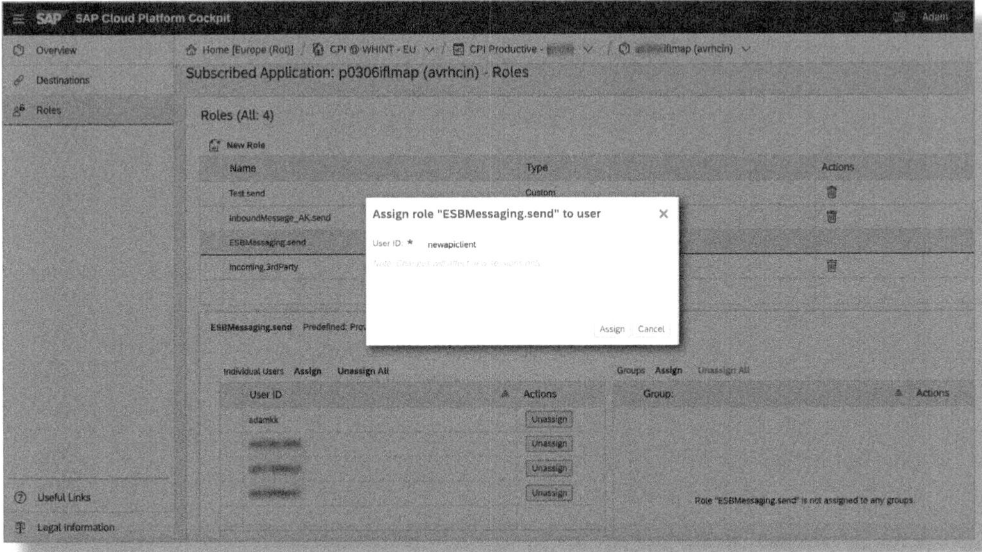

Abbildung 3.59: OAuth Client – Rollenzuweisung

Zur Kommunikation wird zunächst der Token abgerufen, indem die TOKEN ENDPOINT-URL im Reiter BRANDING ausgewählt wird.

In Cloud Foundry erfolgt die Bereitstellung von OAuth-Usern ebenfalls über Serviceinstanzen, wie auch schon bei Basic und Certificate-based Authentication (siehe Abbildung 3.60).

Cloud Foundry

Eine Übersicht zu den Authentifizierungsoptionen in Cloud Foundry finden Sie in folgendem Blogbeitrag: http://blog.whint.de/sap-cloud-integration-authentication-options/

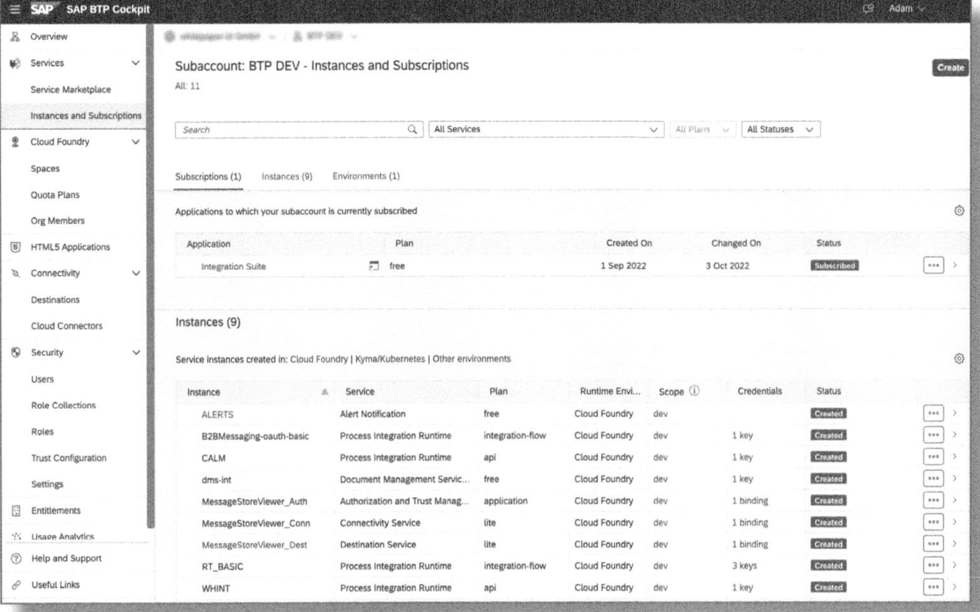

Abbildung 3.60: Serviceinstanzen in Cloud Foundry

3.7.2 Berechtigungen

Wie die Zuweisung von Benutzerrollen erfolgt, habe ich bereits in Abschnitt 2.5 erläutert. Es existieren vordefinierte Rollen für typische Aufgaben wie das Entwickeln von Schnittstellen oder lediglich für das Monitoring von Nachrichten.

Folgende wichtige Standardrollen stehen in Neo zur Verfügung:

- AUTHGROUP.ADMINISTRATOR
- AUTHGROUP.BUSINESSEXPERT
- AUTHGROUP.INTEGRATIONDEVELOPER
- AUTHGROUP.READONLY

In Cloud Foundry sind diese bis auf das Präfix namensgleich (siehe Abbildung 3.61).

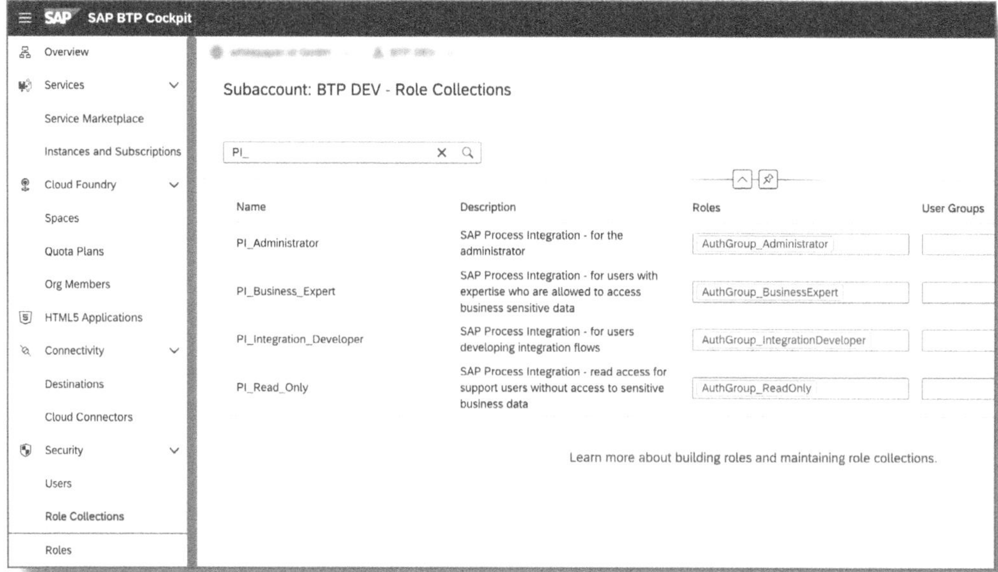

Abbildung 3.61: Rollensammlungen in Cloud Foundry

Die Zuordnung der Rechte pro Rolle geschieht, wie in Tabelle 3.1 aufgeführt:

Berechtigung	Rolle(n) bzw. AuthGroup
Monitoring von Integration Flows und des Status von Artefakten, Keystore	BusinessExpert, Administrator, IntegrationDeveloper, ReadOnly
Message Payload und Attachments lesen (Message Store, Message Processing Log)	BusinessExpert
Integration Packages und Artefakte öffnen sowie ansehen	BusinessExpert, Administrator, IntegrationDeveloper
Integration Packages und Artefakte anlegen, ändern, importieren sowie exportieren	IntegrationDeveloper

Berechtigung	Rolle(n) bzw. AuthGroup
Deployment von Security Content	Administrator
Deployment von Integration Content	Administrator, IntegrationDeveloper
Nachrichten aus dem Data Store löschen	Administrator
User Credentials anlegen sowie ändern	Administrator, IntegrationDeveloper

Tabelle 3.1: Berechtigungen und Rollen

Zusätzlich besteht die Möglichkeit, die Zugriffsrechte über sogenannte ACCESS POLICIES hinsichtlich des Monitorings zu beschränken.

Hierfür wird in Neo-Tenants im Account Cockpit eine kundenspezifische Rolle angelegt, die im Cloud Integration Tenant unter MONITOR • MANAGE SECURITY • ACCESS POLICIES unter dem gleichen Namen als POLICY erstellt wird (siehe Abbildung 3.62 und Abbildung 3.63).

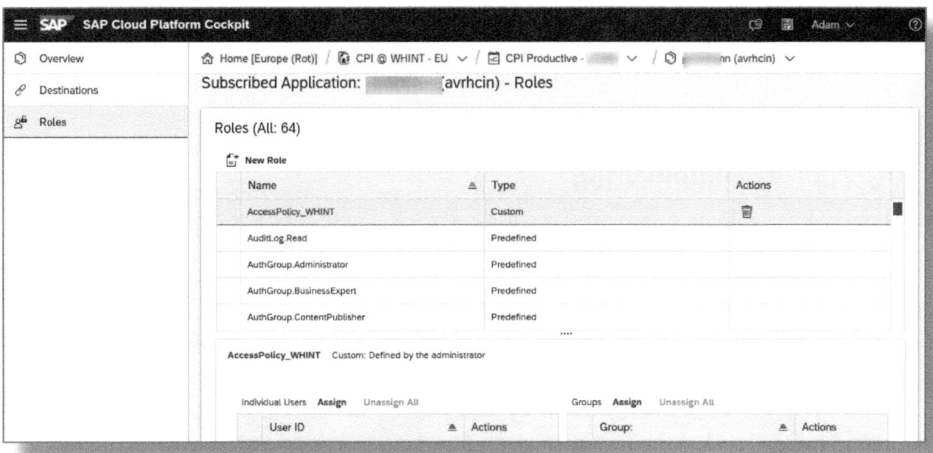

Abbildung 3.62: Kundenspezifische Rolle anlegen

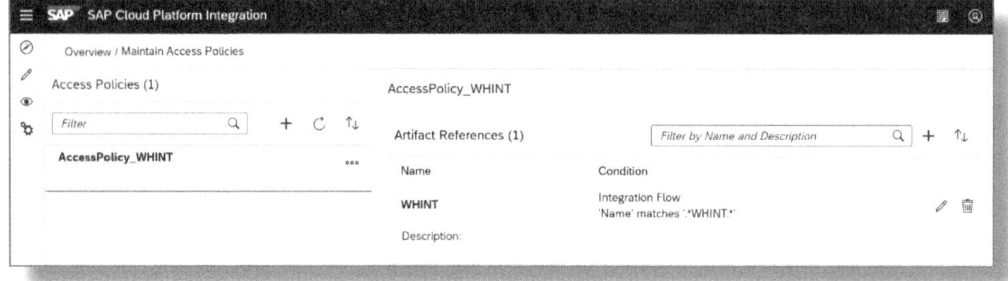

Abbildung 3.63: Access Policy

Auf diese Weise kann für einen Benutzer, der über die Standardrolle »AuthGroup.BusinessExpert« verfügt, der Zugriff auf das Monitoring bestimmter Integration Flows verwehrt werden. Dies ist z. B. dann sinnvoll, wenn Benutzern bestimmter Unternehmensbereiche nur der Zugriff auf Schnittstellen gewährt werden soll, die ihren Bereich (der ggf. sensibel ist) betreffen, so etwa Finanzen oder Personal.

In Cloud Foundry wird die Rolle im Account Cockpit automatisch generiert, sobald sie im Bereich MONITOR • MANAGE SECURITY • ACCESS POLICIES angelegt wurde.

3.7.3 Kommunikation

Die eingehende Kommunikation (Inbound Connectivity) kann danach unterschieden werden, ob SAP Cloud Integration die Rolle des Clients oder des Servers übernimmt. Bei sogenannten Push-Szenarien ruft ein Client die SAP Cloud Integration (Server) auf, stellt die Verbindung her, authentifiziert sich und sendet eine Nachricht mittels einer der in Abschnitt 3.7.1 beschriebenen Methoden zur Authentifizierung. Die Verbindung erfolgt dabei immer über den Load Balancer der SAP Business Technology Platform (siehe Abbildung 3.1), der eine zusätzliche Sicherheitsschicht darstellt und z. B. in der Lage ist, Gefahren wie z. B. DDoS-Attacken (Distributed Denial-of-Service hat das Ziel, einen Dienst zu überlasten) abzuwehren.

Ein SAP Cloud Integration Tenant verfügt automatisch über eine öffentliche IP-Adresse (Public IP) für die Kommunikation über HTTP und ist von überall im Internet aufrufbar. Es ist auch keine Firewall-Konfiguration notwendig, um Nachrichten an SAP Cloud Integration zu senden.

Bei den oben erwähnten Pull-Szenarien (z. B. SFTP) nimmt SAP Cloud Integration die Rolle des Clients ein, und zwar auch bei eingehender Kommunikation. In diesem Fall baut SAP Cloud Integration die Verbindung auf und steuert die Übertragung. Die Kommunikation findet direkt, also ohne Load Balancer, statt.

Bei einer ausgehenden Kommunikation (Outbound Connectivity) erfolgen der Verbindungsaufbau und die Authentifizierung immer aus der SAP Cloud Integration heraus. Hierfür kann jeder Server aufgerufen werden, der über das Internet verfügbar ist. Eine Besonderheit stellt dabei die Kommunikation in ein womöglich vorhandenes eigenes Rechenzentrum (On-Premise) dar. Da man sein eigenes Rechenzentrum nicht unbedingt den Gefahren des Internets (bspw. durch unbefugte Zugriffe) preisgeben möchte, verfügen die Systeme nicht zwingend über öffentliche IP-Adressen und sind somit nicht von außen zugänglich. Solche Kommunikationswege werden häufig über VPN (Virtuelles Privates Netzwerk) gesichert, über eine verschlüsselte Verbindung, die zwischen zwei Systemen hergestellt wird. Die SAP Business Technology Platform bietet hierfür eine elegante Lösung, den SAP Cloud Connector, der im nachfolgenden Abschnitt vorgestellt wird.

Wird eine verschlüsselte Adresse über SSL/TLS aufgerufen, muss (wie sonst auch üblich) das Zertifikat der ausstellenden Zertifizierungsstelle vorher im Keystore bekannt gemacht werden. Um dieses zu ermitteln, können Sie über MONITOR • MANAGE SECURITY • CONNECTIVITY TESTS einen Aufruf durchführen (siehe Abbildung 3.64).

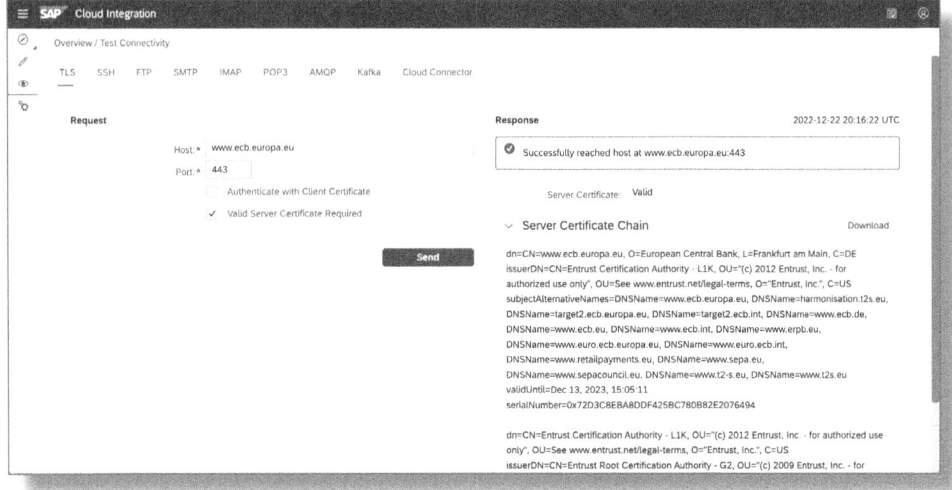

Abbildung 3.64: Test Connectivity

3.7.4 SAP Cloud Connector

Der SAP Cloud Connector ist zunächst ein Dienst in SAP Business Technology Platform, der über ein Gegenstück im Rechenzentrum (On-Premise) als lokale Installation(en) verfügt. Die lokale Komponente wird im Rechenzentrum installiert und baut eine SAP-spezifische VPN-Verbindung zur SAP Business Technology Platform auf. Sie entscheiden und konfigurieren, welche Systeme mit welchen Diensten in die Cloud freigegeben werden sollen und ob Sie z. B. ein Alias für Hostnamen verwenden. Sobald dies geschehen ist, sind die Systeme in der SAP Cloud sichtbar und können von dort eingesetzt werden. Die Nutzung ist dabei nicht nur auf die SAP Cloud Integration beschränkt, vielmehr kann sie auch durch die anderen SAP-Cloud-Platform-Dienste erfolgen.

Der SAP Cloud Connector ist gratis verfügbar und wird nicht zusätzlich lizenziert. Der Download der lokalen Komponente ist über die URL *http://tools.hana.ondemand.com/#cloud* möglich (siehe Abbildung 3.65).

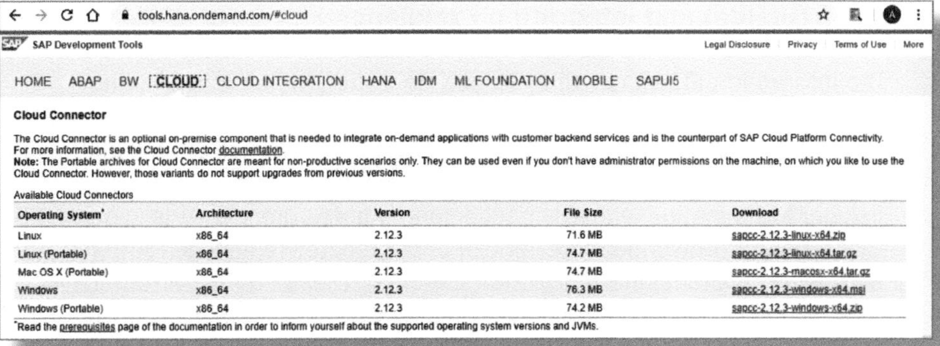

tools.hana.ondemand.com/#cloud

SAP Development Tools

Legal Disclosure | Privacy | Terms of Use | More

HOME ABAP BW CLOUD CLOUD INTEGRATION HANA IDM ML FOUNDATION MOBILE SAPUI5

Cloud Connector

The Cloud Connector is an optional on-premise component that is needed to integrate on-demand applications with customer backend services and is the counterpart of SAP Cloud Platform Connectivity.
For more information, see the Cloud Connector documentation.
Note: The Portable archives for Cloud Connector are meant for non-productive scenarios only. They can be used even if you don't have administrator permissions on the machine, on which you like to use the Cloud Connector. However, those variants do not support upgrades from previous versions.

Available Cloud Connectors

Operating System*	Architecture	Version	File Size	Download
Linux	x86_64	2.12.3	71.6 MB	sapcc-2.12.3-linux-x64.zip
Linux (Portable)	x86_64	2.12.3	74.7 MB	sapcc-2.12.3-linux-x64.tar.gz
Mac OS X (Portable)	x86_64	2.12.3	74.7 MB	sapcc-2.12.3-macosx-x64.tar.gz
Windows	x86_64	2.12.3	76.3 MB	sapcc-2.12.3-windows-x64.msi
Windows (Portable)	x86_64	2.12.3	74.2 MB	sapcc-2.12.3-windows-x64.zip

*Read the prerequisites page of the documentation in order to inform yourself about the supported operating system versions and JVMs.

Abbildung 3.65: SAP Cloud Connector – Download-Seite

SAP Cloud Connector

Es können mehrere SAP-Cloud-Connector-Installationen mit dem SAP Business Technology Platform Service verbunden werden (siehe Abbildung 3.66).

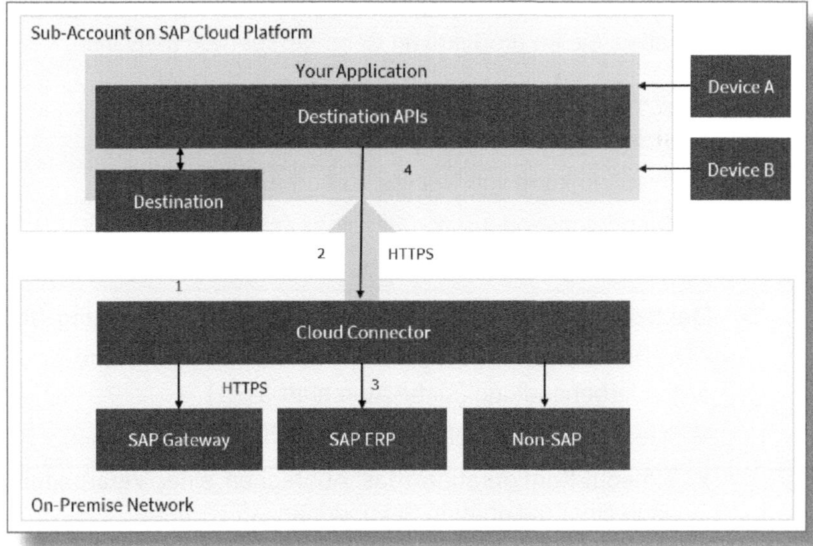

Abbildung 3.66: SAP-Cloud-Connector-Architektur

3.8 Qualität und Integration Excellence

Die Integration Flows der SAP Cloud Integration bieten Ihnen ein hohes Maß an Flexibilität, insbesondere im Vergleich zur sehr starren, geradezu dogmatischen Vorgehensweise der SAP On-Premise Middleware PI/PO. Diese Flexibilität ist Fluch und Segen zugleich: Hinsichtlich der Kombination teilweise nacheinander aufzurufender APIs in der Cloud hat der Anwender eine nahezu unbegrenzte Freiheit, den Anforderungen an Orchestrierung zu entsprechen. Diese Freiheit erfordert gleichzeitig jedoch auch ein hohes Maß an Disziplin, um Attribute wie Klarheit, Einfachheit, Wiederverwendbarkeit, Modularisierung sowie Performanz zu verwenden. Die Konsequenzen, wenn diese Attribute nicht umgesetzt werden, können verheerend sein und die Stabilität und Wartbarkeit von Schnittstellen negativ beeinflussen.

SAP hat Empfehlungen (Design Guidelines) veröffentlicht, die einem Integrationsexperten helfen sollen, robuste Schnittstellen zu entwickeln: *https://blogs.sap.com/2020/01/13/integration-flow-design-guidelines-for-sap-cloud-platform-integration/*.

Darunter finden Sie folgende Qualitäten aufgeführt, die für Schnittstellen gelten sollen, die im produktiven Geschäftsbetrieb aktiv sind:

- **Hochverfügbarkeit** (Sicherstellung der Skalierbarkeit)
  - Sizing und Massentests
  - Beschränkung von Nachrichtengrößen
  - Wiederverwendung von Sessions (siehe Abschnitt 3.2.2)
  - Steuerung der Anzahl von Datenbankverbindungen
- **Elastizität** (Resilienz, Fehlertoleranz) und **lose Kopplung** (Reduzierung von Abhängigkeiten)
  - Fehlerbehandlung (siehe Abschnitt 3.5.1)
  - Wiederholung von Nachrichten (siehe Abschnitt 3.5.2)
  - Timeout-Konfiguration (das Abbrechen einer Verarbeitung nach einer maximalen Sekundenanzahl)
  - Validierung eingehender Nachrichten (z. B. XML)

- **Lesbarkeit**
  - Modularisierung (siehe Abschnitt 3.4)
  - Externalisierung sich ändernder Parameter (siehe Abschnitt 3.6.1)

Zusätzlich sollten Sie sich mit den Vorteilen einer Event-basierten und durch Queues und Topics geprägten Integration vertraut machen. Im Gegensatz zu zeitlich gesteuerten Schnittstellen, die womöglich zusätzlich synchron auf andere Systeme zugreifen (bspw. ein Telefonanruf um 20 Uhr), geht man bei der Verarbeitung von Events davon aus, dass Nachrichten zum Zeitpunkt eines Ereignisses gesendet werden können, der Empfänger diese jedoch nicht sofort verarbeiten muss, sondern zu einem Zeitpunkt, der ihm ggf. besser passt (bspw. der Versand von E-Mails zu jeder Tages- und Nachtzeit).

Um Schnittstellen auf einem hohen Qualitätsniveau dauerhaft erfolgreich zu betreiben und zu verwalten, bedarf es neben solchen Guidelines, die als Entwicklungsrichtlinien oder »Interface Design Governance« bezeichnet werden, auch eines guten Verständnisses der Geschäftsprozesse und der damit verbundenen Konsequenzen, falls Störungen auftreten. Eine gute Qualität wird durch eine Dokumentation und ein Berichtswesen (Reporting) von Schnittstellen gestützt, um etwaige Fehler wie bspw. Ressourcenengpässe frühzeitig erkennen und Störungen vermeiden zu können.

SAP-Partnerlösungen

SAP-Partner haben es sich zur Aufgabe gemacht, solche Qualitätsprüfungen als Gratis-Tool (*CPILint*, siehe *https://blogs.sap.com/2019/02/01/meet-cpilint/*) oder lizenzpflichtige Lösung bereitzustellen (*WHINT Interface Documentation*, siehe Abschnitt 8.11).

Die Steuerung des Betriebs obliegt dem Bereich Monitoring und Alerting und ist ebenfalls ein kritischer Erfolgsfaktor für die schnelle Behandlung von Störungen sowie Minimierung der Ausfallzeiten von Schnittstellen. SAP sieht zum einen vor, dass der Anwender in Fehlersituationen vom Integration Flow heraus Alert-E-Mails empfängt, und bietet zum anderen alternativ eine API an, um fehlerhafte Nachrichten zu identifizieren. Auf dieser API setzen Partnerlösungen auf (siehe Abschnitt 8.11), aber auch der (kostenpflichtige) *SAP Alert Notification Service for SAP BTP* (siehe Abschnitt 7.2).

4 Integration Patterns

Dieses Kapitel beschreibt unter Einbindung praktischer Beispiele die einzelnen Funktionen bzw. Komponenten der Cloud Integration nach Bereichen gruppiert. Es soll Ihnen als Nachschlagewerk dienen und ein besseres Verständnis der Zusammenhänge ermöglichen.

Mit Integration Patterns sind zwar nicht die sogenannten Enterprise Integration Patterns nach Gregor Hohpe und Bobby Woolf gemeint (*https://www.enterpriseintegrationpatterns.com/*), jedoch basiert Apache Camel auf deren Ideen (siehe Abschnitt 3.1.2), und einige Komponenten bedienen sich aus diesen Konzepten sowie dem Vokabular.

4.1 Events

Events sind gemäß BPMN-Standard Ereignisse und werden als Kreise dargestellt. Ein typisches Event ist der Empfang oder das Senden einer Nachricht, darüber hinaus existieren auch nichttypisierte Events, die z. B. in lokalen Integrationsprozessen Anwendung finden.

Unterschieden wird nach Start und End Events. Jedes Event existiert ggf. nur in einem bestimmten Kontext, d. h. entweder im (Haupt-)Integrationsprozess, im Exception Subprocess, im lokalen Integrationsprozess oder in allen Prozessen. Abbildung 4.1 zeigt Ihnen, welche Events in welchen Prozesstypen modelliert werden können.

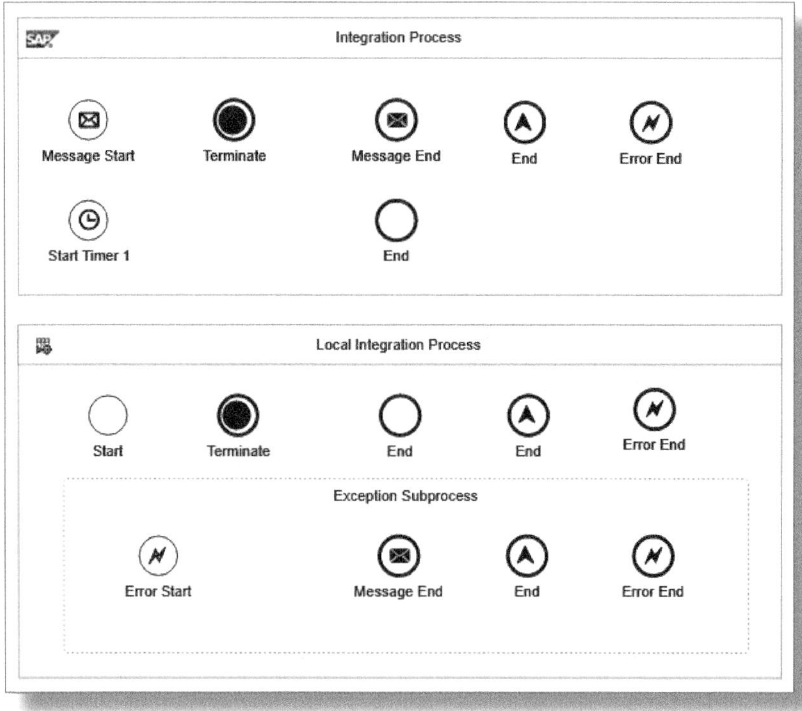

Abbildung 4.1: Events in Integrationsprozessen

Tabelle 4.1 erklärt die Bedeutung der Events und in welchem Kontext sie verwendet werden können:

Event	Bedeutung	Kontext
Message Start	Eine Nachricht startet die Verarbeitung im Integrationsprozess	Integrationsprozess
Message End	Eine Nachricht beendet die Verarbeitung des Prozesses	Integrationsprozess, Exception Subprocess
Timer (Start)	Periodisches Starten eines Prozesses, basierend auf einem (wiederkehrenden) Zeitpunkt	Integrationsprozess

Event	Bedeutung	Kontext
Terminate (End)	Beendet die Verarbeitung der Nachricht sofort, die Nachricht wird im Monitoring als erfolgreich dargestellt	Integrationsprozess, lokaler Integrationsprozess
Escalate (End)	Beendet die Verarbeitung des Prozesses, die Nachricht wird im Monitoring als »Escalated« dargestellt	Integrationsprozess, lokaler Integrationsprozess, Exception Subprocess
Error Start	Startet einen Subprozess, fängt Fehlersituationen in der Verarbeitung ab	Exception Subprocess
Error End	Löst eine Fehlersituation aus; wird diese nicht durch einen Subprozess abgefangen, wird die Nachricht im Monitoring als fehlerhaft (»Failed«) dargestellt	Integrationsprozess, lokaler Integrationsprozess, Exception Subprocess
Start	Startet einen lokalen Integrationsprozess	Lokaler Integrationsprozess
End	Signalisiert das Ende der Verarbeitung	Integrationsprozess, lokaler Integrationsprozess

Tabelle 4.1: Verwendung von Events

Das *Event Message End* markiert nicht notwendigerweise das Versenden einer Nachricht, sondern nur dann, wenn das End Event mit einem Empfänger verbunden wurde.

Folgende Timer-Konfigurationen sind möglich:

- RUN ONCE: Das Event wird einmalig (nach Deployment bzw. Neustart des Tenants) ausgelöst.
- SCHEDULE ON DAY: Das Event wird nur an einem bestimmten Tag ausgelöst, entweder einmalig zu einer Uhrzeit oder wiederkehrend, z. B. alle zehn Sekunden zwischen 8 und 16 Uhr.

- SCHEDULE TO RECUR: Das Event wird an wiederkehrenden Tagen ausgelöst (täglich, an bestimmten Wochentagen oder an bestimmten Tagen des Monats) sowie uhrzeitgebunden einmalig oder wiederkehrend (siehe Abbildung 4.2).

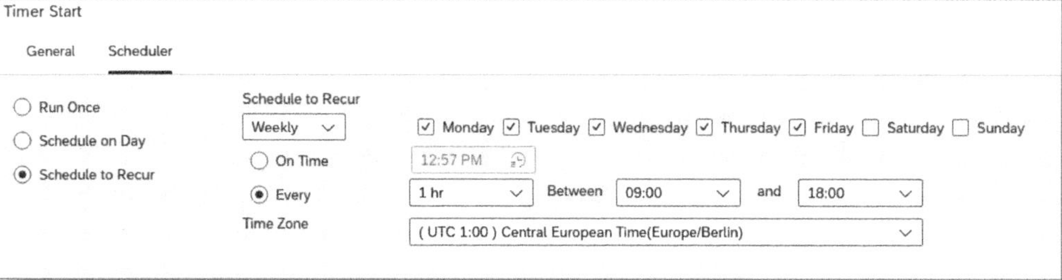

Abbildung 4.2: Timer Start Event

Hier wird das Start Event an den Tagen Montag bis Freitag stündlich zwischen 9 und 18 Uhr (mitteleuropäischer Zeitzone) ausgelöst.

Das Escalation-Event stellt keine Fehlersituation dar, sondern ein behandeltes Ausnahmeereignis. Folgende Ereignisse können hier konfiguriert werden (siehe Abbildung 4.3).

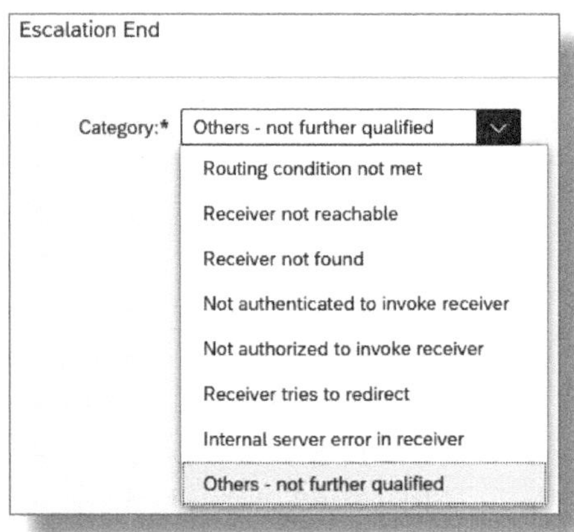

Abbildung 4.3: Escalation-Event

4.2 Connectivity

Unter Connectivity werden sämtliche Adapter aufgeführt, die derzeit (Stand: Dezember 2022) in SAP Cloud Integration unterstützt werden. Neben einer Übersicht wird nachfolgend jeder einzelne Adapter mit seinen Besonderheiten erläutert.

4.2.1 Adapterübersicht

Tabelle 4.2 listet alle verfügbaren Adapter gruppiert nach Kategorie auf. Zunächst werden die generischen Adapter behandelt sowie die SAP-spezifischen (proprietären), im Anschluss die internen und applikationsspezifischen Adapter (App). Dabei wird zusätzlich unterschieden, ob es sich um B2B-spezifische (unternehmensübergreifend, Business-to-Business) oder um eine B2G-Kommunikation (Behördenkommunikation, Business-to-Government) handelt. Bleibt eine solche Unterscheidung unerwähnt, ist von einer A2A-Kommunikation (Application-to-Application) auszugehen. Eine Sonderform von B2B stellt Electronic Data Interchange (EDI) dar. Damit ist die Kommunikation über Standards wie EDIFACT oder ANSI.X12 gemeint.

Adapter	Protokoll	Sender/ Empfänger	Kategorie
HTTP	Hypertext Transfer Protocol	Beide	Generisch
SOAP	HTTP	Beide	Generisch
SFTP	SSH (Secure Shell)	Beide	Generisch
FTP	TCP	Beide	Generisch
Mail	POP3, IMAP, SMTP	Beide	Generisch
OData	HTTP (OData V2, OData V4)	Beide	Generisch
AMQP	Advanced Message Queuing Protocol	Beide	Generisch
Kafka	TCP	Beide	Generisch
LDAP	Lightweight Directory Access Protocol	Nur Empfänger	Generisch

Adapter	Protokoll	Sender/ Empfänger	Kategorie
AS2	Applicability Statement 2	Beide	Generisch (EDI)
AS4	Applicability Statement 4	Beide	Generisch (B2B/B2G)
IDOC	SAP Intermediate Document (IDoc)	Beide	SAP-spezifisch
RFC	SAP Remote Function Call	Nur Empfänger	SAP-spezifisch
Ariba	HTTP	Beide	SAP-spezifisch
Success-Factors	REST, SOAP, OData V2, OData V4	Beide	SAP-spezifisch
XI	SAP SOAP XI 3.0 (ABAP Proxy)	Beide	SAP-spezifisch
JDBC	Java Database Connectivity	Nur Empfänger	SAP-spezifisch
OpenConnectors	HTTP	Nur Empfänger	SAP-spezifisch
ODC	OData Channel für SAP Gateway	Nur Empfänger	SAP-spezifisch
MDI	Master Data Integration	Nur Empfänger	SAP-spezifisch
Process-Direct	Direkter Aufruf	Beide	Intern
JMS*	Java Message Service	Beide	Intern
Data Store	Direkter Aufruf	Nur Sender	Intern
Elster	HTTP	Nur Empfänger	App (B2G)
Facebook	HTTP	Nur Empfänger	App
Twitter	HTTP	Nur Empfänger	App
Dropbox	HTTP	Beide	App

Tabelle 4.2: Adapter für SAP Cloud Integration

4.2.2 HTTP

Der HTTP-Adapter erlaubt die generische Kommunikation über das Hypertext-Transfer-Protokoll und unterstützt auch REST APIs (Representational State Transfer).

Der Sender-Adapter wird mit einer relativen URL konfiguriert, über die der Integration Flow aufrufbar sein wird, d. h., wenn Sie »/ET/in« als Adresse konfigurieren (siehe Abbildung 4.4) und den Integration Flow bereitstellen, ist dieser unter folgender URL (Service Endpoint) aufrufbar: https://<runtime node:iflmap>/http/ET/in.

Neben der Authentifizierungsmethode (siehe Abschnitt 3.7.1) können Sie bei schreibenden Aufrufen (Create/Change, z. B. bei der HTTP-Methode »POST«) als zusätzliche Sicherheit »CSRF Protected« auswählen. Cross-Site-Request-Forgery (CSRF oder XSRF) zwingt den Sender vor der eigentlichen Aktion zunächst einen Token anzufordern, indem er die URL mit der HTTP-GET oder HEAD-Methode abfragt. Der tatsächliche Aufruf erfolgt sodann mit dem HTTP-Header »X-CSRF-Token«.

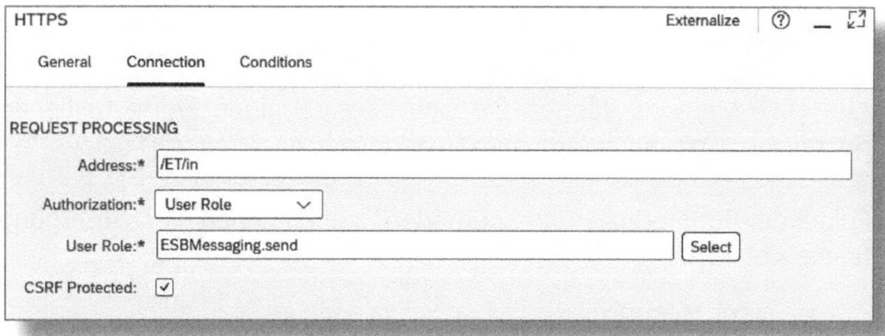

Abbildung 4.4: HTTPS-Sender – Adapter-Konfiguration

Der bereitgestellte Integration Flow kann über den Endpoint (URL) aufgerufen werden (siehe Abbildung 4.5), der im MONITOR (WebUI) unter MANAGE INTEGRATION CONTENT sichtbar geworden ist.

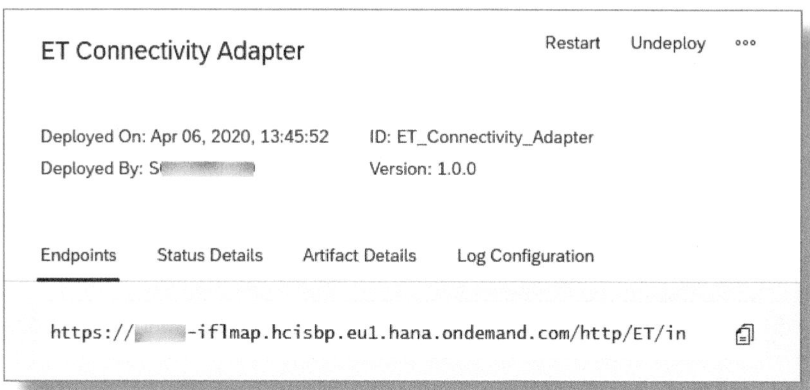

Abbildung 4.5: HTTPS-Sender – Adapter-Endpoint

Den Empfänger-Adapter konfigurieren Sie mit der Angabe einer Ziel-URL. Dabei können auch Teile der URL externalisiert bzw. bereits externalisierte Variablen eingefügt werden: `<address>?<query>` (Address/Query; Erstere entspricht der URL https://<host>/<service>). Für den Proxytyp haben Sie die Wahl zwischen dem Internet (Aufruf der URL über das Internet) oder On-Premise (SAP Cloud Connector, siehe Abschnitt 3.7.4).

Als HTTP-Methode können Sie sich aller gängigen Werte bedienen oder diese dynamisch (aus dem Header bzw. der Property) setzen.

Folgende Authentifizierungsmethoden stehen Ihnen zur Verfügung (siehe Abbildung 4.6):

- NONE (ohne)
- BASIC (Benutzername und Passwort)
- CLIENT CERTIFICATE (privater Schlüssel)
- OAUTH (SAML oder Basic)

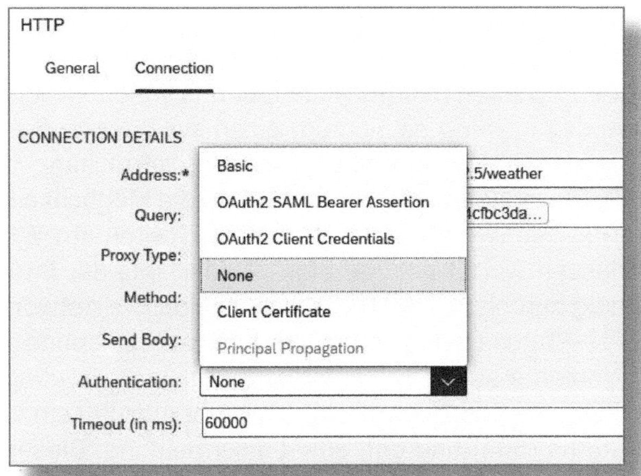

Abbildung 4.6: HTTP-Empfänger-Adapter

4.2.3 SOAP

Der SOAP-Adapter (Simple Object Access Protocol) basiert auf den Prinzipien von Webservices und verwendet als Übertragungsprotokoll HTTP sowie XML als Dokumentformat.

Als MESSAGE PROTOCOL können Sie »SOAP 1.x« bzw. »SAP RM« konfigurieren. Ersteres stellt die gängigere und mit diversen Webservices kompatible Form dar, während es sich bei SAP RM (SAP Reliable Messaging) um ein für die asynchrone Kommunikation proprietäres Protokoll zu SAP-Systemen (ABAP) über die Webservice-Laufzeitumgebung handelt.

Der Sender-Adapter wird mit einer relativen URL erstellt, über den der Integration Flow aufrufbar sein wird. Wenn Sie also »/ET/in« als Adresse einrichten und den Integration Flow bereitstellen, ist dieser unter folgender URL aufrufbar (SERVICE ENDPOINT): `https://<runtime node:iflmap>/cxf/ET/in`.

Neben der Auswahl der Authentifizierung (siehe Abschnitt 3.7.1) entscheiden Sie vor allem darüber, wie der Service definiert wird (SERVICE

DEFINITION): über eine WSDL (Darstellung einer XML-Struktur über die *Webservice Definition Language*), die man hochlädt oder manuell eingibt. Eine WSDL legt den Namen des Services fest und welche Nachricht(en) erwartet werden bzw. ob es sich um einen synchronen (Request Reply) oder um einen asynchronen (One-Way) Aufruf handelt (siehe Abbildung 4.7). Bei letztgenanntem Fall besteht die Möglichkeit, als PROCESSING SETTING den Wert ROBUST auszuwählen (alternativ WS STANDARD). Infolgedessen wartet der Aufrufer (Sender), bis der Integration Flow vollständig durchlaufen wurde. Wird eine positive Antwort zurückgemeldet (HTTP-Status-Code 2xx), verlief der Prozess reibungslos. Traten jedoch Probleme auf (z. B. Fehler beim Mapping, Routing oder auch bei der Verbindung ins Zielsystem), erhält der Aufrufer einen fehlerhaften HTTP-Status (500) und ggf. eine Fehlermeldung. Dieses Vorgehen bietet den Vorteil, dass die Nachricht im Fehlerfall nicht zwischengespeichert werden muss (Queueing, siehe Abschnitt 3.5.2); gleichzeitig findet jedoch keine vollständige Entkopplung statt, weil der Sender von der Verfügbarkeit des Zielsystems abhängig bleibt und nicht nur (wie sonst üblich) von der Middleware (Cloud Integration).

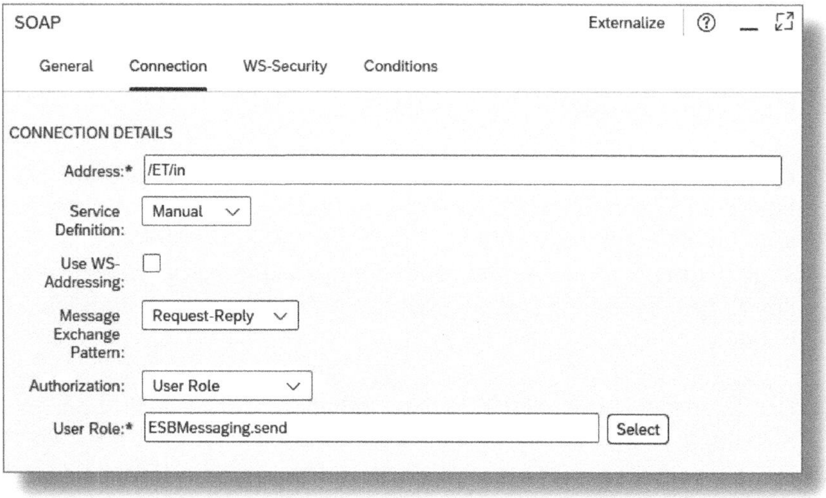

Abbildung 4.7: SOAP-Sender-Adapter

Falls eine WSDL hinterlegt ist, kann diese (durch den Sender) über den Endpoint (URL) abgefragt werden, indem der Zusatz »?wsdl« hinzugefügt wird (siehe Abbildung 4.8).

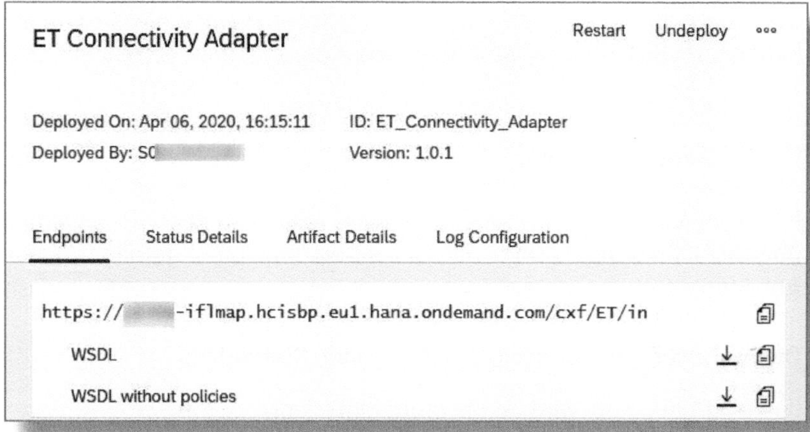

Abbildung 4.8: SOAP-Sender-Adapter – Endpoint

Der Empfänger-Adapter wird mit der Angabe einer Ziel-URL konfiguriert. Dabei können auch Teile der URL externalisiert bzw. bereits externalisierte Variablen eingefügt werden.

Als PROXYTYP kann das INTERNET (Aufruf der URL über das Internet) oder ON-PREMISE (SAP Cloud Connector, siehe Abschnitt 3.7.4) ausgewählt werden.

Darüber hinaus können Sie auch ein WSDL-Dokument hinterlegen und einen bestimmten Service adressieren.

Als Authentifizierungsmethoden stehen Ihnen zur Verfügung:

- NONE (ohne)
- BASIC (Benutzername und Passwort)
- CLIENT CERTIFICATE (privater Schlüssel)

4.2.4 SFTP

Der SFTP-Adapter (Secure File Transfer Protocol) kommuniziert als Client mit einem SFTP-Server, indem Dateien in ein Verzeichnis geschrieben oder aus einem Verzeichnis gelesen werden. Die Kommunikation zum SFTP-Server wird über zwei Komponenten hergestellt:

- Konfiguration der Datei »known_hosts«
- Authentifizierung

Indem der öffentliche Schlüssel (Public Key) hinterlegt wird, werden über die *known_hosts-Datei* alle SFTP-Server bekannt gemacht (siehe Abbildung 4.9).

Die Authentifizierung erfolgt über folgende Methoden:

- Public Key (wird im Keystore hinterlegt)
- Benutzername/Passwort (siehe Abschnitt 3.7.1)

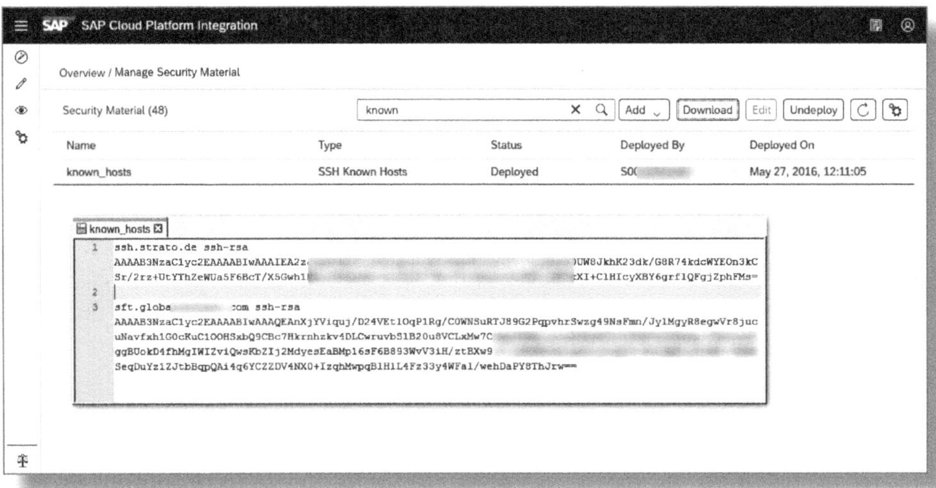

Abbildung 4.9: SFTP-Adapter – »known_hosts-Datei«

Die Konfiguration zum SFTP-Server funktioniert beim Sender- und Empfänger-Adapter identisch: Sie konfigurieren die Adresse (z. B. sftp. company.org:22), indem Sie Hostnamen und Port angeben. Anschließend wählen Sie aus, ob die Verbindung über das Internet oder On-Premise (über den SAP Cloud Connector, siehe Abschnitt 3.7.4) erfolgen soll, da auch SFTP-Server im eigenen Rechenzentrum angesprochen werden können. Zuletzt geben Sie den Benutzer an, über den die Verbindung hergestellt werden soll.

Der Sender-Adapter enthält einen integrierten Timer und führt ein periodisches Abholen (*Polling*) durch (siehe Abbildung 4.10). Sie verfügen, aus welchem Verzeichnis nach (einer) bestimmten Datei(en) gesucht werden soll(en).

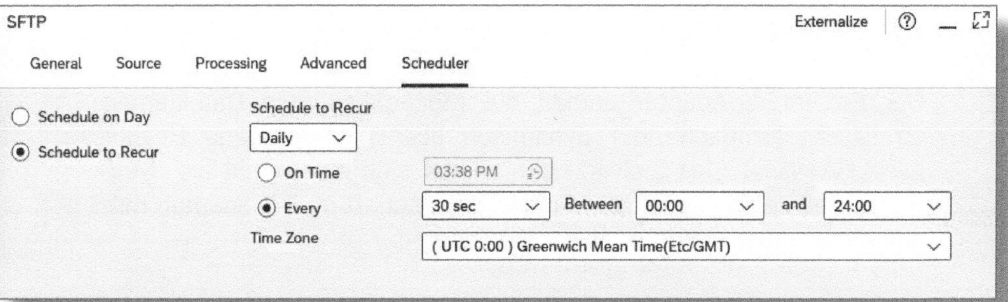

Abbildung 4.10: SFTP-Sender-Adapter – Scheduler

Zudem entscheiden Sie, wie in Abbildung 4.11, ob Sie die Datei nach der Verarbeitung löschen (DELETE FILE), verschieben (MOVE FILE) oder behalten wollen (KEEP FILE). Insbesondere bei z. B. langen Poll-Intervallen erscheint es deshalb sinnvoll, die betreffende Datei immer wieder zu verarbeiten, da davon auszugehen ist, dass diese überschrieben und erneut bereitgestellt wird. Eine andere Option wäre, die Datei (über den Namen) als verarbeitet zu markieren und im Hauptspeicher oder in der Datenbank abzulegen.

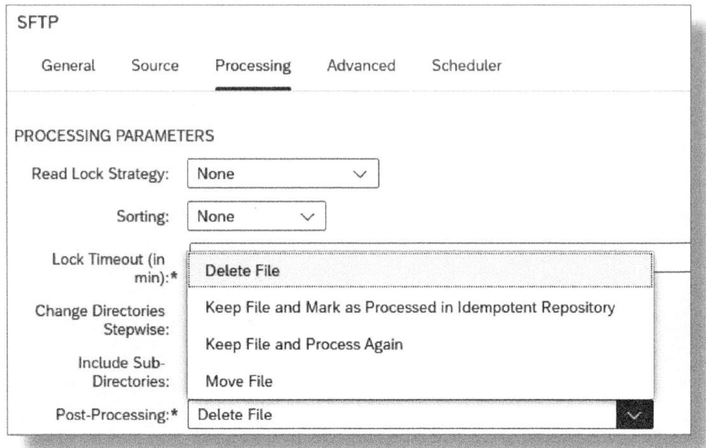

Abbildung 4.11: SFTP-Sender-Adapter – Processing

Der Empfänger-Adapter enthält die Möglichkeit, den Dateinamen zu setzen (statisch oder dynamisch über den Message Header `CamelFileName`). Das Zielverzeichnis lässt sich zwar nicht als dynamisch definieren, jedoch kann diese Eigenschaft im Dateinamen mitgegeben werden (<Verzeichnis>/<Dateiname>).

Darüber hinaus können Sie festlegen, ob dem Namen zusätzlich ein Zeitstempel hinzugefügt werden soll.

Beim Schreiben der Datei haben Sie zudem die Möglichkeit, zu konfigurieren, wie mit einer bereits vorhandenen Datei verfahren werden soll (siehe Abbildung 4.12):

- Überschreiben (Override)
- Anhängen (Append)
- Ignorieren (Ignore)
- Einen Fehler auslösen (Fail)

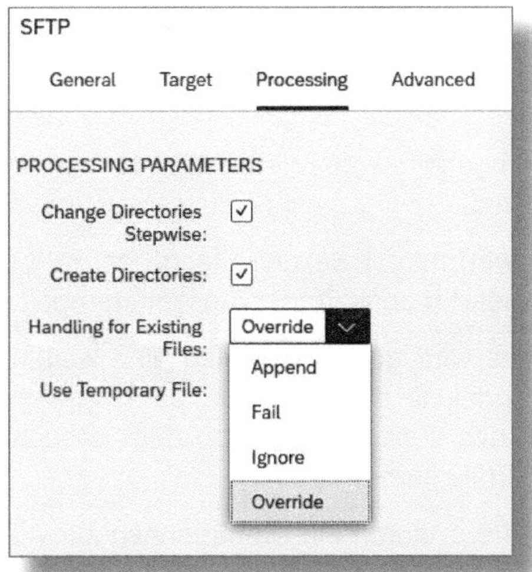

Abbildung 4.12: SFTP-Empfänger-Adapter

4.2.5 FTP

Der FTP-Adapter arbeitet vom Prinzip ähnlich wie der SFTP-Adapter (siehe Abschnitt 4.2.4). SAP Cloud Integration arbeitet hier als FTP-Client und verbindet sich mit FTP-Servern im Internet, oder über den SAP Cloud Connector mit FTP-Servern in On-Premise-Umgebungen (siehe Abschnitt 3.7.4).

Bei der Verbindung geben Sie Quell- bzw. Ziel-Verzeichnis und Dateinamen an. Beim Sender-Adapter können Sie auch alle Dateien eines Verzeichnisses (»*«) oder nur die Dateien, die einem Muster entsprechen (z. B. »Orders*.xml«), anführen.

Für den Verbindungsaufbau stehen Ihnen folgende Verschlüsselungen zur Verfügung:

- Explicit FTPS (via TLS- und AUTH TLS-Kommando, typischerweise via Port 21)
- Implicit FTPS (via TLS, typischerweise via Port 990)
- Plain FTP (keine Verschlüsselung, typischerweise via Port 21)

Der Sender-Adapter verfügt über einen integrierten Timer für das periodische Abholen von Dateien. Das Abholen kann über folgende Strategien erfolgen (siehe Abbildung 4.13):

- NONE – die Datei wird abgeholt, wenn sie zum Zeitpunkt der Verarbeitung gefunden wird.
- CONTENT CHANGE – es wird min. 1 Sekunde lang geprüft, ob sich die Datei nicht verändert (Länge, Änderungszeitstempel).
- DONE FILE EXPECTED – es wird geprüft, ob sich eine weitere Datei im Verzeichnis befindet, die den Start des Abholvorgangs signalisiert. Sie können den Dateinamen, nach dem gesucht wird, angeben, z. B. als »${file:name}.done«.
- RENAME – die Datei wird erst durch ein Umbenennen zur Abholung markiert.

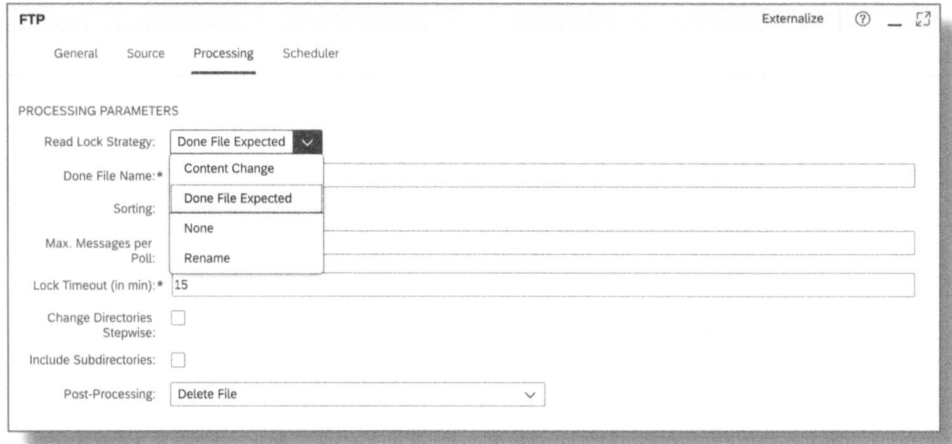

Abbildung 4.13: FTP-Sender-Adapter Abholen

Sie können (wie beim SFTP-Adapter) entscheiden, wie mit den Dateien nach einer erfolgreichen Übertragung verfahren werden soll.

Der FTP-Empfänger-Adapter bietet für die Verschlüsselung zusätzlich die Option DYNAMIC. Zusammen mit der Exchange-Property **SAP_FtpEncryption** können Sie folgende Werte verwenden:

- ftp: Plain FTP (unverschlüsselt)
- ftps: Implicit FTPS
- ftpes: Explicit FTPS

4.2.6 E-Mail

Der Mail-Adapter kommuniziert als Client mit einem E-Mail-Server, dabei können elektronische Nachrichten versendet und empfangen werden. Zu diesem Zweck werden unterschiedliche Protokolle eingesetzt.

Die Authentifizierung (siehe Abschnitt 3.7.1) erfolgt (verschlüsselt oder unverschlüsselt) über Benutzernamen und Passwort.

Darüber hinaus können E-Mail-Server im Internet (z. B. Microsoft Office 365 oder Google Mail) oder das eigene Rechenzentrum (via SAP Cloud Connector, siehe Abschnitt 3.7.4) kontaktiert werden.

Der Sender-Adapter überprüft periodisch das E-Mail-Postfach (über einen Scheduler) und verarbeitet die Nachrichten. Als Protokoll stehen Ihnen IMAP4 (Internet Message Access Protocol) bzw. POP3 (Post Office Protocol) zur Verfügung. Dabei ist es Ihren Einstellungen überlassen, ob nur ungelesene oder alle E-Mails betrachtet werden sollen und was mit diesen nach Abholung geschieht (siehe Abbildung 4.14):

- DELETE (löschen)
- MARK AS READ (als gelesen markieren)
- ARCHIVE (archivieren)

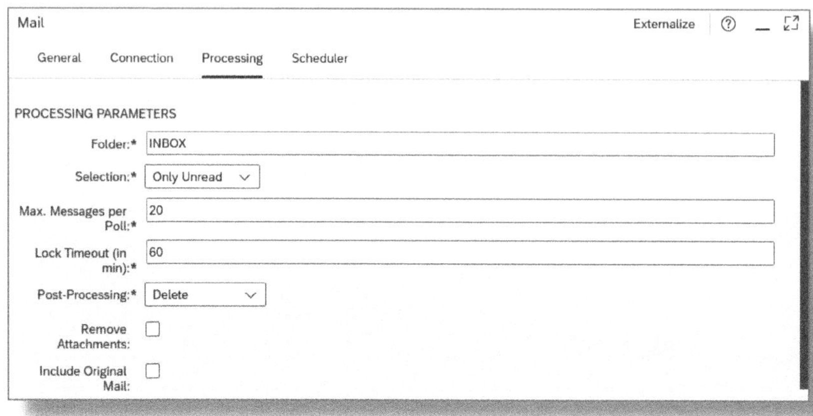

Abbildung 4.14: Mail-Sender-Adapter

Der Empfänger-Adapter verwendet das SMTP-Protokoll (Simple Mail Transfer Protocol) zum Versenden von E-Mails. Die E-Mail-spezifischen Angaben wie Absender, Empfänger und Betreff können im Kommunikationskanal konfiguriert, externalisiert oder durch Header-Variablen bestimmt werden (siehe Abbildung 4.15).

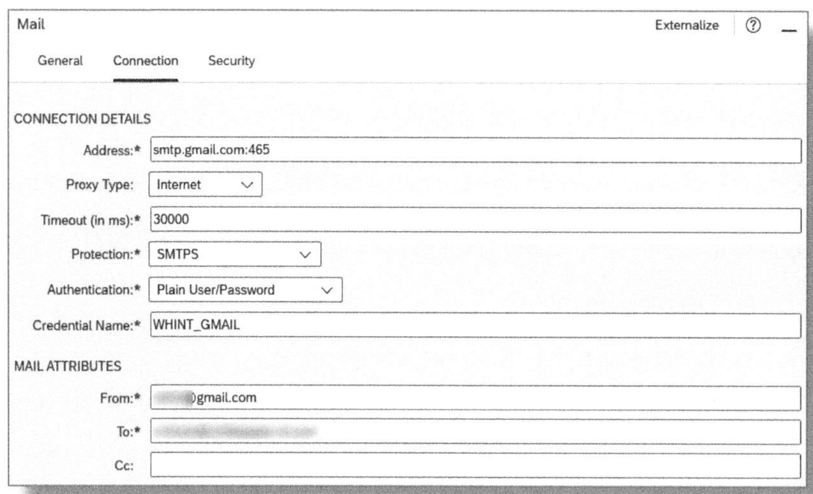

Abbildung 4.15: Mail-Empfänger-Adapter

4.2.7 OData

Der OData-Adapter ermöglicht das Bereitstellen und Konsumieren von OData-Services (APIs).

Der Sender-Adapter unterstützt V2-, während der Empfänger-Adapter sowohl V2- als auch V4-APIs aufrufen kann.

Bei der Konfiguration des Sender-Adapters wird eine EDMX-Datei (Entity Data Model) hinterlegt und eine Operation ausgewählt, die auf ein Entity Set angewendet werden soll (siehe Abbildung 4.16). Wenn mehrere Operationen und ggf. unterschiedliche Entity Sets angeboten werden sollen, erscheint das Modellieren eines OData-Services sinnvoll (siehe Abschnitt 3.2.3). Letztendlich stellt ein OData-Service ein übergreifendes Objekt dar, das eine Anzahl von OData-Sender-Adaptern miteinander in Beziehung setzt und ein verbessertes Bereitstellen oben genannter Services ermöglicht.

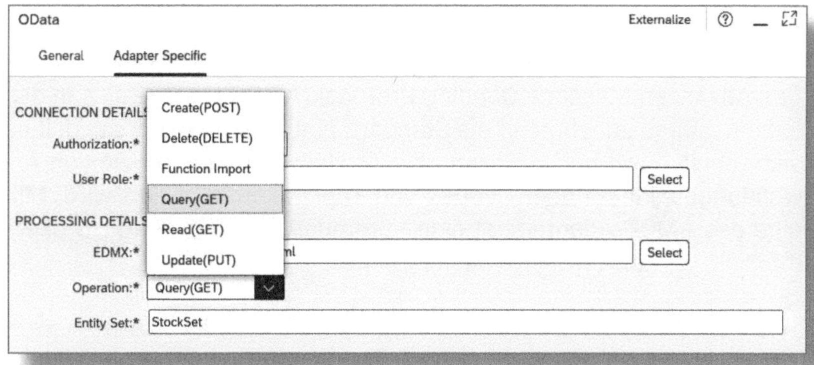

Abbildung 4.16: OData-Sender-Adapter

Der Empfänger-Adapter erlaubt die Nutzung von OData-Services, und zwar sowohl im Internet als auch im eigenen Rechenzentrum (über den SAP Cloud Connector, siehe Abschnitt 3.7.4).

Neben der URL wählen Sie die Authentifizierung aus (typischerweise Basic oder OAuth2). Zudem haben Sie die Möglichkeit, den CSRF-

Schutz bei schreibenden APIs (Methoden POST, PUT) direkt zu aktivieren. In diesem Fall wird also die Ziel-URL zunächst mit einer GET-Methode um einen Token angefragt, dieser wird sodann im eigentlichen Aufruf als HTTP-Header übergeben (siehe Abbildung 4.17).

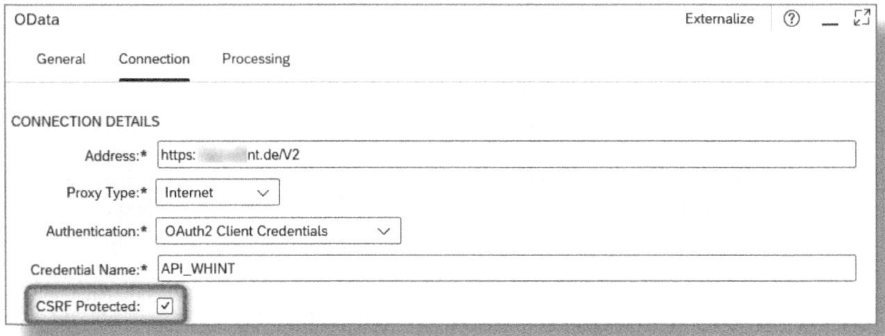

Abbildung 4.17: OData-Empfänger-Adapter

4.2.8 AMQP

Das Advanced Message Queuing Protocol (AMQP) konnte sich in den letzten Jahren zunehmend als Standard etablieren. Hierbei handelt es sich (ähnlich wie bei JMS) um eine Technik zum Entkoppeln von Anwendungen, indem über Queues und Topics kommuniziert wird. Mithilfe des AMQP-Adapters ist eine Kommunikation mit AMQP-Brokern möglich, die auf AMQP 1.0 basieren, wie z. B.:

- SAP Event Mesh (siehe Abschnitt 8.7)
- Microsoft Azure Service Bus
- Solace PubSub+
- Apache Qpid Broker-J
- Apache ActiveMQ

Cloud Integration agiert hier als Client, stellt also keine Queues oder Topics nach außen bereit, sondern verbindet sich über einen Adapter immer mit anderen Brokern. Es kann mit Brokern im Internet kommuniziert werden (z. B. Apache ActiveMQ auf AWS/Amazon Web Services) oder im eigenen Rechenzentrum (via SAP Cloud Connector, siehe Abschnitt 3.7.4).

Der Sender-Adapter registriert sich dabei an einer Queue und verarbeitet eintreffende Nachrichten ereignisbasiert (Eventing). Dabei wird die Nachricht erst aus der Queue gelöscht, wenn die Verarbeitung im Integration Flow erfolgreich war oder eine Fehlersituation abgefangen und behandelt wurde (siehe Abschnitt 3.5.2).

Der Empfänger-Adapter schreibt Nachrichten in eine Queue und kann ferner Topics bedienen (siehe Abbildung 4.18).

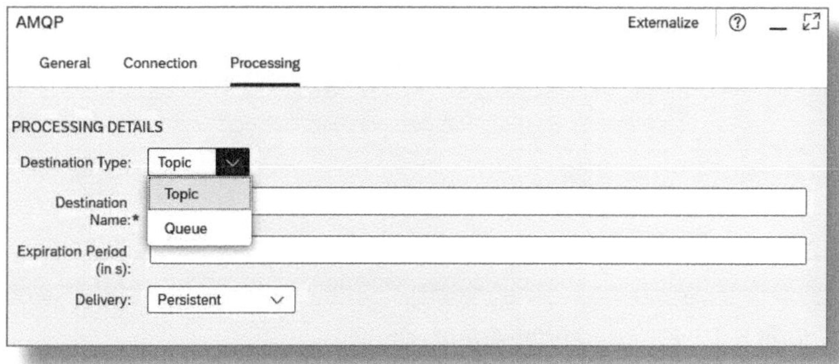

Abbildung 4.18: AMQP-Empfänger-Adapter

AMQP-Konfigurationsoptionen

Hierzu findet sich folgender SAP-Blogbeitrag, der die unterschiedlichen Konfigurationsmöglichkeiten beschreibt: *https://bit.ly/2CBkts4*.

4.2.9 Kafka

Mit dem Kafka-Adapter sind Sie in der Lage, sich als Client mit Kafka-Brokern (z. B. Confluent) zu verbinden, die sog. Event-Streaming-Plattformen darstellen.

Die Verbindung erfolgt über das Internet über einen (oder mehrere) sog. Bootstrap-Server. Als Authentifizierungsoptionen stehen Ihnen SASL und CLIENT CERTIFICATE zur Verfügung.

Der Kafka-Sender-Adapter liest Nachrichten als *Consumer* aus einem oder mehreren Topic(s) aus und kann die Verarbeitung sogar parallelisieren, wenn das Topic partitioniert ist (siehe Abbildung 4.19). Im Fehlerfall können Sie entscheiden, ob die Nachricht übersprungen oder die Verarbeitung wiederholt werden soll. SAP Cloud Integration agiert durch die Integration Flow ID dabei aus Kafka-Sicht als sog. »Consumer Group«.

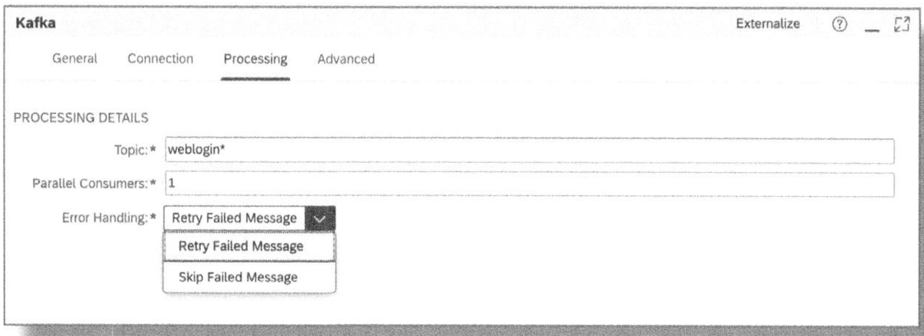

Abbildung 4.19: Kafka-Sender-Adapter

Zusätzlich können Sie das Timeout-Verhalten konfigurieren sowie die Paketierung (Fetch Size) pro Abholung hinsichtlich der maximalen Größe und Anzahl der verarbeiteten Einträge.

Der Kafka-Empfänger-Adapter sendet Nachrichten als *Producer* an ein Topic, das Sie auch dynamisch festlegen können (siehe Abbildung 4.20). Zur Optimierung des Durchsatzes von Nachrichten können Sie die maximale Nachrichtengröße sowie Anzahl der temporären Nachrichten, die noch nicht quittiert wurden, bestimmen. Zusätzlich können Sie eine Paketierung (BATCHING) verwenden und die Nachrichten über folgende Mechanismen komprimieren:

- NONE (keine Komprimierung)
- GZIP

- LZ4
- SNAPPY
- ZSTD

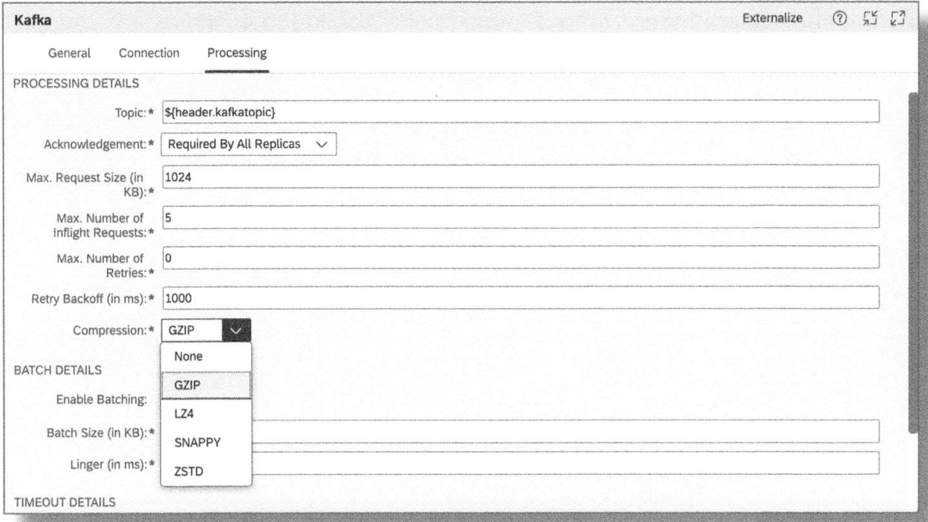

Abbildung 4.20: Kafka-Empfänger-Adapter

> **Kafka-Konfigurationsoptionen**
>
> In folgendem Blogbeitrag finden Sie weitere Informationen zum Kafka-Adapter in SAP Cloud Integration: *https://bit.ly/3UOpJuy.*

4.2.10 LDAP

Über das Lightweight Directory Access Protocol (LDAP) können Sie typischerweise mit Benutzerverwaltungssystemen kommunizieren. Dabei handelt es sich meist um auf diese Weise realisierte technische (IT-bezogene) Szenarien. So ist es z. B. möglich, das Active Directory von Microsoft sowohl im Internet (Azure) als auch im eigenen Rechenzentrum (via SAP Cloud Connector, siehe Abschnitt 3.7.4) anzusprechen.

Der Empfänger-Adapter ist via XML, aber auch über JNDI-Attribute in der Lage, mit dem Verzeichnis zu kommunizieren. Ihnen stehen hierfür folgende Operationen zur Verfügung (siehe Abbildung 4.21):

- SEARCH (suchen bzw. lesen)
- INSERT (einfügen bzw. erstellen)
- MODIFY (ändern)
- DELETE (löschen)

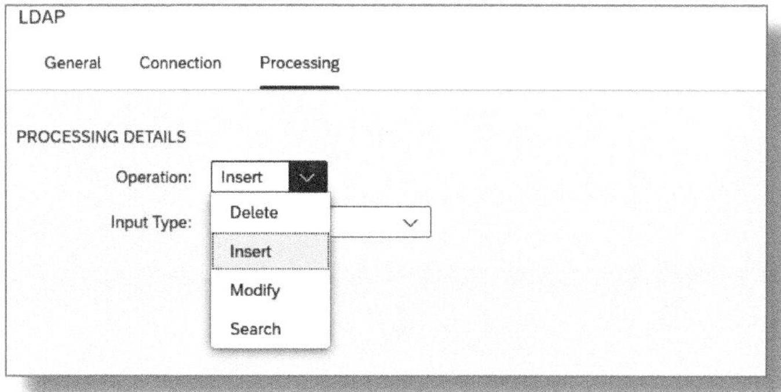

Abbildung 4.21: LDAP-Empfänger-Adapter

4.2.11 AS2

Applicability Statement 2 (AS2) ist ein HTTP-basiertes Protokoll, das primär für B2B-Szenarien im Rahmen des Austausches von EDI-Dokumenten (Electronic Data Interchange) verwendet wird. Ausgetauscht werden hauptsächlich Dokumente, die den Standards EDIFACT (primär Europa) oder ANSI X12 (primär Nordamerika) entsprechen.

Der AS2-Adapter ist nicht Teil des Cloud-Integration-Standardlieferumfangs, sondern nur der sogenannten Enterprise Edition, die auch B2B-Funktionalität enthält.

Eine AS2-Kommunikation findet über HTTPS statt, häufig ohne Authentifizierung, obwohl der Adapter auch Basic und Client Certificate unterstützt (siehe Abschnitt 3.7.1). Die Sicherheit der Übertragung von Daten erfolgt auf Message-Ebene: Nachrichten werden bei Empfang (Sender-Adapter) entschlüsselt, und die Signatur wird überprüft; beim Aufruf eines Partners (Empfänger-Adapter) werden Nachrichten verschlüsselt und signiert.

Der AS2-Sender-Adapter wird hinsichtlich des Message Headers konfiguriert, sodass die Übereinstimmung der Parameter geprüft (gefiltert) wird (siehe Abbildung 4.22). Sämtliche AS2-Nachrichten können an eine generische URL zugestellt werden: `http://<host>:<port>/as2/as2`.

AS2
Externalize
General Processing Security MDN Delivery Assurance Conditions
EXPECTED MESSAGES
Message ID Left Part:* .*
Message ID Right Part:* .*
Partner AS2 ID:* .*
Own AS2 ID:* .*
Message Subject:* .*
Number of Concurrent Processes:* 1
Authorization:* User Role
User Role:* ESBMessaging.send Select
MESSAGE SETTINGS
Mandatory File Name:
Duplicate Message ID:

Abbildung 4.22: AS2-Sender-Adapter – Message-Filter

Eine Besonderheit ist die Möglichkeit, Nachrichten zwischenzuspeichern (Queueing, siehe Abschnitt 3.5.2). Diese werden in einer JMS Queue abgelegt und dort so lange belassen, bis die Verarbeitung erfolgreich durchlaufen werden konnte. Dazu wird in der DELIVERY ASSURANCE die QUALITY OF SERVICE auf EXACTLY ONCE eingestellt (siehe Abbildung 4.23).

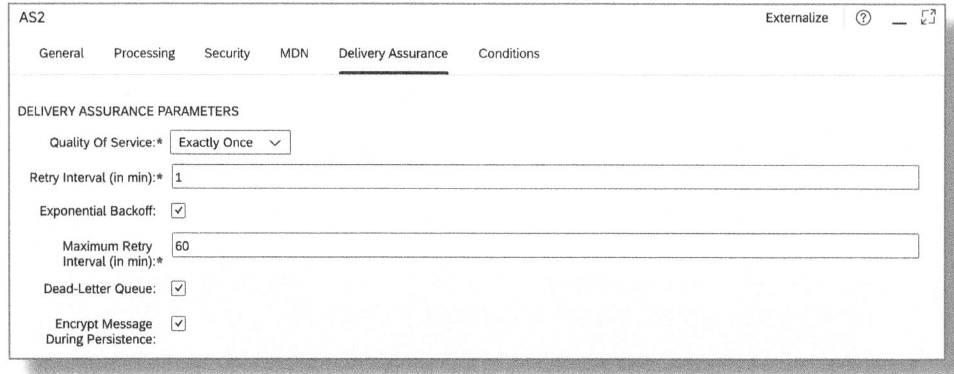

Abbildung 4.23: AS2-Sender-Adapter – Queueing

Der Empfänger-Adapter wird entsprechend konfiguriert, sodass eine Ziel-URL vom Partner angegeben wird. Es werden Message Header mitgegeben und die Sicherheitskonfiguration wird durchgeführt (Security, siehe Abbildung 4.24). MDN-Nachrichten (Message Delivery Notification) dienen der Bestätigung der Übertragung als Quittierungsmechanismus und können synchron oder asynchron verarbeitet werden.

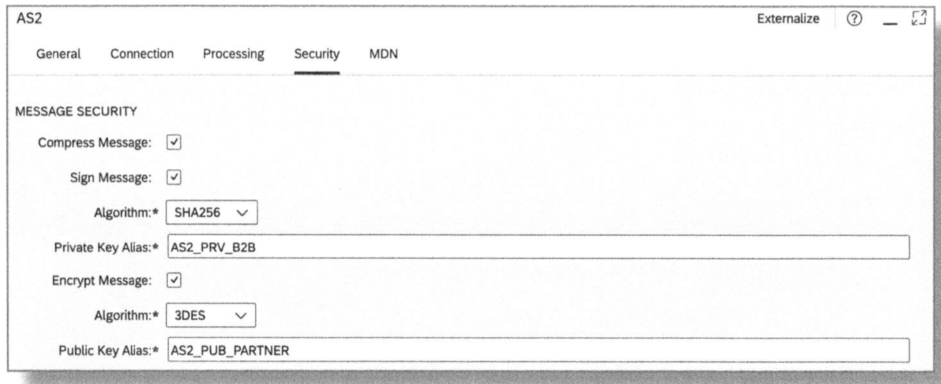

Abbildung 4.24: AS2-Empfänger-Adapter

4.2.12 AS4

Applicability Statement 4 (AS4) ist ein HTTP-basiertes Protokoll, das häufig für B2B-Szenarien (auch im Kontext von B2G) verwendet wird, das von der Organization for the Advancement of Structured Information Standards (OASIS) entwickelt wurde und auf AS2 und ebMS 3.0 (ebXML Messaging Services, ebXML steht hier für Electronic Business using XML) aufbaut. Dabei bietet ebMS folgende Nachrichtenprotokolle (siehe Abbildung 4.25):

- Pull
- Push
- Receipt (nur AS4-Sender-Adapter)

Je nach Richtung (Sender oder Empfänger) nimmt Cloud Integration die Rolle des Sending oder Receiving *Message Service Handler* (MSH) ein.

Sender-Adapter:

- Pull: Sending MSH
- Push: Receiving MSH

Empfänger-Adapter:

- Pull: Receiving MSH
- Push: Sending MSH

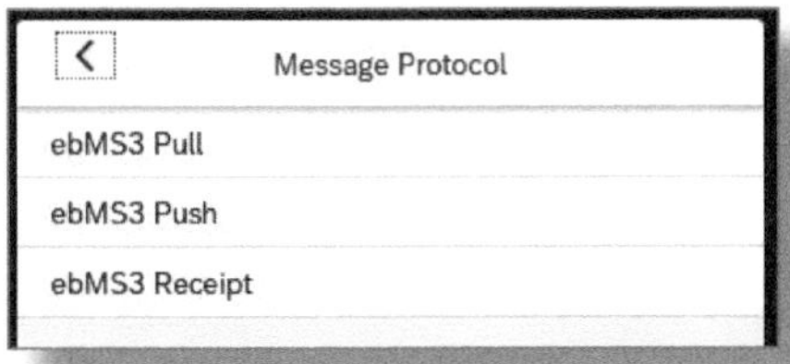

Abbildung 4.25: AS4-Sender-Adapter – Message Protocol

4.2.13 IDOC

Der IDOC-Adapter unterstützt das Senden und Empfangen von IDocs, die mit SAP-ABAP-Systemen ausgetauscht werden. Dabei ist das Übertragungsprotokoll nicht wie sonst üblich tRFC, sondern SOAP über HTTP.

Beim Sender-Adapter wird nur eine relative Adresse angegeben (z. B. »/ET/IDOC«), das sendende ABAP-System ruft dann die vollständige URL auf, die durch das Deployment aktiviert wurde. Die URL verwendet dabei dasselbe Präfix wie der SOAP-Sender-Adapter, nämlich https://<tenant-iflmap>/cxf/ET/IDOC (siehe Abschnitt 4.2.3).

Das ABAP-System konfiguriert für den Versand von IDocs entsprechend einen HTTP-Port (Transaktion WE21) und hinterlegt eine RFC-Destination vom Typ HTTP (Transaktion SM59).

Beim Empfänger-Adapter wird demgemäß eine URL angegeben, über die das ABAP-System IDocs via HTTP empfangen kann. Die Konfiguration im ABAP-System erfolgt über die Transaktion SRTIDOC und aktiviert den HTTP-Service /sap/bc/srt/idoc (siehe Abbildung 4.26). Die Kommunikation verläuft häufig über den SAP Cloud Connector (siehe Abschnitt 3.7.4). Es können mehrere IDocs als Paket gesendet werden; hierfür muss der Content-Type auf »Text/XML« eingestellt sein.

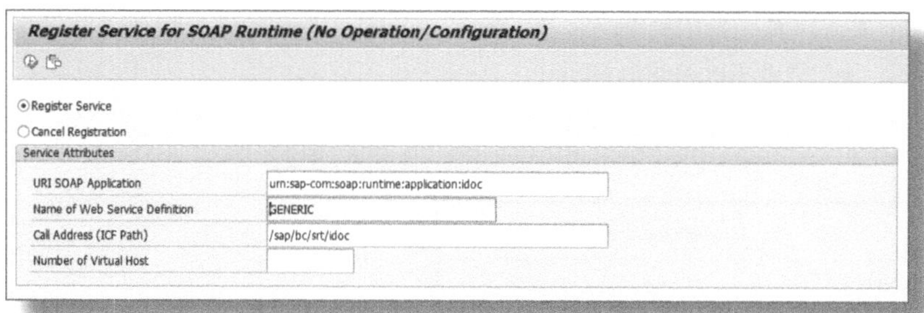

Abbildung 4.26: IDOC-Konfiguration für SOAP/HTTP

4.2.14 RFC

Der RFC-Adapter ist in der Lage, remotefähige Funktionsbausteine in einem SAP-ABAP-System aufzurufen. Darunter fallen auch alle Business Application Programming Interfaces (BAPI).

Die Kommunikation erfolgt über Destinationen, die nicht direkt im Cloud Integration Tenant verwaltet werden, sondern im Account Cockpit über CONNECTIVITY • DESTINATIONS (siehe Abbildung 4.27).

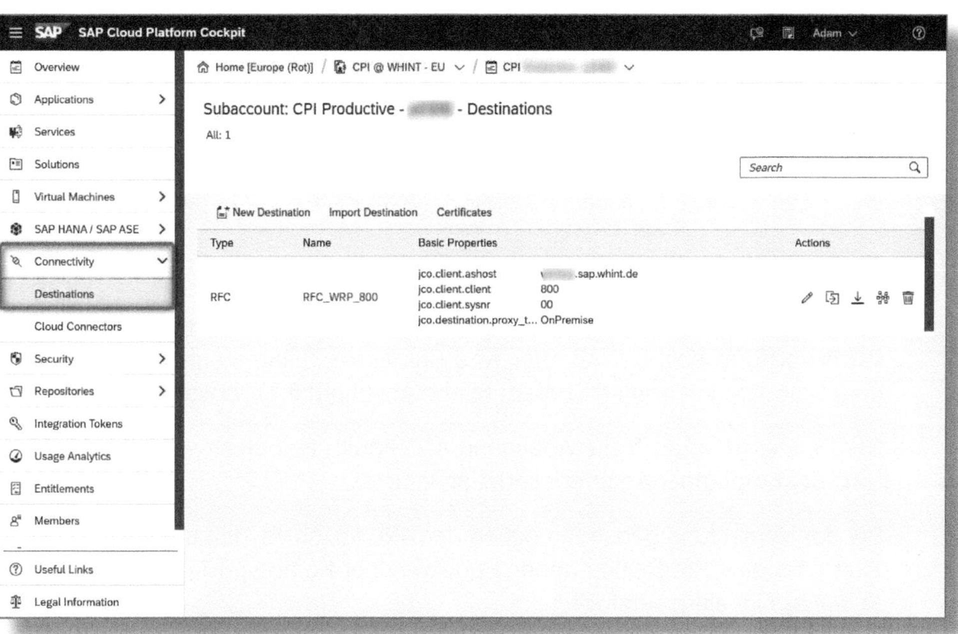

Abbildung 4.27: RFC-Destination

Die Metadaten für den RFC-Baustein (Übergabeparameter) als XSD (XML-Schema-Definition) können aktuell nur über das *Enterprise Service Repository* (ESR) aus einem SAP-PI/PO-System heraus generiert werden.

Bei BAPI-Aufrufen ist es notwendig, eine Transaktion zu bestätigen (COMMIT WORK Statement im ABAP), dies erfolgt über das Setzen des Parameters SEND CONFIRM TRANSACTION, was zur Folge hat, dass der RFC-Baustein BAPI_TRANSACTION_COMMIT aufgerufen wird (siehe Abbildung 4.28).

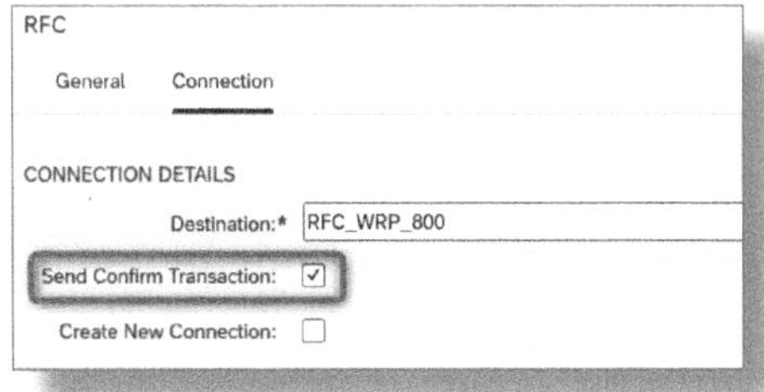

Abbildung 4.28: RFC-Empfänger-Adapter

4.2.15 Ariba

Der Ariba-Adapter tauscht cXML-Dokumente über HTTPS mit der Einkaufsplattform aus. Der Adapter wird primär im Zusammenhang mit dem Standard Integration Content (siehe Abschnitt 6.1) verwendet.

Der Sender-Adapter (siehe Abbildung 4.29) pollt periodisch von einer URL, der Empfänger-Adapter sendet an eine URL.

Bei der Verbindung geben Sie neben der URL an, ob es sich um einen Test oder eine Produktion handelt und welcher Kontotyp (*Buyer* oder *Supplier*) hier eingesetzt wird.

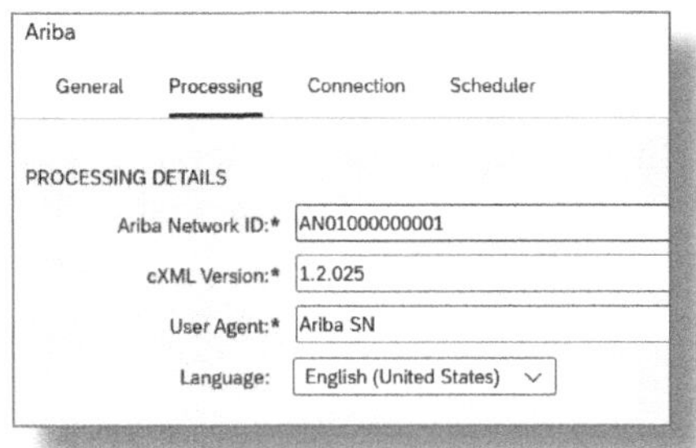

Abbildung 4.29: Ariba-Sender-Adapter

4.2.16 SuccessFactors

Der SuccessFactors-Adapter bietet eine direkte Integration mit der SAP-Cloud-Anwendung für die Verwaltung von Mitarbeitern an. Der Adapter wird primär im Zusammenhang mit dem Standard Integration Content (siehe Abschnitt 6.1) eingesetzt.

Die Authentifizierung erfolgt über USER CREDENTIALS (Typ: SUCCESSFACTORS), die als Besonderheit eine COMPANY ID enthalten (siehe Abbildung 4.30).

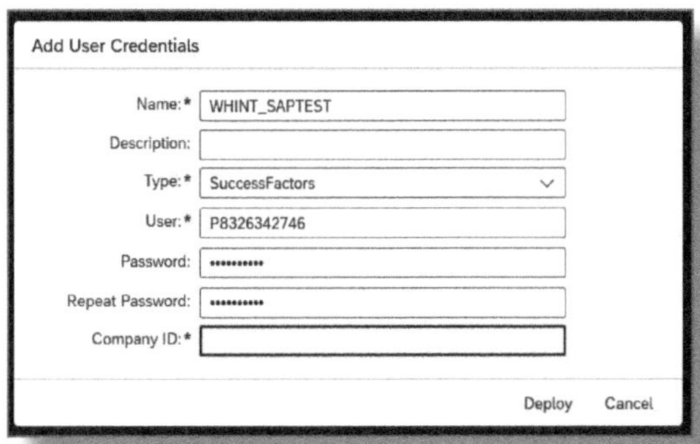

Abbildung 4.30: SuccessFactors User Credentials

Der Sender-Adapter bietet REST und SOAP als Message-Protokoll an und basiert auf einem periodischen Polling. Dabei wird eine URL ausgewählt (die SuccessFactors-Rechenzentren sind hinterlegt, siehe Abbildung 4.31).

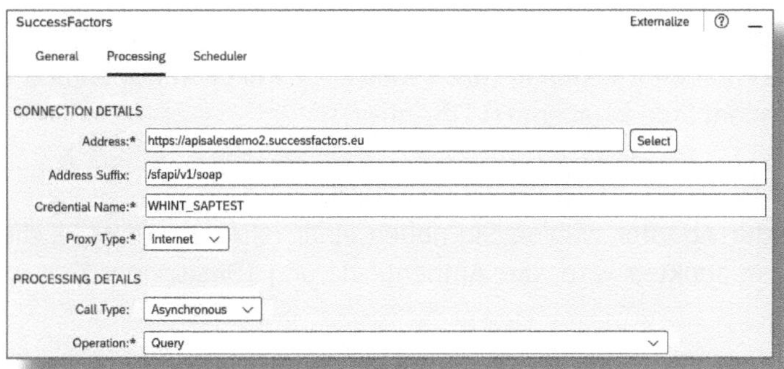

Abbildung 4.31: SuccessFactors-Sender-Adapter

Der Empfänger-Adapter hält neben REST und SOAP auch noch ODATA V2 und ODATA V4 als Message-Protokolle vor, die jeweils unterschiedliche Operationen offerieren (siehe Abbildung 4.32).

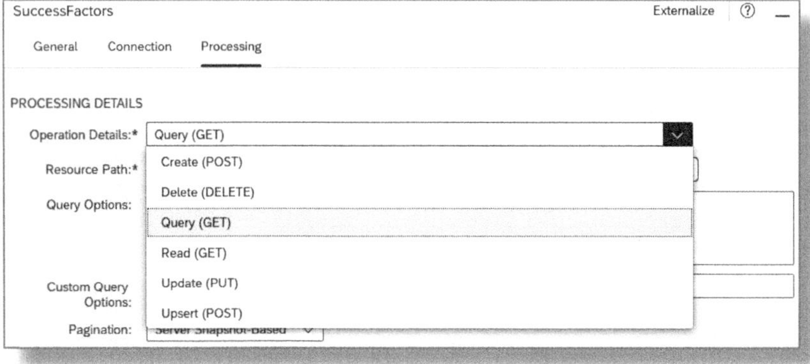

Abbildung 4.32: SuccessFactors-Empfänger-Adapter

4.2.17 XI

Der XI-Adapter ist ein spezieller SOAP-Adapter, der das Nachrichtenformat »XI 3.0« unterstützt und für die ABAP-Proxy-Kommunikation eingesetzt wird. Als Besonderheit ermöglicht er, ähnlich wie der AS2-Sender-Adapter, siehe Abschnitt 4.2.11, ein Zwischenspeichern von Nachrichten.

! XI-Adapter-Limitationen

Der XI-Adapter unterstützt weder Acknowledgements (technische Quittungen) noch Packaging (das technische Paketieren mehrerer SOAP-Nachrichten in einem HTTP-Aufruf).

Beim **Sender-Adapter** wählen Sie neben einer relativen Adresse, die Teil des Endpunktes wird, die Authentifizierung (BASIC oder CLIENT

CERTIFICATE) und selektieren unter DELIVERY ASSURANCE die QUALITY OF SERVICE (siehe Abbildung 4.33). Zur Auswahl stehen Ihnen:

- *Best Effort* (die Nachricht wird synchron gesendet, und der Aufrufer erwartet eine Antwortnachricht)
- *At Least Once* (die Nachricht wird asynchron verarbeitet und zwischengespeichert; falls dieselbe Message ID gesendet wird, verarbeitet der Adapter die Nachricht erneut)
- *Exactly Once* (die Nachricht wird asynchron verarbeitet und zwischengespeichert; falls dieselbe Message ID gesendet wird, verarbeitet der Adapter nur die erste Nachricht und ignoriert nachfolgende)

Exactly Once In Order (EOIO), also die sequenzielle First-in-First-out-Verarbeitung (FIFO) in Queues, wird nicht unterstützt.

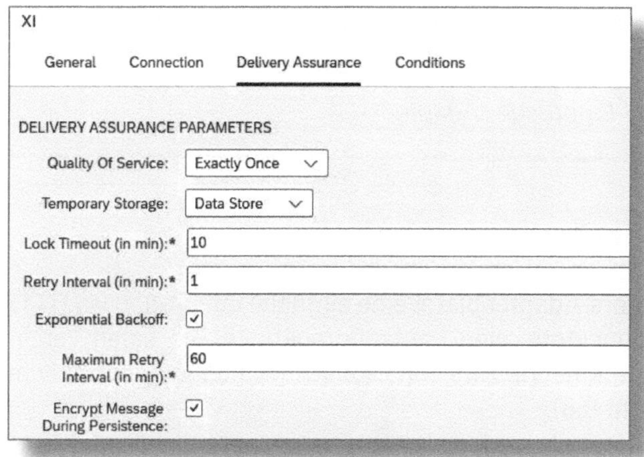

Abbildung 4.33: XI-Sender-Adapter

Nachrichten können im Data Store (via JDBC) oder in Queues (via JMS, sofern der Tenant über JMS verfügt) zwischengespeichert werden.

Der **Empfänger-Adapter** wird entsprechend mit einer Ziel-URL (optional unter Angabe eines SAP Cloud Connectors) und mit den Authentifizierungsmethoden Basic, Client Certificate oder None konfiguriert.

Als QUALITY OF SERVICE werden *Best Effort* und *Exactly Once* (mit Queueing via Data Store oder ggf. JMS) angeboten.

Des Weiteren müssen Sie den Message Header spezifizieren, indem Sie SENDER, RECEIVER und INTERFACE angeben (siehe Abbildung 4.34).

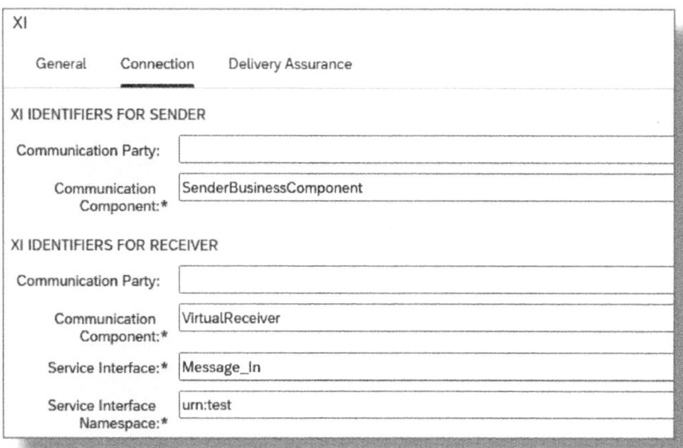

Abbildung 4.34: XI-Empfänger-Adapter

4.2.18 OpenConnectors

Der OpenConnectors-Adapter bietet eine einfache Integration via HTTP in SAP Open Connectors, eine Laufzeitumgebung, die einen vereinfachten Zugriff auf eine Vielzahl von Cloud-Anwendungen ermöglicht, an (siehe Abschnitt 8.8).

OpenConnectors als reiner Empfänger-Adapter verwendet einen eigenen User-Credential-Typ (siehe Abbildung 4.35) und lässt sich einfacher ansprechen als über den reinen HTTP-Empfänger-Adapter.

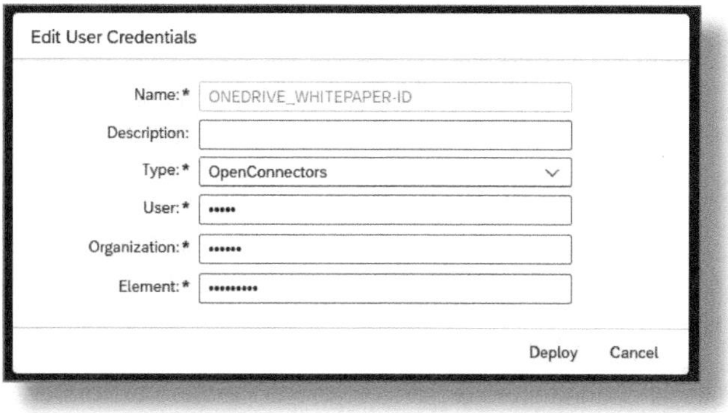

Abbildung 4.35: OpenConnectors User Credentials

4.2.19 ODC

Der ODC-Adapter als Empfänger-Adapter erlaubt das Konsumieren von OData-Services in ABAP-Systemen, die über SAP Gateway bereitgestellt werden.

Neben der Connectivity (es handelt sich um eine Kommunikation mit einem System im eigenen Rechenzentrum über den SAP Cloud Connector) hinterlegen Sie die EDMX-Datei und wählen den aufzurufenden OData-Service.

4.2.20 MDI

Der MDI-Adapter ist ausschließlich in Cloud Foundry verfügbar und ermöglicht eine Kommunikation mit dem SAP-BTP-Service *SAP Master Data Integration* (MDI). Sie können über die REQUESTS API Änderungen an Stammdatenobjekten an den Service senden (siehe Abbildung 4.36) und über die EVENTS API Änderungen nachverfolgen, d. h. Daten abholen/lesen. MDI arbeitet dabei mit dem *SAP One Domain Model* (ODM), einer SAP-internen Darstellungsform von Stammdatenobjekten, über alle SAP-Anwendungen hinweg. Schreibende Operationen im Kontext der Requests API sind:

- CREATE (Anlegen)
- DELETE (Löschen)
- FORCEPATCH (Anlegen/Ändern als Standardeinstellung)
- PATCH (Ändern einzelner Felder)
- UPDATE (Ändern des gesamten Datensatzes)

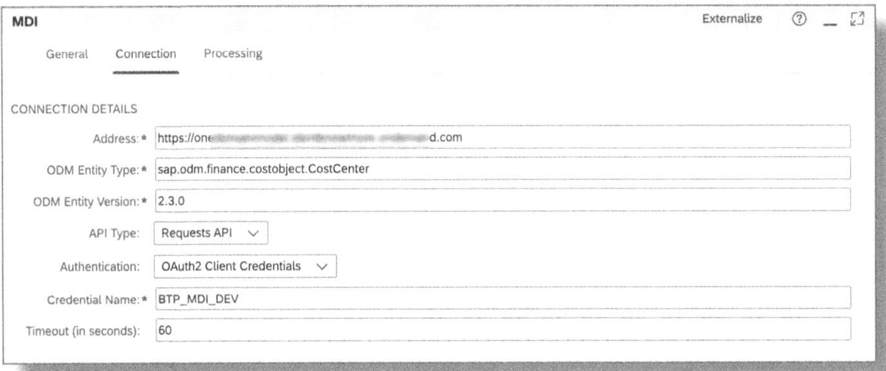

Abbildung 4.36: MDI-Adapter

Weitere Informationen zu MDI

In folgenden Blogbeiträgen finden Sie weitere Informationen zur Integration mit dem Service SAP Master Data Integration (MDI): *https://bit.ly/3FgCecD* und *https://bit.ly/3FHZYYG*.

4.2.21 JDBC

Der JDBC-Adapter bietet Ihnen als reiner Empfänger-Adapter die Möglichkeit, SQL-Kommandos in einer Datenbank auszuführen.

Dies erfolgt über JDBC DATA SOURCES, die in der WebUI über MONITOR • MANAGE SECURITY angelegt werden. Momentan werden SAP-Cloud-Datenbanken (HANA und ASE, siehe Abbildung 4.37) sowie PostgreSQL (Cloud) unterstützt.

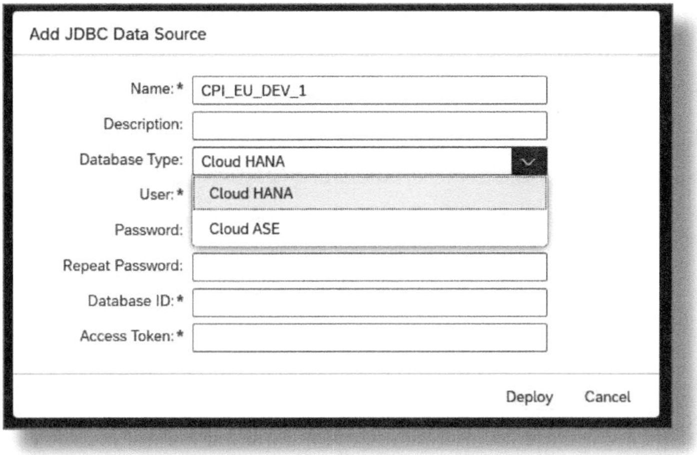

Abbildung 4.37: JDBC Data Source

Zusätzlich können Sie ausgewählte JDBC-Treiber deployen (siehe Abbildung 4.38), um weitere Datenbanken anzubinden, die sich auch über den SAP Cloud Connector im Rechenzentrum aufrufen lassen (On-Premise).

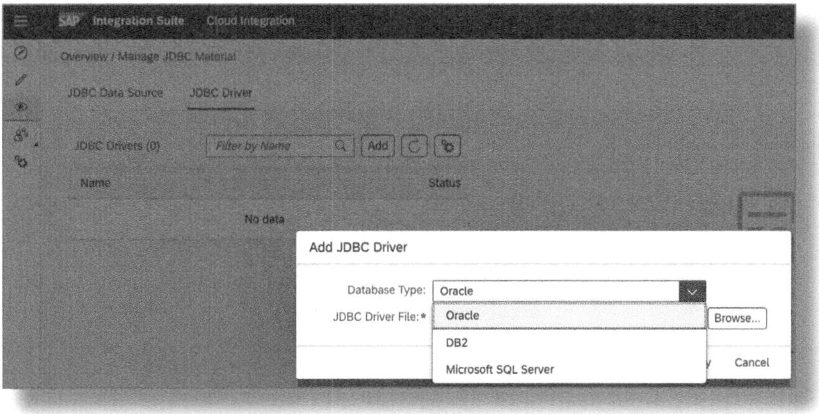

Abbildung 4.38: JDBC-Treiber hinzufügen

Zum eingesetzten Nachrichtenformat »XML-SQL« finden Sie nähere Erläuterungen unter: *https://bit.ly/2CyOuJ4*.

Es unterstützt SQL-Kommandos, um Datenbankeinträge zu lesen, zu schreiben und zu löschen.

☛ JDBC-Beispielkonfiguration

In diesem Blogbeitrag finden Sie eine Beispielkonfiguration: *https://blogs.sap.com/2019/02/19/cloud-integration-a-simple-demo-scenario-using-the-jdbc-adapter*.

4.2.22 ProcessDirect

Der ProcessDirect-Adapter erlaubt die Cloud-Integration-interne Kommunikation zwischen Integrationsprozessen (innerhalb eines Integration Flows oder über den Integration Flow hinweg). Anzugeben sind nur die relativen URLs (siehe Abschnitt 3.4.2).

Ein Sender-Adapter kann mit einer Adresse nur einmal bereitgestellt werden, jedoch kann dieser von unterschiedlichen Empfänger-Adaptern aufgerufen werden.

Message Header können übergeben werden, sofern der Integrationsprozess die Annahme erlaubt (siehe Abschnitt 3.3.4).

Die daraus resultierenden unterschiedlichen Nachrichten werden automatisch miteinander über Correlation IDs im Message Processing Log (MPL) verbunden.

4.2.23 JMS

Der JMS-Adapter ist ein weiterer Cloud-Integration-interner Adapter und dient der Entkopplung sowie dem Zwischenspeichern von Nachrichten (Queueing, siehe Abschnitt 3.5.2). Eine Kommunikation von außen ist nicht möglich, d. h., die anzulegenden JMS-Queues können nur innerhalb der Cloud Integration beschrieben und ausgelesen werden.

Die MESSAGE QUEUES werden unter MONITOR • MANAGE STORES verwaltet (siehe Abbildung 4.39).

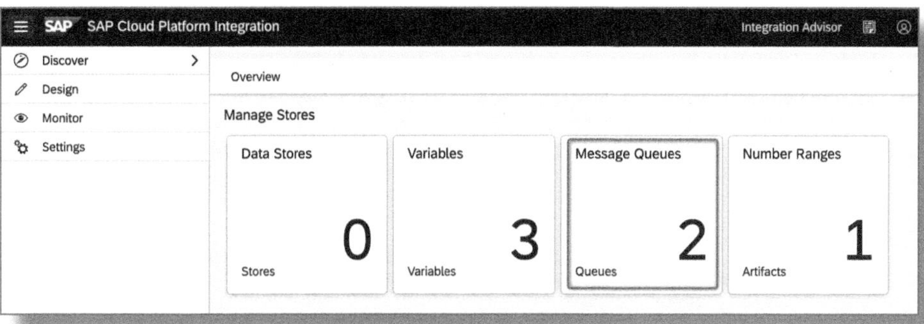

Abbildung 4.39: JMS Queues

Der JMS-Adapter und die Queues stehen Ihnen entweder in der SAP Cloud Integration *Enterprise Edition* (Neo) zur Verfügung, oder wenn Sie über den Service *SAP Event Mesh* die sogenannten Units subskribiert haben, die eine bestimmte Anzahl von Queues beinhalten. In *Cloud Foundry* ist der JMS-Adapter bereits enthalten, muss jedoch bei der Provisionierung aktiviert werden (siehe Abschnitt 2.5).

Die Anzahl der Queues, die auf eine Kapazität von 9,3 Gigabyte beschränkt sind, beträgt 30. Sollten Sie weitere Queues benötigen, können Sie Event Mesh Units lizenzieren lassen, wobei fünf Units einer Queue von 300 Megabyte entsprechen.

JMS-Adapter

Der folgende Blogartikel erläutert die Verwendung des JMS-Adapters ausführlich: *https://bit.ly/2ZtYHPJ*.

4.2.24 Data Store

Der Data Store-Adapter bietet die Möglichkeit, Nachrichten, die über einen Write-Step (siehe Abschnitt 4.6.2) gespeichert wurden, zu verarbeiten. Durch ein zeitnahes, quasi permanentes Polling werden Nachrichten aus dem Data Store abgeholt. Tritt ein Fehler in der Verarbeitung auf, verbleibt die Nachricht im Data Store und begibt sich in einen Retry-Modus. Sie können das Intervall der Wiederholung fehlerhafter Einträge bestimmen (siehe Abbildung 4.40). Das Verhalten im Fehlerfall ähnelt dem Prinzip des JMS-Sender-Adapters (siehe Abschnitt 4.2.23).

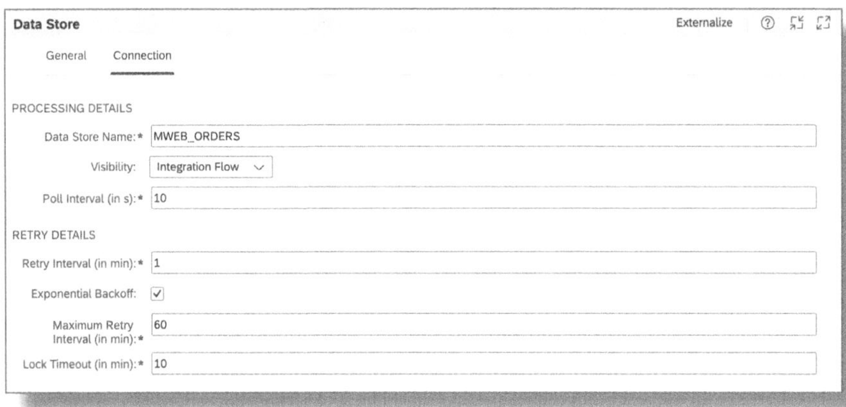

Abbildung 4.40: Data Store-Adapter

4.2.25 Elster

Der Elster-Adapter (**El**ektronische **St**euer**er**klärung) unterstützt die Kommunikation mit den deutschen Finanzbehörden im Rahmen eines B2G-Szenarios.

Dabei existiert eine spezifische Kommunikationskomponente (ERiC) auf dem Cloud Integration Tenant, die intern angesprochen wird. Dieser Proxy übernimmt die Verschlüsselung und Kommunikation (siehe Abbildung 4.41).

Bei der Konfiguration der Szenarien für die Übertragung von Daten an die Finanzbehörden müssen nur die Zertifikate und privaten Schlüssel hinterlegt werden, die Kommunikation mit den Elster-Servern findet Cloud-Integration-intern statt.

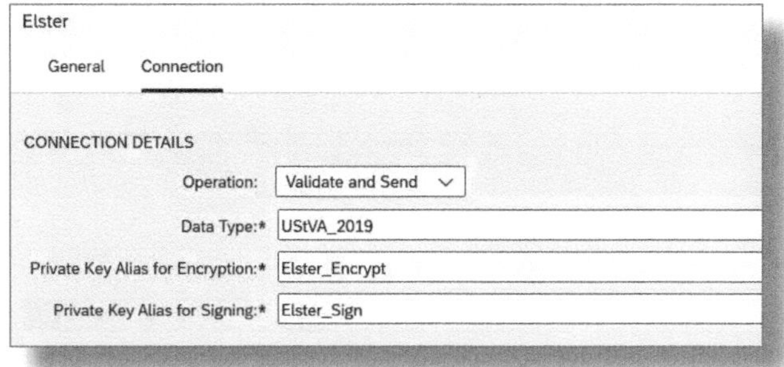

Abbildung 4.41: Elster-Empfänger-Adapter

4.2.26 Facebook

Der Facebook-Adapter unterstützt spezielle Szenarien der SAP Marketing Cloud und ermöglicht den API-Zugriff auf das soziale Netzwerk, um Inhalte auszulesen (und entsprechend weiterzuverarbeiten). Schreibende Zugriffe sind in diesem Zusammenhang nicht vorgesehen (siehe Abbildung 4.42).

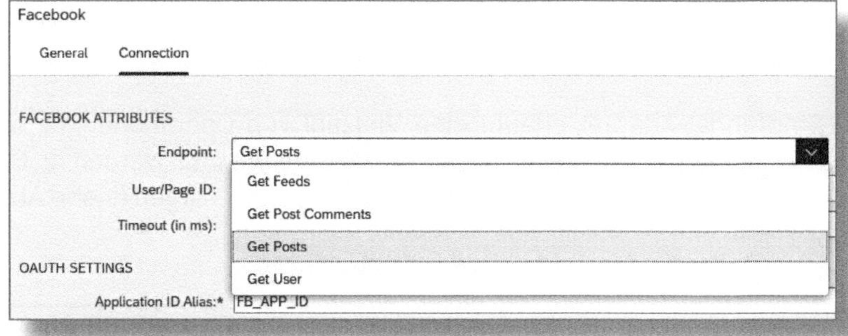

Abbildung 4.42: Facebook-Empfänger-Adapter

4.2.27 Twitter

Der Twitter-Adapter unterstützt den API-Zugriff auf den Kurznachrichtendienst, um Inhalte zu lesen oder zu verfassen. Neben der API-Authentifizierung hinterlegt man die entsprechende Aktivität: Suchen, Senden einer Direktnachricht oder Senden eines Tweets (siehe Abbildung 4.43).

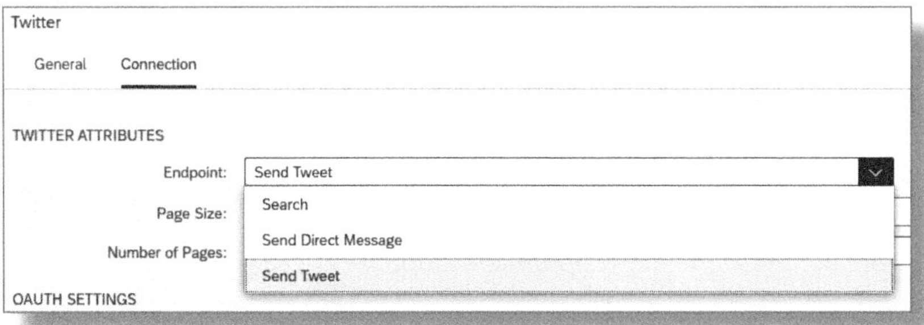

Abbildung 4.43: Twitter-Empfänger-Adapter

4.2.28 Dropbox

Der Dropbox-Adapter erlaubt eine direkte Integration von Dateien mit dem Cloud-Service Dropbox. Der Sender-Adapter unterstützt ein periodisches Abholen von Dateien (z. B. alle 5 Minuten) mit der Option, die Dateien nach dem Verarbeiten zu löschen, als gelesen zu markieren, zu verschieben oder immer wieder erneut zu lesen.

Der Empfänger-Adapter erlaubt eine Vielzahl von Operationen, nicht nur den Upload von Dateien. Er kann dazu verwendet werden, z. B. nach bestimmten Dateien zu suchen oder Ordner anzulegen (siehe Abbildung 4.44).

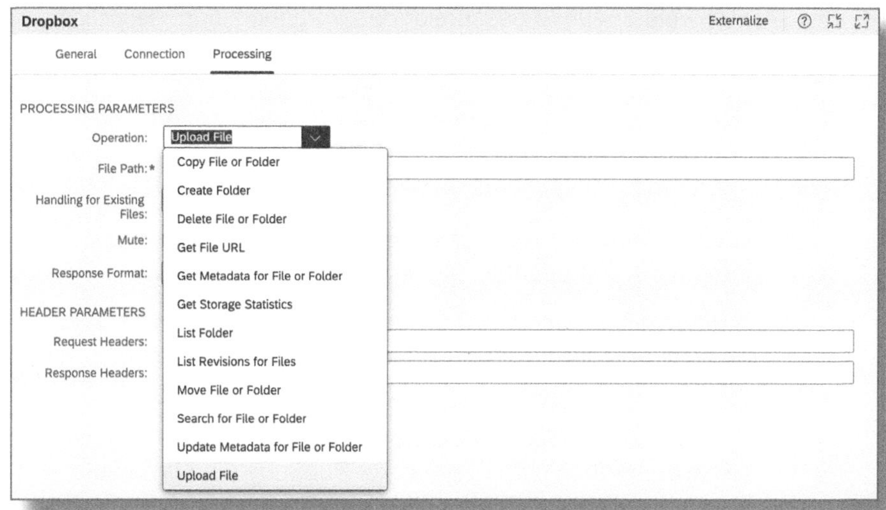

Abbildung 4.44: Dropbox-Empfänger-Adapter

4.2.29 Adapter von SAP-Partnern

Die SAP stellt ein Adapter Development Kit (ADK) bereit, mithilfe dessen sich zusätzliche Adapter, die auf Apache Camel basieren, entwickeln lassen.

Es existieren sogenannte *OEM-Adapter* der Firma Rojo, die gratis eingesetzt werden können. Diese umfassen spezifische Adapter für folgende Systeme:

- *Amazon Web Services (AWS)*
- *Microsoft Dynamics CRM*
- *Salesforce*
- *ServiceNow*
- *SugarCRM*
- *Workday*

Der SAP-Hinweis 2640677 beschreibt das Vorgehen: *http://launchpad.support.sap.com/#/notes/2640677*.

Darüber hinaus existieren weitere Adapter von SAP-Partnern, die zum Teil im SAP Store zu finden sind (siehe *https://store.sap.com*), so u. a. Adapter der Firma whitepaper.id GmbH:

- *WHINT RabbitMQ Adapter* für die Queue- bzw. Topic-basierte Integration zu RabbitMQ Brokern
- *WHINT AlibabaCloud MNS Adapter* für die Queue- bzw. Topic-basierte Integration zum Message Notification Service von Alibaba Cloud (Aliyun)
- *WHINT Solace PubSub Adapter* für die Queue- bzw. Topic-basierte Integration zum Eventbroker PubSub+ der Firma Solace

Diese Adapter werden durch die SAP-Partnerunternehmen separat lizenziert.

4.3 Transformationen

Unter Transformationen werden sowohl Mappings als auch andere Komponenten bzw. Modellierungselemente behandelt, die sich mit der Veränderung von Nachrichten befassen. Zu finden sind diese im WebUI unter MAPPING und MESSAGE TRANSFORMERS.

4.3.1 Message Mapping

Message Mappings sind Mapping-Programme, die eine grafische Modellierungsumgebung für das Transformieren von XML-Nachrichten darstellen. Folgende Dokumentdefinitionen werden unterstützt:

- XML-Schema (XSD)
- EDMX (OData V2/V4 Metadaten)
- WSDL-Dokumente (Web Service Definition Language)

Die Zuweisung erfolgt von links (Quelldokument) nach rechts (Zieldokument). Jedem XML-Segment (Element, Attribut) kann man durch Auswählen (Doppelklick) ein Quellfeld(er) bzw. Konstanten oder Funktionen zuordnen.

Dabei können nicht nur 1:1-Mappings, sondern auch 1:n-, n:1- und m:n-Mappings modelliert werden (Kardinalität).

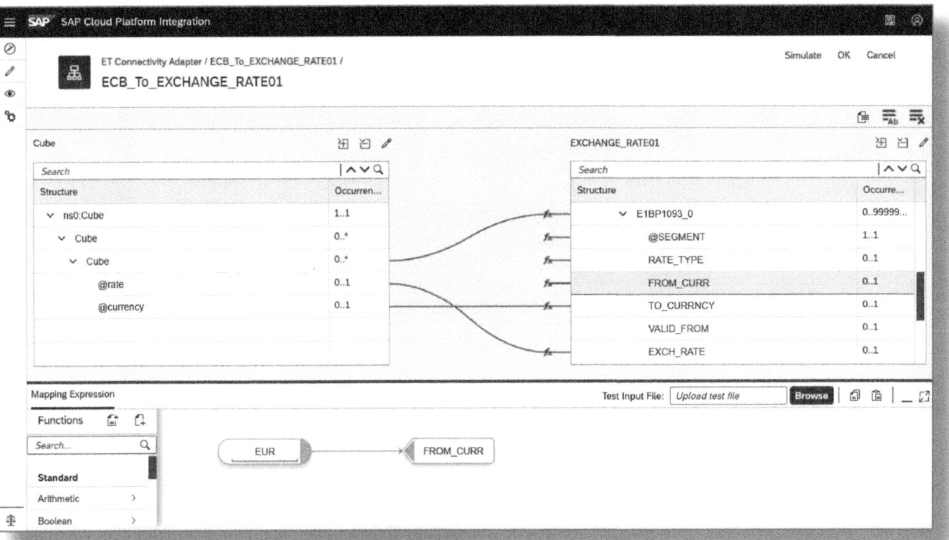

Abbildung 4.45: Message Mapping

Abbildung 4.45 zeigt die grafische Zuordnung zwischen Quell- und Zielfeldern. XML-Attribute werden mit einem »@« als Präfix dargestellt.

Es existiert bereits eine Vielzahl an Standardfunktionen, die es erlauben, Segmente zu transformieren, die nach den folgenden Kategorien gruppiert sind (siehe auch Abbildung 4.46):

- ARITHMETIC (Rechenoperationen wie z. B. Addieren oder Werte formatieren)
- BOOLEAN (Boolesche Operatoren wie z. B. AND, OR, IF)
- CONSTANTS (z. B. Konstanten)

- DATE (Datumsfunktionen wie aktuelles Datum)
- NODE FUNCTIONS (Knotenfunktionen wie z. B. sort, splitByValue)
- STATISTIC (Statistische Funktionen wie z. B. Summe, Counter)
- TEXT (z. B. Zusammenfügen und Vergleichen von Textinhalten)

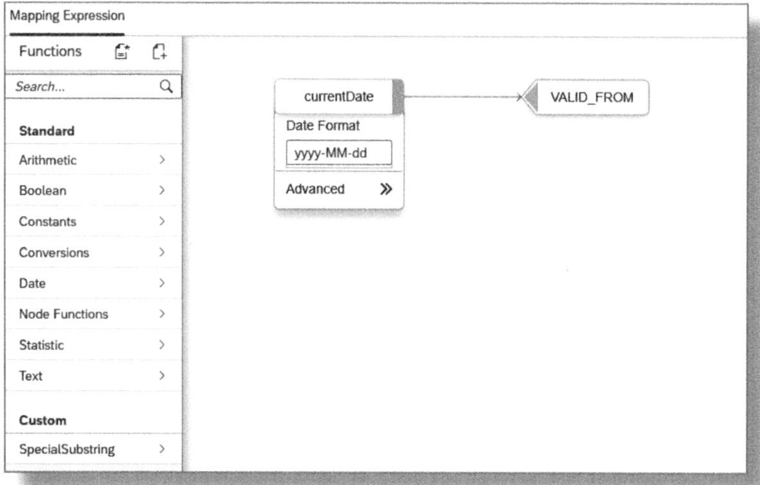

Abbildung 4.46: Message-Mapping-Funktionen

Darüber hinaus kann man über Groovy-Skripte (siehe Abschnitt 4.3.5) auch eigene Funktionen (CUSTOM FUNCTIONS) implementieren, die sich sonst mit Standardmitteln nicht abbilden lassen.

Wenn man eine XML-Testinstanz als Beispieldokument geladen hat, ist es möglich, sich die QUEUE zu einem Zielfeld anzusehen (d. h., welche Werte auf Grundlage des modellierten Mappings ermittelt werden). Zusätzlich kann man das vollständige Mapping-Programm testen, indem man über SIMULATE das Quelldokument in das Zieldokument umwandelt.

Das Mapping lässt sich auch als Excel-Dokument exportieren, sodass man eine bessere Übersicht erhält und das Dokument ggf. mit Kollegen teilen kann.

Message Mappings können auch aus dem Enterprise Service Repository (ESR) eines SAP-PI/PO-Systems importiert werden. Dies erfolgt typischerweise über den SAP Cloud Connector (siehe Abschnitt 3.7.4). In diesem Zusammenhang existieren folgende Einschränkungen, was bedeutet, dass nachstehende PI Message Mappings nicht in SAP Cloud Integration importierbar sind:

- Message Mappings mit Parametern
- Message Mappings mit User Defined Functions, die Function Libraries oder Imported Archives verwenden

Message Mappings mit einfachen User Defined Functions (UDFs) können zwar importiert werden, jedoch lassen sich die Java UDFs nicht anzeigen oder ändern.

Sie können Message Mappings als wiederverwendbare Integration Artifacts anlegen (siehe Abschnitt 3.2.7).

4.3.2 Operation Mapping

Operation Mappings enthalten ein oder mehrere Mapping-Programme vom Typ »Message Mapping«.

Sie können in Cloud Integration nicht angelegt, sondern (analog zu Message Mappings) ausschließlich aus dem Enterprise Service Repository (ESR) eines SAP-PI/PO-Systems importiert werden und dienen nur der Wiederverwendung (z. B. im Rahmen einer Migration) bereits vorher angelegter Designdokumente aus dem PI/PO-System. Eine Änderung ist nicht möglich. Die Operation Mappings müssen dabei asynchron sein, als Kardinalität wird nur 1:1 unterstützt.

4.3.3 XSLT Mapping

XSLT Mappings (eXtensible Stylesheet Language Transformation) erlauben die Konvertierung von XML-Dokumenten in XML, HTML oder Plain Text.

XSLT-Dokumente, sogenannte Stylesheets, basieren selbst auf XML und konvertieren das Quell-XML-Dokument anhand diverser Anweisungen, sogenannter Templates. Für die Navigation und den Zugriff auf Knoten (Elemente und Attribute) verwendet XSLT die Abfragesprache XPath (XML Path Language).

Die XSLT-Standards 1.0, 2.0 und 3.0 werden unterstützt.

Message Header und Properties können während der Laufzeit über die Anweisung »xsl:param« in den Kontext des XSLT-Programms übernommen werden.

Cloud Integration enthält einen einfachen Editor, der bei der Eingabe der XML-Syntax unterstützt. Ein Testen des XSLT-Programms ist jedoch nicht möglich. Abbildung 4.47 zeigt ein einfaches Programm, das aus einer beliebigen XML-Nachricht ein Ziel-XML-Dokument erzeugt, welches wiederum die Elemente `newDocument > item > targetField` enthält. Der Inhalt des Feldes `targetField` wird dabei (über die XPath-Anweisung `//sourceField`) aus dem Quellfeld »sourceField« befüllt, das sich an beliebiger Stelle (»//«) im Quelldokument befinden kann.

ET Connectivity Adapter / XSLTMapping1.xsl /

XSLTMapping1.xsl

```
<?xml version="1.0" encoding="UTF-8"?>
<xsl:stylesheet version="3.0" xmlns:xsl="http://www.w3.org/1999/XSL/Transform">
    <xsl:template match="/">
        <newDocument>
            <item>
                <targetField>
                    <xsl:value-of select="//sourceField"></xsl:value-of>
                </targetField>
            </item>
        </newDocument>
    </xsl:template>
</xsl:stylesheet>
```

Abbildung 4.47: XSLT Mapping

XSLT-Programme sind sehr nützlich, wenn komplexe XML-Strukturen vorliegen oder sich ein XML-Schema nicht (oder nicht vollständig) visuell darstellen lässt. Infolge der Möglichkeiten zur Modularisierung, Dokumentation und einfachen Handhabung geben viele Cloud-Integration-Entwickler XSLT-Programmen den Vorzug gegenüber anderen Mapping-Programmen.

XSLT-Programme sind (haupt-)speicherintensiver als Message Mappings, da sie die Knoten der Quelldokumente einlesen und in den Speicher laden, während Message Mappings mit sogenannten Queues arbeiten.

4.3.4 Content Modifier

Der *Content Modifier* ermöglicht die Veränderung von MESSAGE HEADER, EXCHANGE PROPERTY und MESSAGE BODY (siehe Abschnitt 3.3.4).

Message Header wie Exchange Properties können erstellt (Create) oder gelöscht (Delete) werden, wobei sich für das Erstellen, wie Abbildung 4.48 zeigt, die folgenden Möglichkeiten anbieten:

- CONSTANT: Direkte Zuweisung einer Konstanten
- HEADER: Zuweisung aus einem Message Header
- PROPERTY: Zuweisung aus einer Exchange Property
- EXPRESSION: Zuweisung über einen Ausdruck. Dies kann eine Laufzeitvariable sein, aber auch eine Kombination mehrerer Variablen
- XPATH: Zuweisung via XPath aus einem Knoten der XML-Nachricht
- GLOBAL VARIABLE: Zuweisung aus einer Variablen mit einem den Integration Flow übergreifenden Kontext (siehe Abschnitt 4.6.3)

- LOCAL VARIABLE: Zuweisung aus einer Variablen mit einem auf den Integration Flow bezogenen Kontext (siehe Abschnitt 4.6.3)
- NUMBER RANGE: Zuweisung aus einem Nummernkreisobjekt, das über MONITOR • MANAGE STORES • NUMBER RANGES angelegt wurde

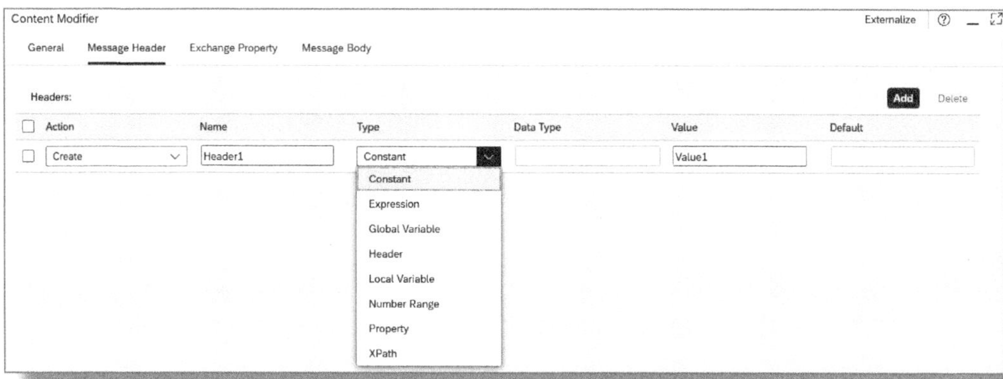

Abbildung 4.48: Content Modifier – Message Header

Der MESSAGE BODY kann entweder statisch (CONSTANT) oder dynamisch (EXPRESSION) durch das Auswerten von Laufzeitvariablen (z. B. MESSAGE HEADER) erstellt bzw. verändert werden.

Als Eingabe wird folgende Nachricht verarbeitet:

```
<?xml version="1.0" encoding="UTF-8"?>
<StockUpdate>
 <MaterialID>A1000</MaterialID>
 <PlantID>DE02</PlantID>
 <Quantity>300</Quantity>
 <Date>2022-12-09</Date>
</StockUpdate>
```

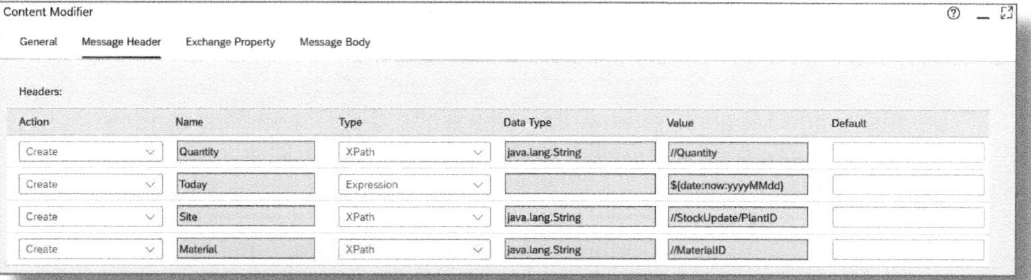

Abbildung 4.49: Content Modifier – Message Header

Zunächst werden Teile der Payload in den Message Header (siehe Abbildung 4.49) per XPath übertragen (QUANTITY, SITE, MATERIAL). Der Header »Today« wird mithilfe eines aktuellen Zeitstempels bestimmt.

Anschließend wird eine neue XML-Nachricht erstellt, indem diese aus statischen und dynamischen Elementen (Message Header, Laufzeitvariablen) zusammengefügt wird (siehe Abbildung 4.50).

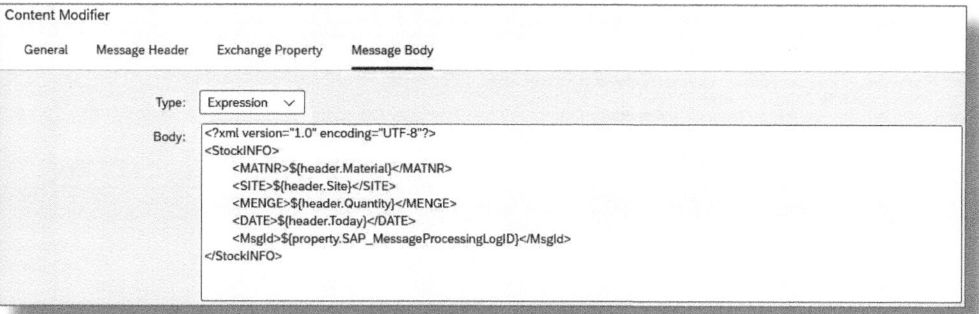

Abbildung 4.50: Content Modifier – Message Body

4.3.5 Groovy-Skript

Groovy-Skripte erlauben die programmatische Veränderung einer Nachricht mithilfe einer Skriptsprache.

Prinzipiell kann man alle Elemente einer Nachricht modifizieren, d. h. Message Body, Message Header, Exchange Properties sowie Attachments. Wenn man ein Skript anlegt, wird eine Vorlage generiert, die bereits einige Möglichkeiten aufzeigt, welche das Objekt **Message** im Paket *com.sap.gateway.ip.core.customdev.util* beinhaltet (siehe Abbildung 4.51).

Attachments kann man mithilfe der Methode *getAttachments()* lesen bzw. mit *addAttachmentObject()* schreiben.

```
/*
 The integration developer needs to create the method processData
 This method takes Message object of package com.sap.gateway.ip.core.customdev.util
which includes helper methods useful for the content developer:
The methods available are:
    public java.lang.Object getBody()
    public void setBody(java.lang.Object exchangeBody)
    public java.util.Map<java.lang.String,java.lang.Object> getHeaders()
    public void setHeaders(java.util.Map<java.lang.String,java.lang.Object> exchangeHeaders)
    public void setHeader(java.lang.String name, java.lang.Object value)
    public java.util.Map<java.lang.String,java.lang.Object> getProperties()
    public void setProperties(java.util.Map<java.lang.String,java.lang.Object> exchangeProperties)
    public void setProperty(java.lang.String name, java.lang.Object value)
    public java.util.List<com.sap.gateway.ip.core.customdev.util.SoapHeader> getSoapHeaders()
    public void setSoapHeaders(java.util.List<com.sap.gateway.ip.core.customdev.util.SoapHeader> soapHeaders)
       public void clearSoapHeaders()
 */
import com.sap.gateway.ip.core.customdev.util.Message;
import java.util.HashMap;
def Message processData(Message message) {
    //Body
       def body = message.getBody();
       message.setBody(body + "Body is modified");
       //Headers
       def map = message.getHeaders();
       def value = map.get("oldHeader");
       message.setHeader("oldHeader", value + "modified");
       message.setHeader("newHeader", "newHeader");
       //Properties
       map = message.getProperties();
       value = map.get("oldProperty");
       message.setProperty("oldProperty", value + "modified");
       message.setProperty("newProperty", "newProperty");
       return message;
}
```

Abbildung 4.51: Groovy-Skript – Vorlage

Das Zugreifen auf die Inhalte des Message Bodys ist recht einfach. Bei XML-Dokumenten bietet sich zum Lesen *groovy.util.XmlSlurper* und zum Schreiben *groovy.util.XmlParser* an. Hier wird der Wert von Element »MATNR« mithilfe des *XmlSlurper* extrahiert, das sich direkt unter dem Wurzelknoten in der XML befindet (siehe Listing 4.1).

```
import com.sap.gateway.ip.core.customdev.util.Message;
import groovy.util.XmlSlurper;
import groovy.xml.XmlUtil;
[..]

def body = message.getBody(java.lang.String);
def xml = new XmlSlurper().parseText(body);
def MATNR = xml.MATNR.text();
```

Listing 4.1: Groovy – XML-Parser

Man kann z. B. die *User Credentials* aus dem Secure Store lesen sowie auf Einträge aus dem Keystore zugreifen. So ist es bspw. möglich, den Wert für »USER« dynamisch über einen (externalisierten) Message Header zu setzen (siehe Listing 4.2).

```
import com.sap.it.api.ITApiFactory;
import com.sap.gateway.ip.core.customdev.util.Message;
import com.sap.it.api.securestore.SecureStoreService;
import com.sap.it.api.securestore.UserCredential;
import com.sap.it.api.securestore.exception.
SecureStoreException;

def Message processData(Message message) {

def service = ITApiFactory.getApi(SecureStoreService.class,
null);

if( service != null)
{
     def credential = service.getUserCredential("USER");
     def client = credential.getUsername();
     def secret = credential.getPassword();
     message.setHeader("client", client);
     message.setHeader("secret", secret);
}

        return message;
}
```

Listing 4.2: Groovy – Zugriff auf den Keystore

Man kann auch externe Java-Archive (JARs) importieren, die auf der Ebene des Integration Flows (Ressource View) integriert wurden.

Mit Skripten ist man zudem in der Lage, in den Message Log zu schreiben; dies kann hilfreich sein, um in Fehlersituationen ausführliche Informationen im Message Processing Log (MPL) zu hinterlegen. Im nachfolgenden Skript wird der Message Body (XML-Dokument) unter dem Namen »Payload« als Attachment dem MPL hinzugefügt (siehe Listing 4.3).

```
import com.sap.gateway.ip.core.customdev.util.Message;
import java.util.HashMap;

def Message processData(Message message) {

// MessageLog
def messageLog = messageLogFactory.getMessageLog(message);
def bodyAsString =  message.getBody(String.class);

messageLog.addAttachmentAsString("Payload", bodyAsString,
"text/xml");

        return message;
}
```

Listing 4.3: Groovy – Speichern im Message Processing Log

Da Groovy-Skripte auch als *Custom Functions* in Message Mappings verwendet werden, haben sie sich in SAP Cloud Integration als Skriptsprache gegenüber JavaScript durchgesetzt.

Groovy-Editoren

Für umfangreichere Skripte empfiehlt sich eine vollständige Entwicklungsumgebung, die neben Syntaxprüfungen z. B. auch Vervollständigungen (bei Methodenaufrufen) anbietet oder Tests unterstützt. Für Groovy existieren Plugins für Eclipse oder IntelliJ IDEA, jedoch sind auch webbasierte Lösungen wie bspw. *https://groovyide.com/cpi* verfügbar.

Sie können Groovy-Skripte als wiederverwendbare Integration Artifacts (*Script Collection*) anlegen (siehe Abschnitt 3.2.8).

4.3.6 JavaScript

Prinzipiell sind sämtliche Methoden und Operationen, die in Groovy möglich sind (siehe Abschnitt 4.3.5), auch in JavaScript realisierbar.

Die Syntax unterscheidet sich zwar partiell von derjenigen in Groovy, lässt sich jedoch bei Bedarf schnell adaptieren.

Auch JavaScript-Skripte lassen sich als wiederverwendbare Integration Artifacts (*Script Collection*) anlegen (siehe Abschnitt 3.2.8).

4.3.7 Converter

Converter dienen dazu, Nachrichten zu transformieren. Aktuell existieren folgende Converter (siehe auch Abbildung 4.52):

- JSON ⇔ XML
- CSV ⇔ XML
- EDI ⇔ XML

EDI TO XML- und XML TO EDI-Converter stehen nur in Enterprise-Edition-Systemen zur Verfügung, sie sind Teil der B2B-Integration für EDI-basierte Szenarien und bieten Konvertierungen zwischen dem nativen EDIFACT- bzw. ANSI-X12-Format und der XML-Repräsentation dieser Standards an.

Der JSON TO XML-Converter transformiert z. B. ein eingehendes JavaScript-Object-Notation-Dokument (JSON) in XML (siehe Abbildung 4.53).

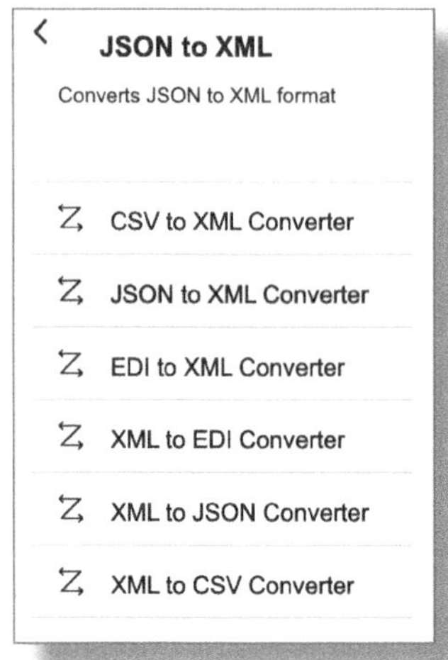

Abbildung 4.52: Converter

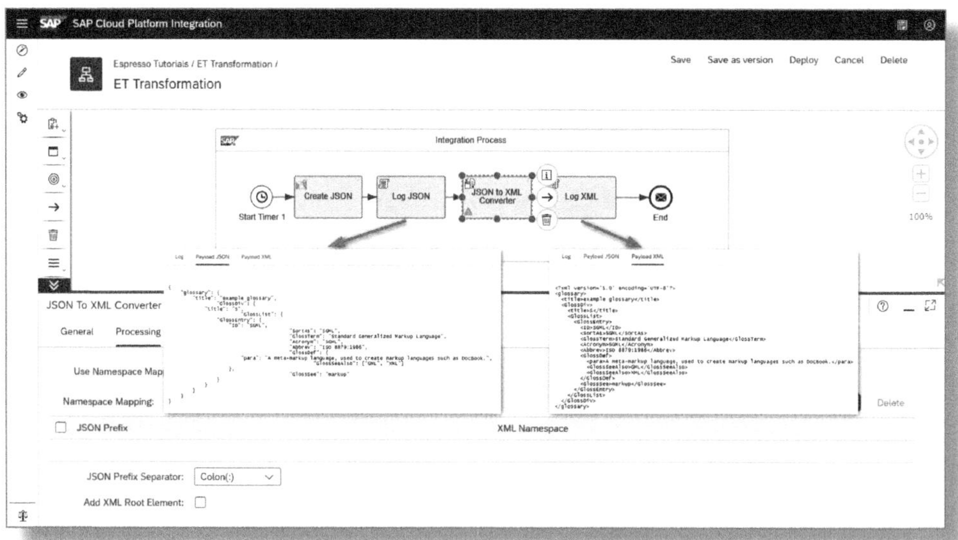

Abbildung 4.53: JSON-to-XML-Converter

Die Konvertierung von bzw. nach CSV ermöglicht die Verarbeitung kommaseparierter Dateien und unterstützt damit auch ältere Systeme, die noch mit solchen Dateiformaten arbeiten.

4.3.8 Encoder und Decoder

Encoding und *Decoding* dienen ebenfalls der Transformierung von Nachrichten. Folgende Komponenten sind vorhanden:

- BASE64: Kodieren (bzw. Dekodieren) von beliebigen Daten in eine Zeichenfolge, die nur aus lesbaren, codepageunabhängigen ASCII-Zeichen besteht (siehe Abbildung 4.54)
- ZIP und GZIP (GNU Zip): Komprimieren und Dekomprimieren von Dateien in Archive
- MIME (Multipurpose Internet Mail Extensions): Transformieren einer Nachricht mit Header(n), Body und Attachment(s) in eine MIME-Multipart-Nachricht (z. B. wenn der Empfänger keine Attachments unterstützt). In diesem Fall kann man auswählen, ob die Header separat oder im Message Body (inline) übermittelt werden (siehe Abbildung 4.55 und Abbildung 4.56)

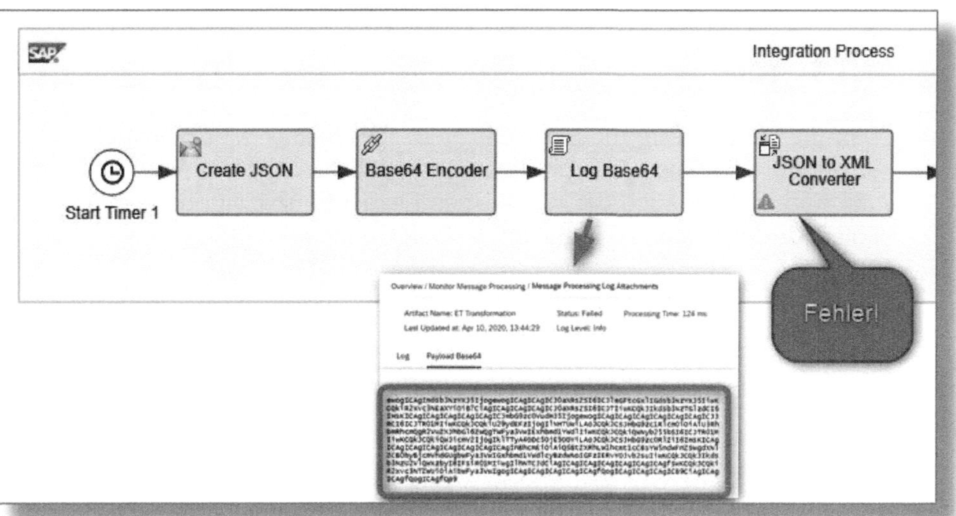

Abbildung 4.54: Base64 Encoder

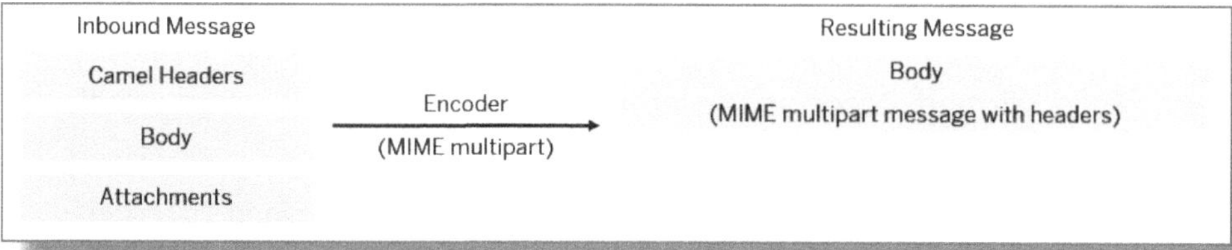

Abbildung 4.55: MIME Encoding (mit Header inline)

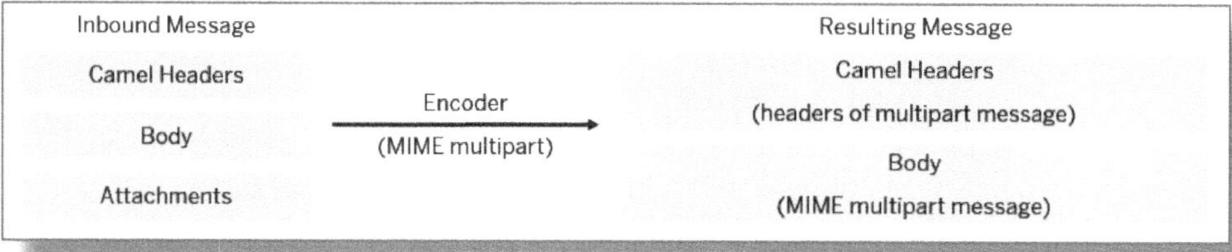

Abbildung 4.56: MIME Encoding (ohne Header inline)

4.3.9 Filter

Das Element *Filter* ermöglicht das Reduzieren einer XML-Nachricht auf eine Untermenge. Das Ergebnis kann ein Knoten (Node), eine Liste von Knoten oder auch der Inhalt eines Elements bzw. Attributs sein. Folgende Werte sind auswählbar:

- BOOLEAN (true/false)
- INTEGER (eine ganze Zahl)
- STRING (eine Zeichenkette)
- NODE (ein XML-Knoten, auch wenn mehrere dem XPath-Ergebnis entsprächen)
- NODELIST (mehrere XML-Knoten, die kein gültiges XML-Dokument ergeben, weil ihnen der Wurzelknoten fehlt, siehe Abbildung 4.57)

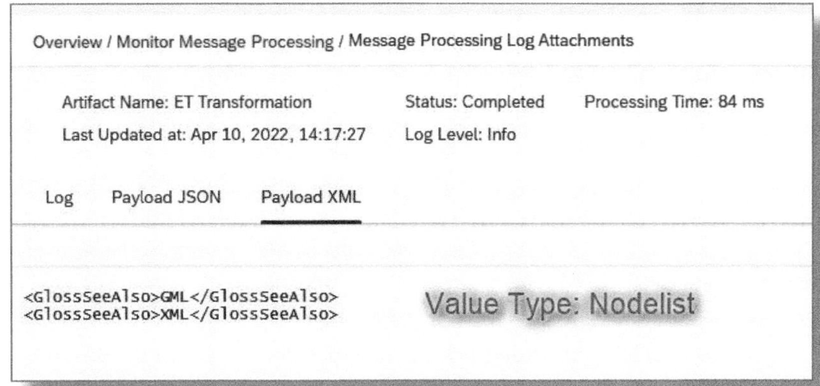

Abbildung 4.57: Filter als Nodelist

Die Selektion erfolgt dabei über XPath (siehe Abbildung 4.58).

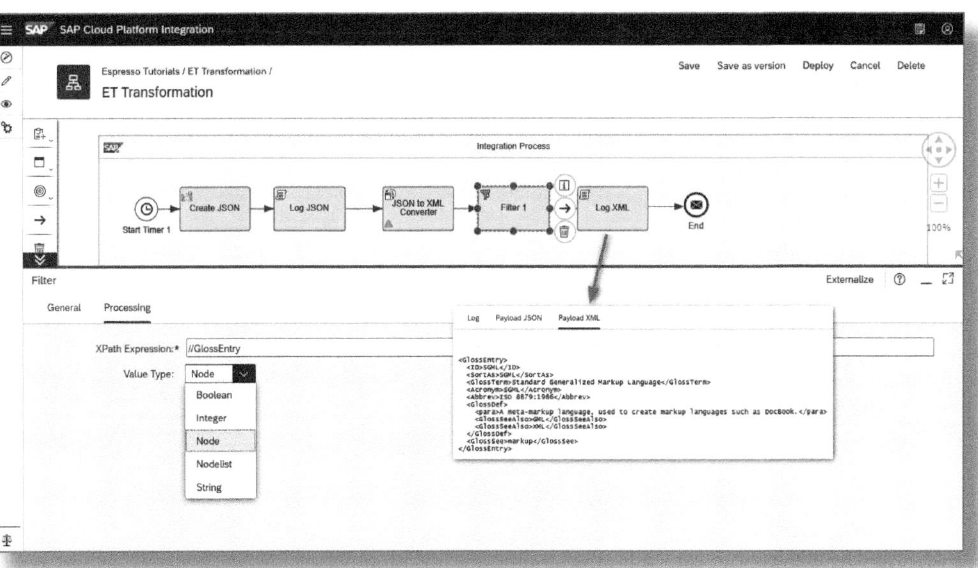

Abbildung 4.58: Filter als Node

4.3.10 Message Digest

Die in Abbildung 4.59 gezeigte Funktion MESSAGE DIGEST ermöglicht die Berechnung eines Hash-Wertes (ggf. unter Verwendung einer kanonischen XML-Struktur). Die Berechnung kann nach verschiedenen Algorithmen erfolgen (MD5, SHA1, SHA256, SHA384, SHA512), sie bezieht sich typischerweise nur auf einen Teil der XML-Nachricht (durch XPath ausgewählt), und das Ergebnis wird in den Message Header geschrieben.

Die Kanonisierung ermöglicht dabei eine Vergleichbarkeit unterschiedlicher XML-Dokumente durch Vereinfachung, indem z. B. Anführungszeichen angeglichen oder Leerzeichen entfernt werden (Trim).

Diese Methode des Arbeitens mit Hash-Werten dient der Identifikation von wiederkehrenden Nachrichten (meist Teile einer XML).

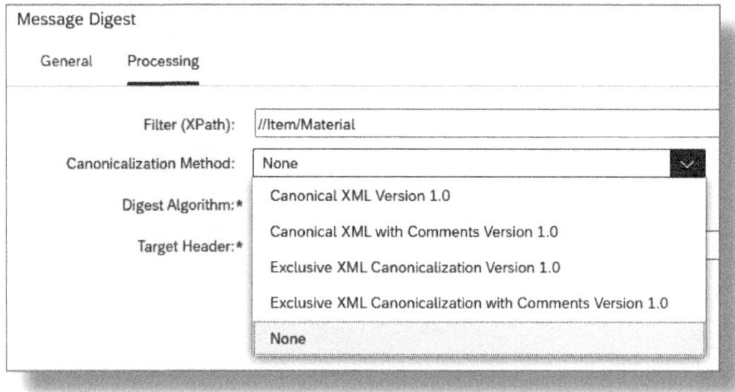

Abbildung 4.59: Message Digest

4.4 Calls

Der Abschnitt *Calls* behandelt den Aufruf anderer Komponenten, z. B. den synchronen Aufruf von APIs oder denjenigen weiterer Prozesse. Unterschieden wird nach externen und lokalen Calls (siehe Tabelle 4.3):

External Calls	Local Calls
REQUEST-REPLY	PROCESS CALL
CONTENT ENRICHER	LOOPING PROCESS CALL
SEND	

Tabelle 4.3: Calls

4.4.1 Request Reply

Request Reply ist eines der gängigsten Integration Patterns; es ist in der SAP Cloud Integration synchron implementiert, d. h., der Integrationsprozess wartet auf die Antwort des Systems, das aufgerufen wird, bevor die Verarbeitung fortgesetzt wird.

Abbildung 4.60 zeigt ein einfaches Beispiel, wie ein Sender einen synchronen SOAP-Aufruf initiiert, SAP Cloud Integration ruft via HTTP einen Empfänger auf und spielt die Antwort (etwa mithilfe eines Content Modifiers) an den Aufrufer zurück. Eine Verbindung zwischen dem Message End Event und dem Sender (für die Antwort der SOAP Response) wird nicht hergestellt.

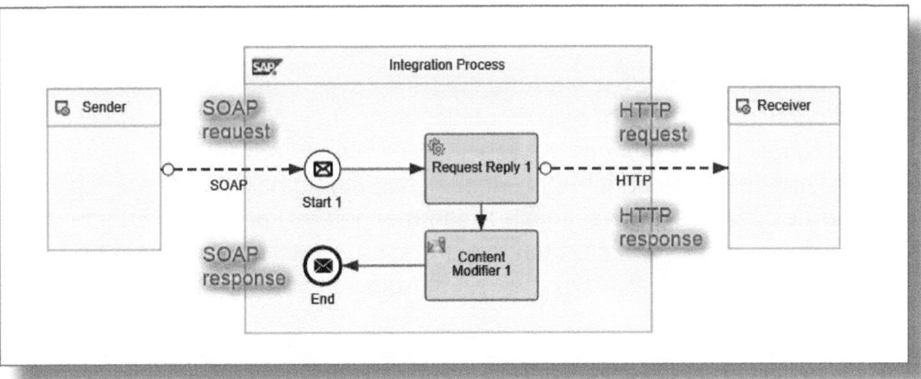

Abbildung 4.60: Request Reply

Grundsätzlich gilt es, vor allem bei asynchronen Integrationsprozessen, die über Request Reply z. B. Daten anreichern, zu beachten, dass die Antwort eines Request-Reply-Aufrufes die bisherige Message ersetzt. Um bspw. die ursprüngliche (eingehende) Nachricht zu erhalten, damit diese nach dem Aufruf weiterverwendet werden kann, kann man z. B. den Inhalt in einer Exchange Property zwischenspeichern (Content Modifier mit Zuweisung der Expression `${in.body}`, siehe Abbildung 4.61), oder man verwendet andere Mittel wie Routing (siehe Abschnitt 4.5.1) respektive Data Store (siehe Abschnitt 4.6.2).

Das Request Reply Pattern kann bei allen Adaptern eingesetzt werden, die direkt (synchron) eine Antwortnachricht erzeugen.

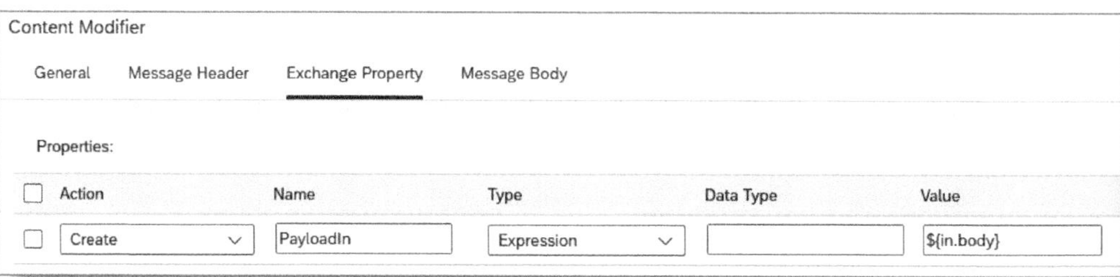

Abbildung 4.61: Zwischenspeichern der eingehenden Payload

4.4.2 Content Enricher

Ein *Content Enricher* hat die Aufgabe, einen synchronen Aufruf durchzuführen und sogleich das Ergebnis (Response Message) mit der ursprünglichen Nachricht zu verknüpfen. Dies kann entweder über Combine (beide Nachrichten bleiben vollständig erhalten und werden über das XML-Tag <Messages> zusammengeführt) oder über Enrich erfolgen. Letzteres reichert dabei die Ursprungsnachricht an einer bestimmten Position mit den (Teil-)Daten der Antwort an (siehe Abbildung 4.62).

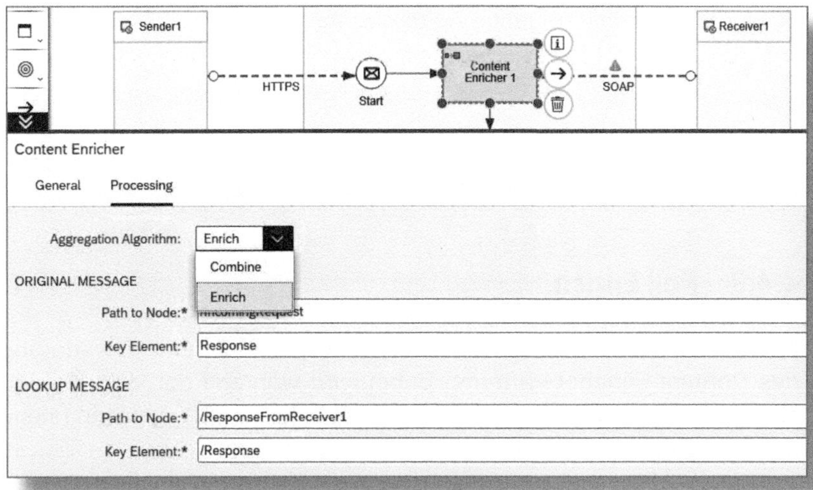

Abbildung 4.62: Content Enricher – Konfiguration

Beide Nachrichten müssen dabei im XML-Format verarbeitet werden.

> **! Verwendung des Content Enrichers**
>
> Wichtig bei der Modellierung ist die Startrichtung beim Verbinden des Empfängers mit dem Pattern (vom Empfänger hin zum Content Enricher, siehe Abbildung 4.63).

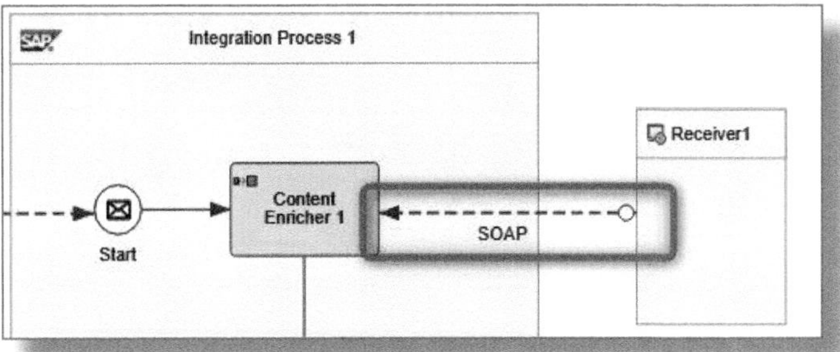

Abbildung 4.63: Content Enricher – Modellierung

Es werden lediglich folgende Adapter unterstützt:

- SOAP (1.x)
- OData
- SuccessFactors

4.4.3 Poll Enrich

Beim *Poll-Enrich*-Pattern handelt es sich quasi um eine Erweiterung des Content-Enricher-Patterns. Dabei wird während der Verarbeitung einer Nachricht eine Datei via SFTP (ereignisgesteuert) gelesen (siehe Abbildung 4.64).

! Modellierung

Bitte beachten Sie beim Modellieren, dass es sich dabei um ein Sender-System handelt und die Startrichtung beim Verbinden des Senders mit dem Pattern vom Sender hin zum Poll Enricher gegeben sein muss.

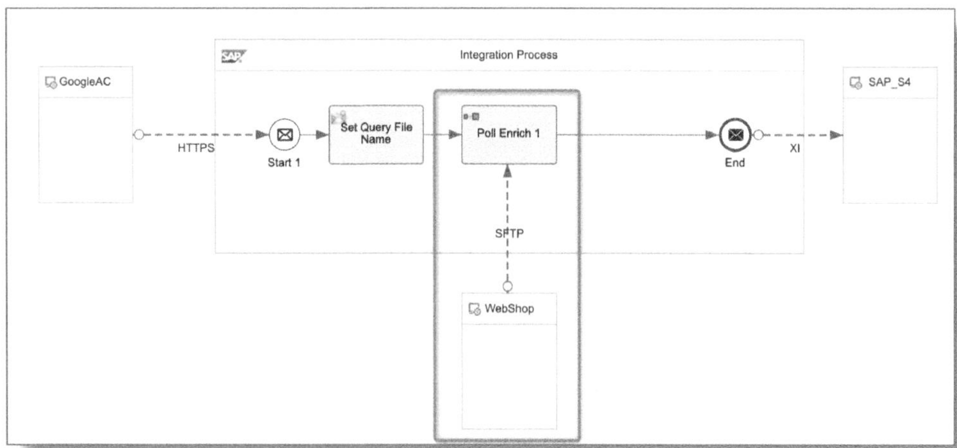

Abbildung 4.64: Poll Enricher – Modellierung

4.4.4 Send

Das Integration Pattern SEND kann eine Nachricht aus dem regulären Ablauf heraus asynchron verschicken und im Anschluss die Verarbeitung fortsetzen (siehe Abbildung 4.65).

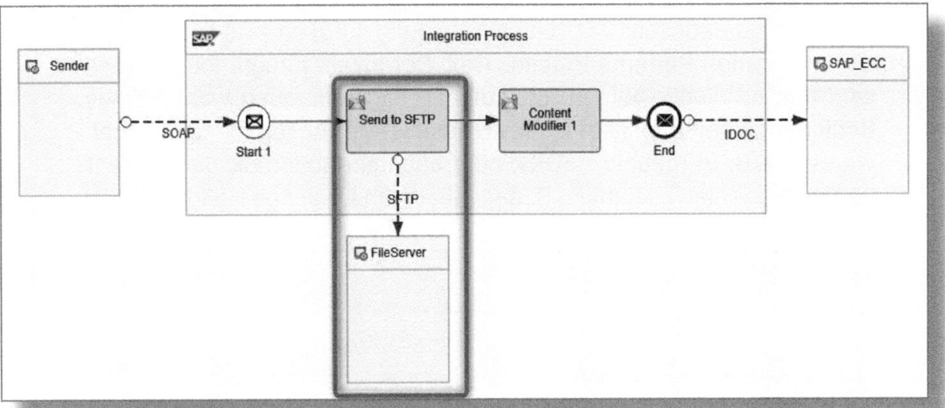

Abbildung 4.65: Send mit SFTP

Es werden lediglich folgende Adapter unterstützt:

- AMQP
- Mail
- SFTP
- SOAP (SAP RM)
- XI

Für alle Adapter, die nicht eingeschlossen sind, kann auch ein Event verwendet werden (MESSAGE END), jedoch nur in Verbindung mit einem Multicast Pattern (siehe Abschnitt 4.5.2).

4.4.5 Process Call

Das *Process-Call*-Pattern ruft einen lokalen Integrationsprozess auf und unterstützt so die Modularisierung von Integration Flows (siehe Abschnitt 3.4.1).

Der LOOPING PROCESS CALL (siehe Abbildung 4.66) ist eine Sonderform des Integration Patterns Process Call. Der lokale Integrationsprozess wird immer wieder aufgerufen, solange die Bedingung wahr ist. Als Bedingung kann dabei ein auf XML basierender Ausdruck eingegeben werden (z. B. //Ergebnis = »OK«) oder auch ein Ausdruck, der sich auf Laufzeitvariablen bezieht (z. B. den Inhalt von Message Headern).

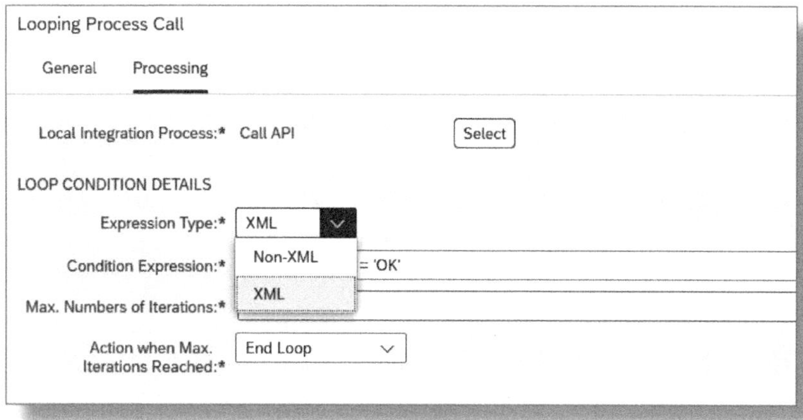

Abbildung 4.66: Looping Process Call

Als Besonderheit existiert die Kombination mit dem OData-V2-Empfänger-Adapter im Query-Modus (GET). Wenn die Option PROCESS IN PAGES selektiert wird, setzt der Adapter die Property `<receiver.name>.<channel.name>.hasMoreRecords`. Eine Page (Seite) kann dabei z. B. 100 Einträge enthalten. Existieren nach einem Aufruf mehr als 100 Einträge, wird der Parameter (...hasMoreRecords) auf den Wert »true« gesetzt. Solange also pro Aufruf weitere Pages vorhanden sind, werden Aufrufe durchgeführt und die bisher abgerufenen Pages übersprungen (siehe Abbildung 4.67).

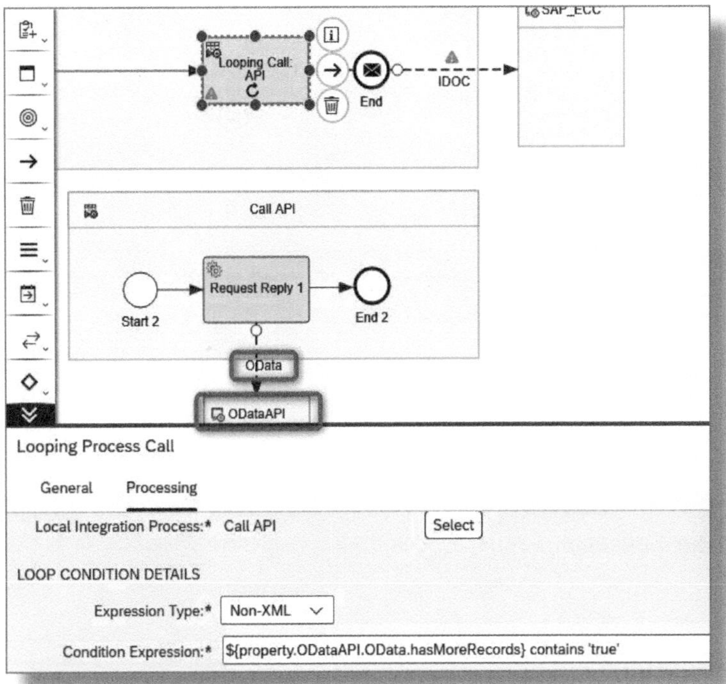

Abbildung 4.67: Looping Process Call mit OData Paging

Der IDEMPOTENT PROCESS CALL dient der Identifikation von Duplikaten und darf dafür genutzt werden, einem Zielsystem eine Nachricht mehrfach zuzustellen – z. B. wenn ein Sender die gleiche Nachricht mehrfach sendet oder Datei bereitstellt. Dazu wird in einem Cache die ID der Nachricht gespeichert. Dabei kann es sich um einen beliebigen Identifier wie z. B. den Dateinamen oder eine Bestellnummer handeln. Wird eine Nachricht mit derselben ID an den lokalen Integrationsprozess (LOCAL INTEGRATION PROCESS) übergeben, kann diese ignoriert werden (siehe Abbildung 4.68).

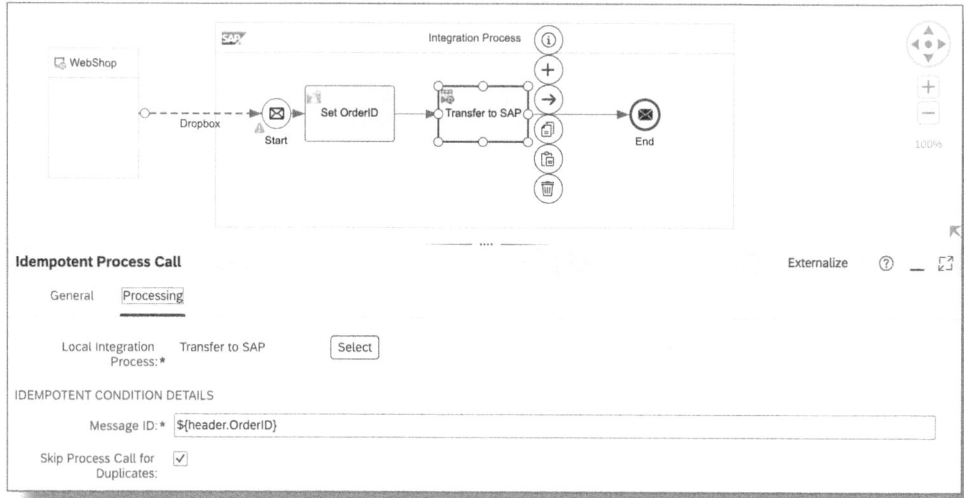

Abbildung 4.68: Idempotent Process Call

4.5 Routings

Routings gestalten die Prozessierung des sogenannten *Tokens* während der Laufzeit des Integrationsprozesses. Das Token ist eine Art Markierung, in welchem Prozessschritt (bzw. an welchen Stellen gleichzeitig) die Verarbeitung der Nachricht(en) erfolgt. In der BPMN-Notation spricht man dabei von sogenannten GATEWAYS. Gateways bzw. Routings entscheiden über die Navigation innerhalb von Integrationsprozessen.

4.5.1 Router

Der einfachste Gateway ist der *Router*. Er entscheidet exklusiv anhand von Bedingungen (CONDITION EXPRESSION, basierend auf XML oder Non-XML), welcher Weg der Verarbeitung (ROUTE) gewählt werden soll.

Die Bedingungen werden nacheinander ausgewertet. Trifft eine Bedingung zu, wird die Auswertung abgebrochen und die Route durchlaufen.

In diesem Fall muss die Route als DEFAULT ROUTE markiert werden; sie wird beschritten, wenn keine der Bedingungen eingetreten ist.

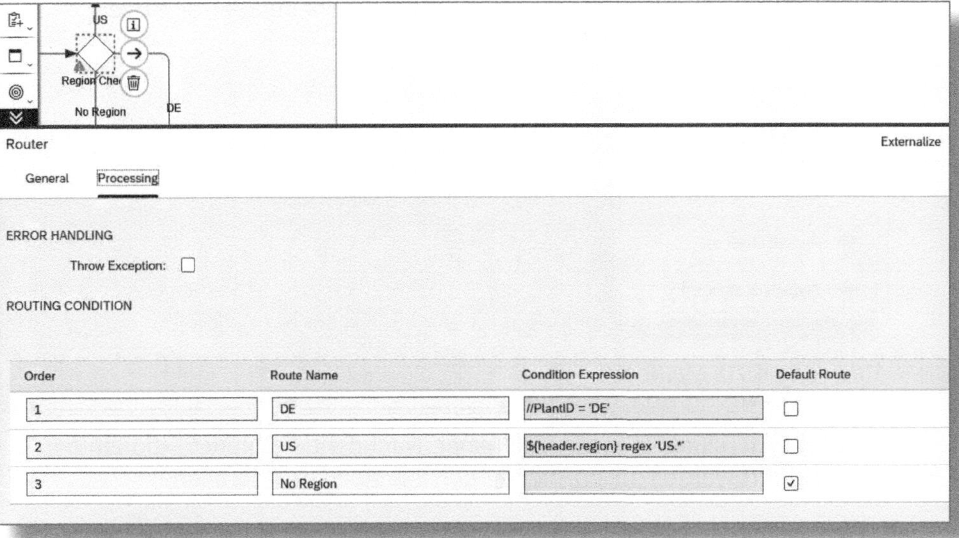

Abbildung 4.69: Router

Abbildung 4.69 zeigt die Abfolge der Verarbeitung (ORDER): Zuerst wird die Route »DE« getestet, es wird nach einem XML-Element mit dem Namen »PlantID« und dem Wert »DE« gesucht. Wird dieses nicht gefunden, wendet man sich der Route »US« zu. Diese überprüft den Message Header »region« mithilfe des Regex-Ausdruckes (Regular Expression) »US.*«; es wird also gefragt, ob der Wert mit »US« beginnt. Trifft auch dies nicht zu, wird die Default Route »No Region« durchlaufen. Eine Default Route wird zusätzlich grafisch dargestellt, indem die Verbindung mit einem Schrägstrich markiert wird.

4.5.2 Multicast

Mithilfe von *Multicast* können Sie die Verarbeitung in unterschiedliche Abfolgebereiche aufteilen. In BPMN spricht man vom Split (Duplikation bzw. Vervielfältigung) des Tokens, wobei folgende Varianten unterschieden werden (siehe auch Abbildung 4.70):

- PARALLEL MULTICAST: Nachrichtenverarbeitung vollzieht sich parallel
- SEQUENTIAL MULTICAST: Nachrichtenverarbeitung erfolgt nacheinander (sequenziell)

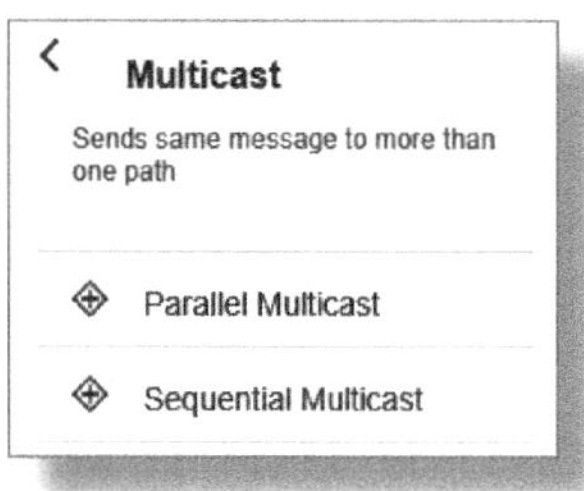

Abbildung 4.70: Multicast

Multicast ist sinnvoll, wenn mit einer Nachricht mehrere Aktionen durchgeführt werden sollen, die auf den Eingabedaten beruhen.

4.5.3 Join

Join wird verwendet, um die Nachrichtenverarbeitung nach einem vorangegangenen Multicast wieder zusammenzuführen. Das bedeutet jedoch nicht, dass die Anzahl der Nachrichten aufsummiert wird, sie (BPMN: Token) werden nur wieder auf den gleichen Weg der Verarbeitung geführt.

Eine Benennung ist nicht notwendig, und die Funktion erklärt sich meist von selbst im Kontext des Integrationsprozesses.

4.5.4 Gather

Gather dient dem eigentlichen Zusammenführen von Nachrichten nach einem vorausgegangenen JOIN-Schritt, der mehrere Routes vereint hat. Mit Gather entsteht aus verschiedenen separierten Nachrichten eine einzige, die (im Falle von XML) von einem »<Messages>-XML-Tag« umschlossen wird (COMBINE, siehe Abbildung 4.71).

Es können auch Plain-Text-Nachrichten durch Aneinanderfügen (CONCATENATE) zusammengeführt werden.

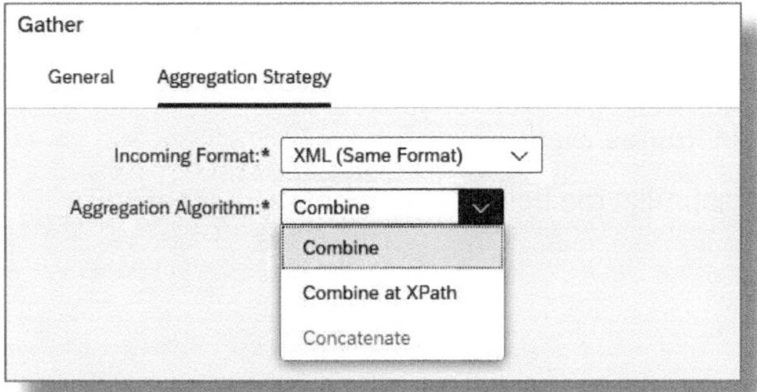

Abbildung 4.71: Gather

Im Falle von XML wird nach gleichen und unterschiedlichen Nachrichtenformaten differenziert, da man bei gleichartigen Nachrichten auch ein Anreichern vornehmen kann, d. h., ohne ein umschließendes »<Messages>-XML-Tag« hinzuzufügen.

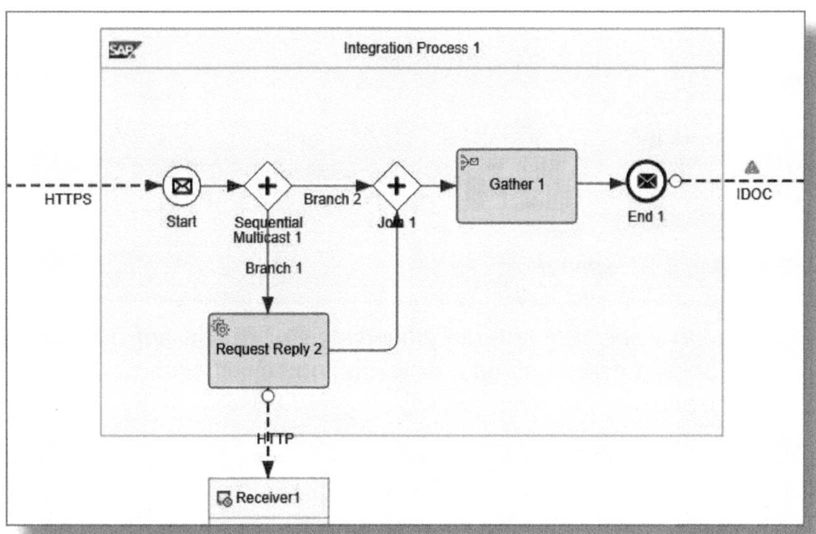

Abbildung 4.72: Multicast, Join und Gather

Abbildung 4.72 zeigt die Alternative zu einem CONTENT-ENRICHER-Schritt (siehe Abschnitt 4.4.2):

- MULTICAST sorgt für das Duplizieren der Nachricht in zwei Routes, damit die Ursprungsnachricht nach dem REQUEST REPLY beibehalten wird.
- JOIN fügt die Routes wieder zusammen.
- GATHER verschmilzt die beiden Nachrichten zu einer.

4.5.5 Splitter

Ein *Splitter* sorgt für das Aufteilen einer Nachricht in mehrere einzelne. Dabei werden folgende SPLITTER unterschieden (siehe Abbildung 4.73).

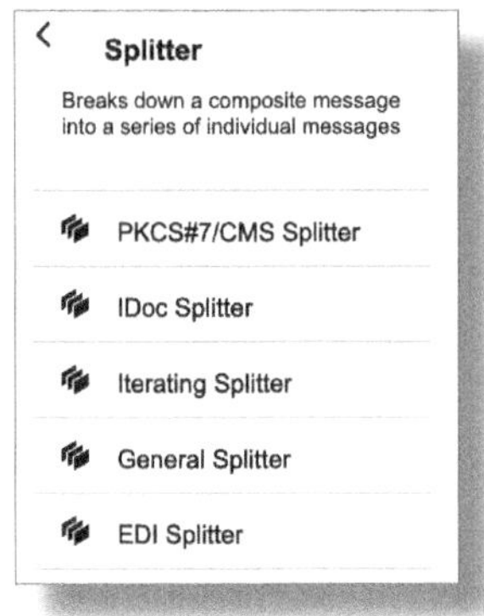

Abbildung 4.73: Splitter

Ein GENERAL SPLITTER teilt die eingehende Nachricht auf und behält den Wurzelknoten, d. h. das bzw. die umschließende(n) XML-Element(e), bei.

Der SPLIT kann dabei aufgrund eines XPath-Ausdruckes (XML-Nachrichten) oder eines Zeilenumbruches erfolgen (Line Break bei Plain-Text-Nachrichten). Man kann konfigurieren, wie viele Elemente in einem Paket gruppiert werden sollen und ob dies über Streaming geschehen soll, d. h., ob nur Teile der Nachricht in den Hauptspeicher geladen werden, um den Speicherverbrauch zu reduzieren.

Ein ITERATING SPLITTER teilt die eingehenden Nachrichten auf, ohne den XML-Kontext zu bewahren. Zudem steht als Ausdruck zum Split der Wert »Token« (Schlüsselwort) zur Verfügung, über den man die Nachricht aufteilen kann. Dies kann z. B. der Name eines XML-Knotens sein. Token ist also ein vereinfachter XPath-Ausdruck.

Der IDoc SPLITTER ist im Prinzip ein General Splitter, der anhand des XPath (//IDOC) eine XML-Nachricht, die mehrere IDoc-Pakete enthält, in einzelne IDoc-XML-Nachrichten gliedert.

Ein PKCS#7/CMS SPLITTER kann eine signierte Nachricht in einen Nutzdatenteil (Payload) und in eine Signatur aufteilen. Anhand des Dateinamens (bzw. der Endung) kann der Inhalt unterschieden und weiterverarbeitet werden.

Der EDI SPLITTER (als Teil des B2B-Pakets) steht wieder nur in der Enterprise Edition eines SAP Cloud Integration Tenants zur Verfügung. Er ist in der Lage, eine eingehende EDIFACT- oder ANSI-X.12-Nachricht in einzelne Bestandteile aufzugliedern und Acknowledgements (Bestätigungsnachrichten) an den Sender zu übermitteln (siehe Abbildung 4.74).

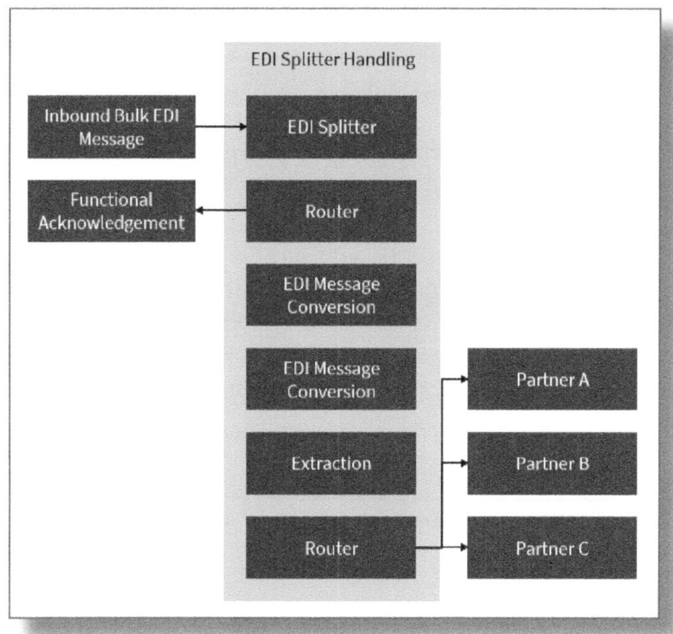

Abbildung 4.74: EDI Splitter

Das Zusammenführen – sofern gewünscht – kann wieder über einen GATHER-Schritt erfolgen (siehe Abschnitt 4.5.4).

4.5.6 Aggregator

Der *Aggregator* als Integration Pattern ist in der Lage, zustandsbehaftet asynchrone Nachrichten miteinander in Beziehung zu setzen (Korrelation). Er fungiert häufig als »Sammler«, um einzelne Nachrichten zu paketieren und dann gemeinsam weiterzuverarbeiten. Unterstützt werden nur XML-Nachrichten desselben Formats.

Die Positionierung erfolgt zu Beginn eines Integrationsprozesses. Dabei wird ein DATA STORE (siehe Abschnitt 4.6.2 bzw. Abschnitt 7.4) angelegt und mit Nachrichten befüllt, die wiederum zwischengespeichert werden.

Als Korrelationsbedingung wird ein Bezug zur Nachricht (via XPath) hergestellt (z. B. sollen alle Nachrichten pro Werk aggregiert werden).

Als AGGREGATION STRATEGY (siehe Abbildung 4.75) definiert man u. a. die Bedingung, zu welchem Zeitpunkt das Sammeln beendet werden soll. Dies kann eine nachrichtenbasierte (»LAST MESSAGE«) Bedingung oder einfach nur ein zeitgesteuertes Ereignis sein (z. B. x Minuten nach Empfang der ersten Nachricht).

Sobald eine der Bedingungen eintritt, wird das Sammeln beendet, die Nachrichten werden zusammengefügt (ähnlich wie im GATHER-Schritt) und die Verarbeitung wird fortgesetzt. Um im Rahmen der Laufzeit herauszufinden, welche Bedingung eingetroffen ist, kann man die Header-Variable `CamelAggregatedCompletedBy` auswerten. Folgende Bedeutungen lassen sich festhalten:

- TIMEOUT: Zeitablauf ist eingetreten
- PREDICATE: Die letzte Nachricht wurde empfangen

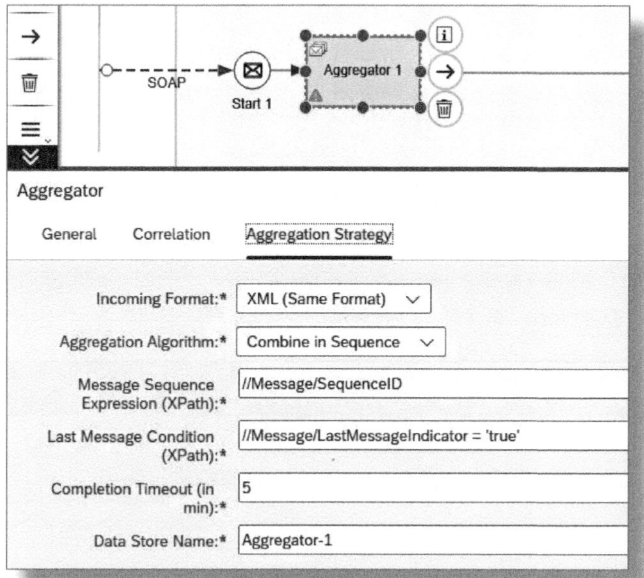

Abbildung 4.75: Aggregator

4.6 Persistenz

Dieser Abschnitt behandelt das Speichern von Daten in der Datenbank, darunter den MESSAGE STORE und den DATA STORE.

4.6.1 Persist

Der *Persist*-Schritt schreibt eine Nachricht in den sogenannten MESSAGE STORE. Es werden die Message Header, die Payload (Body) und alle Attachments gesichert und für 90 Tage gespeichert. Der Persist-Schritt kann an beliebigen Stellen eines Integrationsprozesses platziert werden (siehe Abbildung 4.76), er erlaubt die Analyse einer Nachricht im Nachhinein (z. B. bei Empfang, nach erfolgtem Mapping usw.).

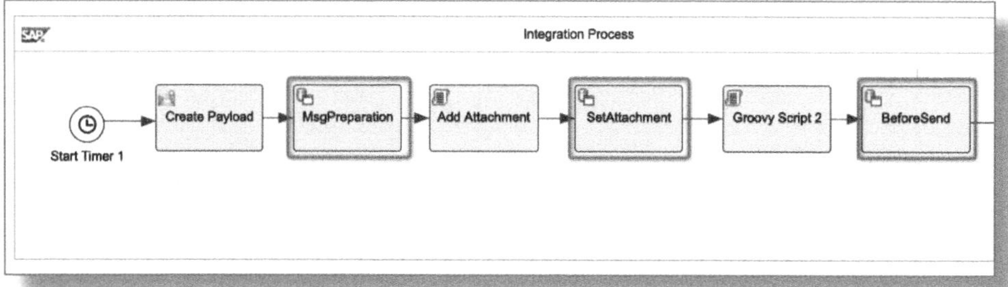

Abbildung 4.76: Persist

! Nachrichten im Message Store

Die Nachricht wird nur im Erfolgsfall in den Message Store geschrieben (Status: *SUCCESSFUL* und *ESCALATED*).

Zum Betrachten der Nachricht bietet SAP aktuell nur eine OData API an, jedoch keine Benutzeroberfläche im WebUI.

Es existiert allerdings die Möglichkeit, sich die Nachrichten über einen kostenlosen Viewer (Lösung des SAP-Partners whitepaper.id GmbH) anzeigen zu lassen (siehe *https://www.integration-excellence.com/whint-messagestore-viewer-for-sap-cpi/*, siehe Abbildung 4.77).

Abbildung 4.77: Message Store

4.6.2 Data Store

Der *Data Store* erlaubt das Schreiben und Lesen von Nachrichten. Folgende Operationen werden dabei unterstützt (siehe auch Abbildung 4.78):

- WRITE: Das Schreiben von Nachrichten in einen Data Store
- GET: Das Lesen eines spezifischen Eintrags
- SELECT: Das Lesen eines oder mehrerer Einträge
- DELETE: Das Löschen eines spezifischen Eintrags

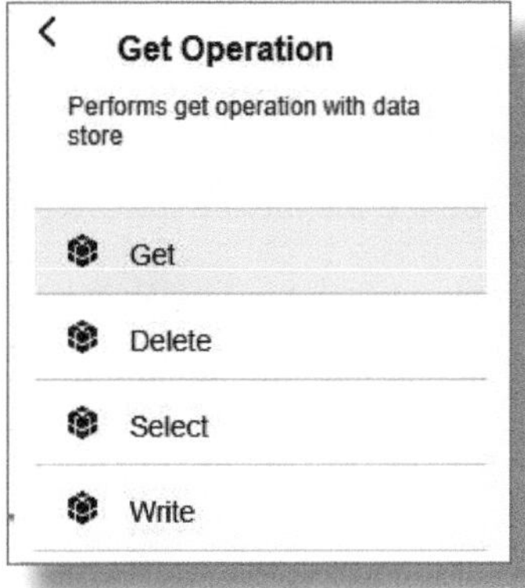

Abbildung 4.78: Data-Store-Operationen

Folgende Angaben müssen immer gemacht und können auch dynamisch über einen Message Header oder eine Exchange Property gesetzt werden:

- DATA STORE NAME
- VISIBILITY: Sichtbarkeit des Data Store (lokal pro Integration Flow oder global, Integration-Flow-übergreifend)

Die ENTRY ID kann beim Schreiben gesetzt werden (z. B. dynamisch), anderenfalls wird eine eindeutige ID vergeben.

Folgende Werte sind in diesem Kontext möglich:

- Message Header: `${header.headername}`
- Exchange Property: `${property.propertyname}`
- XPath: `${xpath.node}`

Alternativ kann auch die Laufzeitvariable »SapDataStoreId« zum Einsatz kommen.

Beim Lesen (Get) bzw. Löschen (Delete) wird die Entry ID entsprechend statisch oder dynamisch (als Header bzw. Property) veranschlagt.

Lesende Zugriffe erlauben auch das Löschen der Einträge aus dem Data Store (Delete On Completion, siehe Abbildung 4.79).

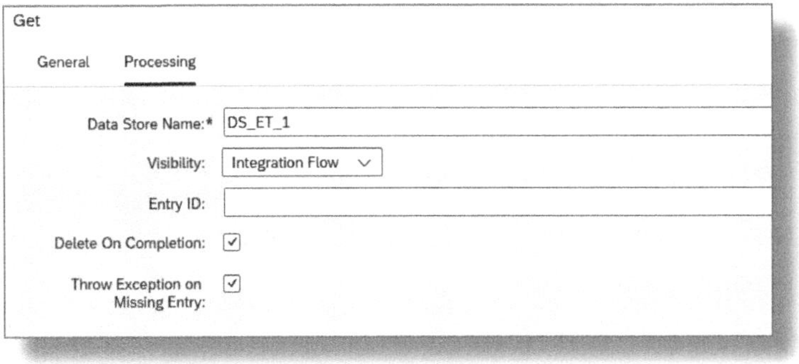

Abbildung 4.79: Data Store – GET

Das Löschen wird jedoch erst bestätigt (Commit), wenn die nachfolgenden Schritte im Integrationsprozess erfolgreich waren. Dies wird über das Transaktionsverhalten sichergestellt, das auf der Ebene des Integrationsprozesses konfiguriert wird (Required for JDBC). Wenn man den Eintrag direkt nach dem Lesen löschen möchte, muss das Transaction Handling deaktiviert werden (Not Required, siehe Abbildung 4.80).

Der Inhalt eines Data Store lässt sich auf dem Monitor anzeigen (siehe Abschnitt 7.4).

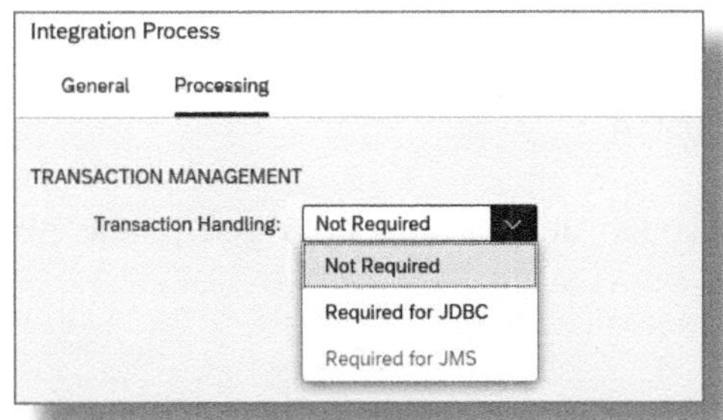

Abbildung 4.80: Transaktionsverhalten

4.6.3 Write Variables

Variables sind Werte, die man persistieren und ggf. über verschiedene Integration Flows hinweg teilen möchte. Da Header und Properties (pro Integration Flow) nur während der Laufzeit existieren, dient dieses Konzept der dauerhaften Persistierung bzw. der übergreifenden Bekanntmachung solcher Inhalte.

Das Schreiben dieser Werte erfolgt durch den Schritt WRITE VARIABLES. Als Quelle kann man, ähnlich wie beim Content Modifier (siehe Abschnitt 4.3.4), die in Abbildung 4.81 aufgelisteten Werte angeben: CONSTANT, EXPRESSION, HEADER, PROPERTY und XPATH.

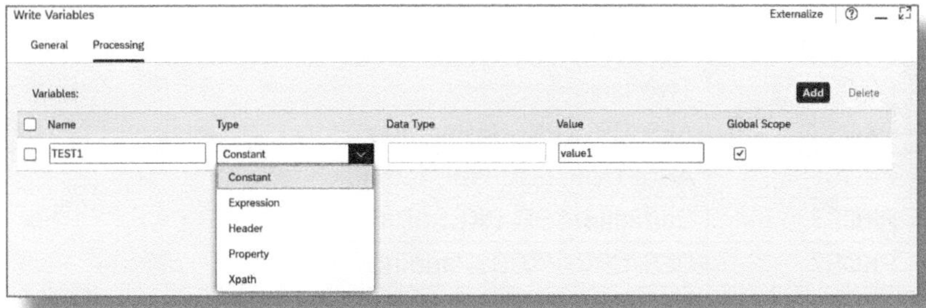

Abbildung 4.81: Write Variables

Das Auslesen der Variablen erfolgt typischerweise über den Content Modifier und versieht einen Header oder eine Property mit Inhalt. Variablen werden nur manuell gelöscht.

Der Inhalt der Variablen lässt sich am Monitor anzeigen (siehe Abschnitt 7.4).

4.7 Message Security

Auf der Ebene der Nachricht existiert (zusätzlich zur Authentifizierung, Rollenzuweisung oder Verschlüsselung der Kommunikation) die Möglichkeit, eine Nachricht selbst zu verschlüsseln oder zu signieren.

4.7.1 Encryptor und Decryptor

Mit *Encrypt* und *Decrypt* können Nachrichten verschlüsselt und entschlüsselt werden, wobei die in Tabelle 4.4 aufgelisteten Methoden mit Verschlüsselungsalgorithmen unterstützt werden:

Methode	Algorithmus
PGP	AES
PGP	Blowfish
PGP	CAST5
PGP	DESede
PGP	Twofish
PKCS7	AES/CBC/PKCS5Padding
PKCS7	ARCFOUR/ECB/NoPadding
PKCS7	Camellia/CBC/PKCS5Padding
PKCS7	DES/CBC/PKCS5Padding
PKCS7	DESede/CBC/PKCS5Padding
PKCS7	RC2/CBC/PKCS5Padding
PKCS7	CAST5/CBC/PKCS5Padding

Tabelle 4.4: Verschlüsselungsalgorithmen

PGP steht für »Pretty Good Privacy« und verwendet RSA-Schlüssel, PKCS#7/CMS bedeutet »Public-Key Cryptography Standards #7« bzw. »Cryptographic Message Syntax« und setzt X.509-Zertifikate ein, die wiederum streng hierarchisch aufgebaut sind.

Das Verschlüsseln erfolgt bei beiden Methoden mit einem Public Key, das Entschlüsseln mit einem Private Key.

4.7.2 Signer und Verifier

Mit *Signer* und *Verifier* lassen sich Nachrichten signieren bzw. signierte Nachrichten überprüfen. Folgende Methoden werden in diesem Zusammenhang unterstützt:

- SIMPLE SIGNER
- PKCS7/CMS SIGNER
- PKCS7/CMS VERIFIER
- XML DIGITAL SIGNER
- XML DIGITAL VERIFIER

Die Signaturalgorithmen sind vielfältig: von MD2/RSA über SHA/DSA bis hin zu SHA512/RSA.

Das Signieren erfolgt in beiden Fällen mithilfe eines Private Keys, das Überprüfen einer Signatur durch einen Public Key, d. h. genau umgekehrt zum Ver- bzw. Entschlüsseln.

4.7.3 XML Validator

Der *XML Validator* dient der Überprüfung von XML-Nachrichten hinsichtlich eines XML-Schemas (XSD), das hinterlegt werden kann. Wenn die Nachricht nicht gültig ist (z. B. strukturell oder inhaltlich), wird ein Fehler ausgewiesen.

Das Element kann z. B. bei eingehenden Nachrichten verwendet werden, um die Korrektheit der XML zu prüfen und die Annahme zu verweigern, wenn ein Fehler gefunden wurde.

4.8 Laufzeitvariablen

Während der Laufzeit eines Integration Flows existieren diverse Laufzeitvariablen. Neben den Message Headern und Exchange Parametern (siehe Abschnitt 3.3.4) sind systemeigene und adapterspezifische Variablen gegeben. Tabelle 4.5 enthält eine nützliche Auswahl, unterteilt nach nachrichtenspezifischen, systemeigenen und adapterspezifischen Variablen:

Name	Typ	Bedeutung
`${in.body} / ${body}`	Nachricht	Message Payload
`${header.var1}`	Nachricht	Message Header (var1)
`${property.prop1}`	Nachricht	Exchange Property (prop1)
`${header.SAP_MessageProcessingLogID}` `${property.SAP_MessageProcessingLogID}`	Nachricht	Nachrichten-ID
`${header.SAP_MplCorrelationId}` `${property.SAP_MplCorrelationId}`	Nachricht	Correlation ID
`${header.SAP_ApplicationID}`	Nachricht	Anwendungsspezifische ID
`${exception.message}`	System	Fehlernachricht
`${exception.stacktrace}`	System	Fehler: Stacktrace
`${date:now:yyyy-MM-dd}`	System	Aktuelles Datum bzw. aktueller Zeitstempel
`${header.CamelFileName}`	Adapter	Dateiname (SFTP-Adapter)
`${header.CamelDestinationOverrideUrl}`	Adapter	SOAP Adapter URL
`${header.CamelHttpUri}`	Adapter	HTTP URI (URL with QueryString)

Name	Typ	Bedeutung
`${header.SAP_DataStoreRetries}`	Adapter	XI Adapter: Anzahl Wiederholungen
`${header.CamelAggregatedCompletedBy}`	Aggregator	Beendendes Ereignis

Tabelle 4.5: Variablen

Eine besondere Erwähnung verdient die Header-Variable *SAP_ApplicationID*: Wird diese gesetzt (z. B. über den Content Modifier), kann im Monitoring danach gesucht werden. Genutzt wird sie, um z. B., vom Sender-System kommend, eine Cloud-Integration-Nachricht zu finden, wenn die ID des sendenden Systems bekannt ist. Dies kann z. B. die IDoc-Nummer aus einem SAP-System sein, aber auch der Dateiname eines SFTP-Adapters (*CamelFileName*).

5 Beispielszenario

Dieses Kapitel fügt einige der bisher erlernten Inhalte zusammen und wendet sie in einem Praxisbeispiel (Szenario) an. Hierbei werden Sie Währungskurse von einem Internetdienst abrufen und verarbeiten. In der Realität würden Sie die Kurse z. B. via Web Service an ein SAP-System senden, hier verschicken wir sie als E-Mail bzw. rufen eine API auf, die das Ergebnis direkt zurückgibt.

5.1 Überblick

Das Szenario **Währungskurse** sieht wie folgt aus:

1. Die Schnittstelle (SAP Cloud Integration Flow) wird vom Sender-System durch einen SOAP-Aufruf gestartet. Der Einfachheit halber wird dies über einen *Postman*-Aufruf simuliert. Der Sender übermittelt eine Liste von Fremdwährungen im XML-Format, die abgefragt werden sollen.
2. Der iFlow fragt via HTTP-Aufruf einen Dienst der Europäischen Zentralbank (EZB) ab und ermittelt alle zum Euro verfügbaren Währungskurse.
3. Die Liste der Währungskurse wird anhand der angeforderten Währungen gefiltert, zusammengefasst und via E-Mail an einen Empfänger gesendet.

Die Integration Patterns in diesem Szenario sind:

- Start Message Event
- End Message Event
- Start Event
- End Event
- Timer Start Event
- SOAP-Adapter

- HTTP-Adapter
- Mail-Adapter
- Content Modifier
- Groovy-Skript
- XSLT Mapping
- Request Reply
- Filter
- Router
- Multicast
- Join
- Splitter
- Gather
- Data Store
- Process Call

Das fertige Integration Package steht Ihnen unter folgender URL zur Verfügung: *https://github.com/whint/et-cpi-de.*

5.2 Umsetzung

Zunächst legen Sie ein Integration Package an (siehe Abbildung 5.1).

Abbildung 5.1: Integration Package anlegen

Anschließend erstellen Sie gemäß Abbildung 5.2 einen Integration Flow.

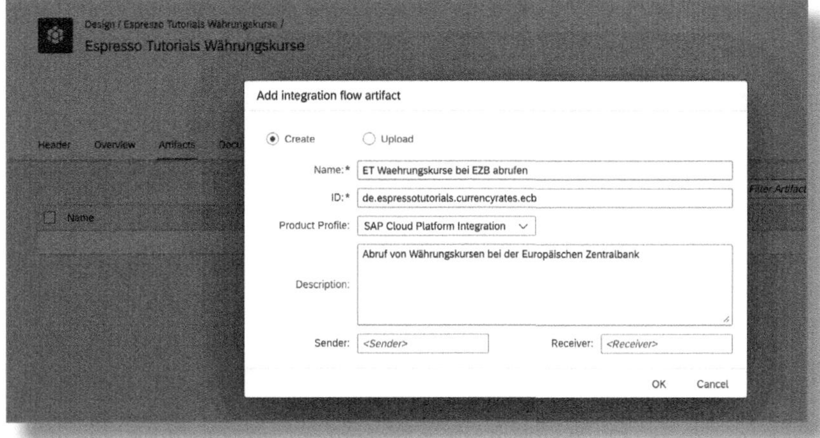

Abbildung 5.2: Integration Flow anlegen

Benennen Sie den Sender um (»Postman«), verbinden Sie ihn mit dem *Start Message Event* und konfigurieren Sie die CONNECTION DETAILS (siehe Abbildung 5.3).

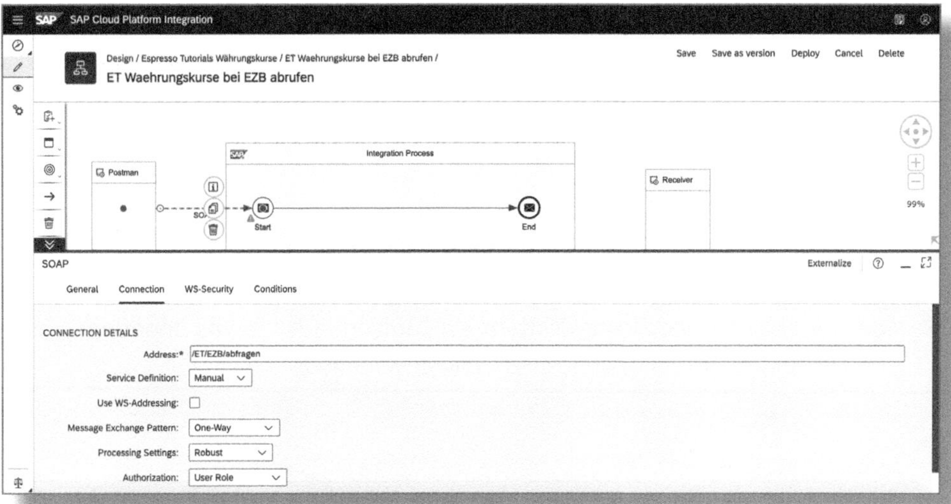

Abbildung 5.3: SOAP-Sender konfigurieren

Als Nächstes rufen Sie den Dienst bei der EZB auf. Damit Sie die ursprüngliche Nachricht behalten, speichern Sie Teile des Inhalts der vom Postman gesendeten Nachricht in Message Headern (*Currency1* und *Currency2*). Dies erfolgt über den CONTENT MODIFIER mithilfe eines XPath-Zugriffs (siehe Abbildung 5.4).

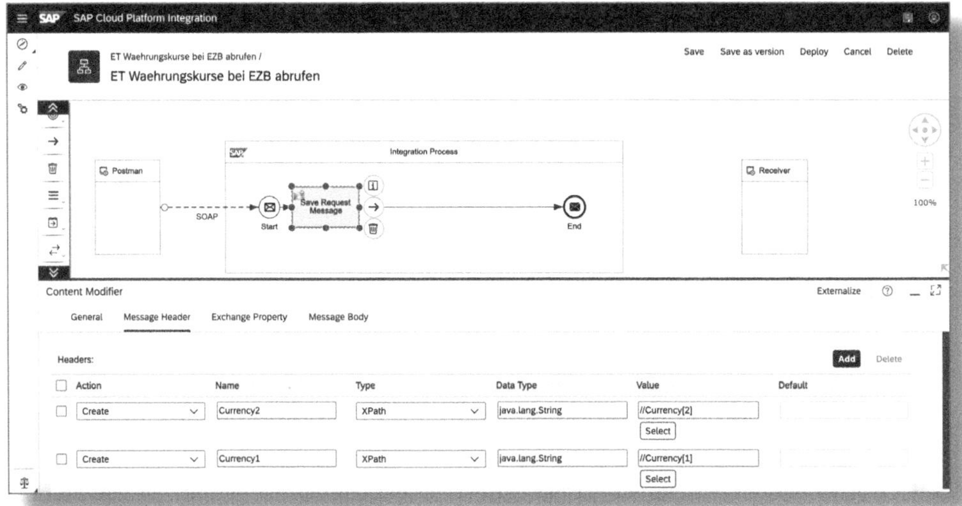

Abbildung 5.4: Content Modifier konfigurieren

! Data Type bei Headern mit XPath

Beim Setzen eines MESSAGE HEADERS vom Typ XPATH müssen Sie immer einen DATA TYPE angeben (hier: `java.lang.String`).

Nun können Sie den Aufruf über REQUEST REPLY und einen Empfänger-Adapter durchführen. Legen Sie dazu einen RECEIVER an (EZB), fügen Sie das REQUEST-REPLY-Pattern ein und verbinden Sie es über den HTTP-Adapter mit dem Empfänger (siehe Abbildung 5.5).

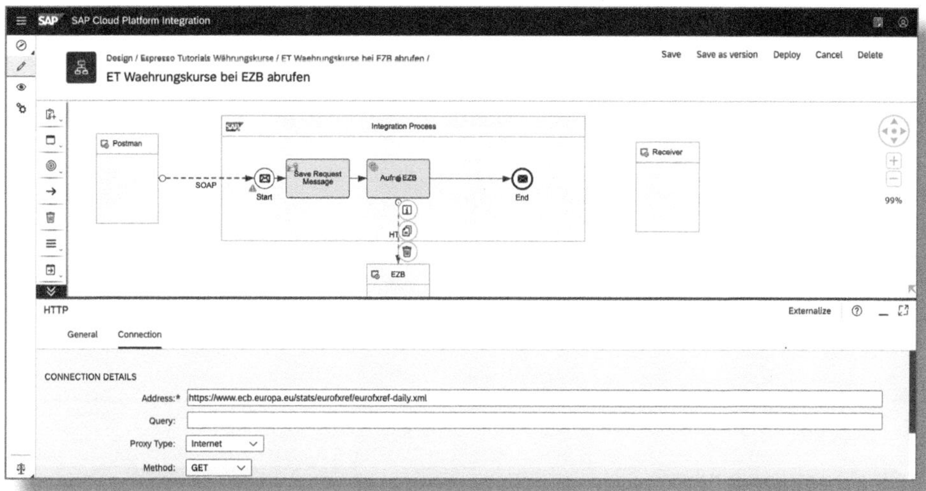

Abbildung 5.5: Request Reply und HTTP-Adapter konfigurieren

Als Zieladresse (ADDRESS) geben Sie `https://www.ecb.europa.eu/stats/eurofxref/eurofxref-daily.xml` ein und wählen GET als METHOD. Als AUTHENTICATION nutzen Sie NONE, da hier keine Authentifizierung durchgeführt werden muss. Um sich das XML-Dokument anzeigen zu lassen, das der Dienst liefert, rufen Sie die Adresse im Browser auf (z. B. Google Chrome, siehe Abbildung 5.6).

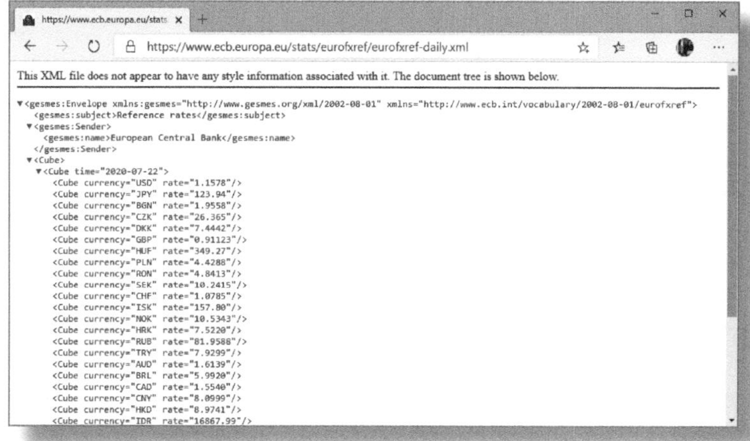

Abbildung 5.6: EZB-Service im Browser aufrufen

Jetzt filtern Sie das Ergebnis, indem Sie es auf die notwendigen XML-Elemente <Cube> einschränken (siehe Abbildung 5.7).

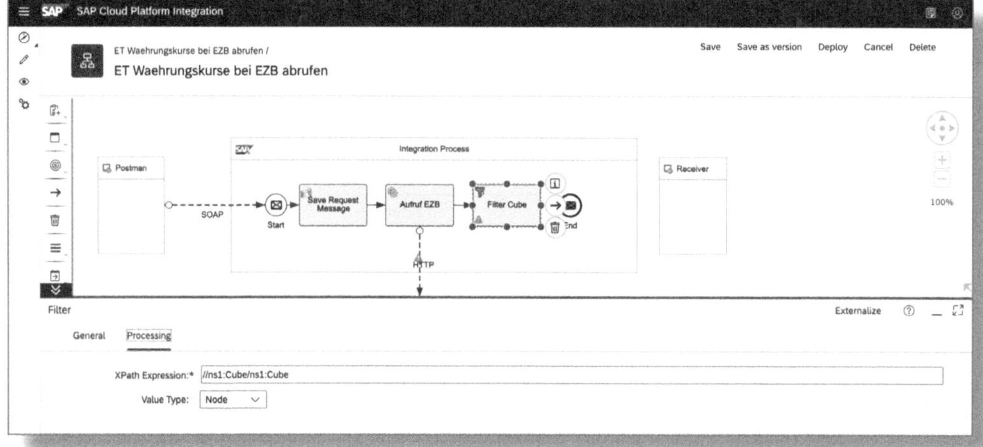

Abbildung 5.7: Filterelement einsetzen

Damit der Filter das Element auflösen kann, müssen Sie den XML-Namensraum deklarieren. Fügen Sie dazu den Eintrag *xmlns:ns1=http://www.ecb.int/vocabulary/2002-08-01/eurofxref* unter RUNTIME CONFIGURATION (NAMESPACE MAPPING) ein, indem Sie auf den Hintergrund des iFlows klicken (siehe Abbildung 5.8).

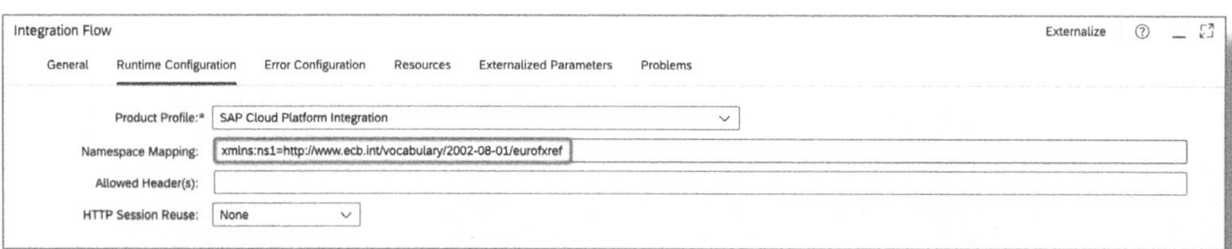

Abbildung 5.8: XML Namespace Mapping

Anschließend stellen wir den iFlow zum ersten Mal bereit, um zu prüfen, ob der Aufruf grundsätzlich funktioniert. Wählen Sie SAVE AS VERSION und anschließend DEPLOY. Der iFlow erscheint unter MONITOR •

MANAGE INTEGRATION CONTENT mit dem Status *Started* (siehe Abbildung 5.9).

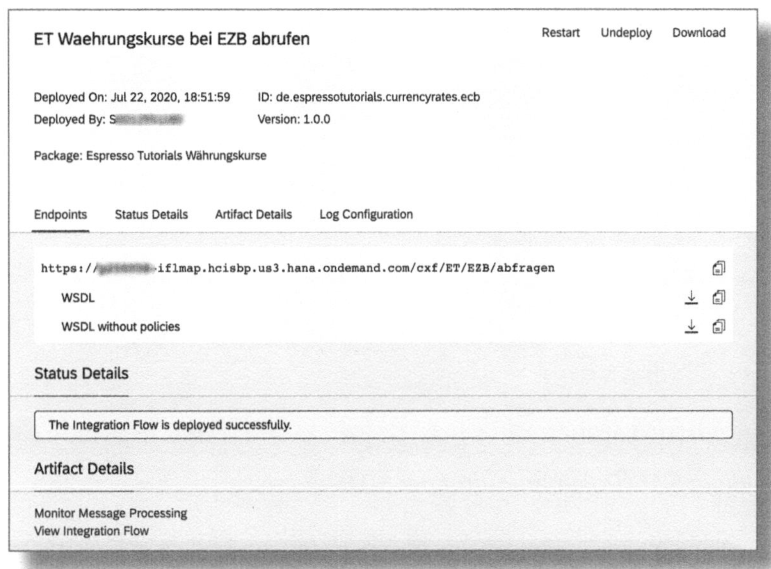

Abbildung 5.9: Deployment des iFlows überprüfen

Der erste Aufruf mit dem Postman erfolgt über die URL des bereitgestellten iFlows. Geben Sie das Coding aus Listing 5.1 für den POST an, um die Daten zu übermitteln (siehe Abbildung 5.10).

```
<soap:Envelope xmlns:soap="http://schemas.xmlsoap.org/soap/
envelope/">
    <soap:Body>
        <Request>
            <Currency>JPY</Currency>
            <Currency>USD</Currency>
        </Request>
    </soap:Body>
</soap:Envelope>
```

Listing 5.1: Request Message

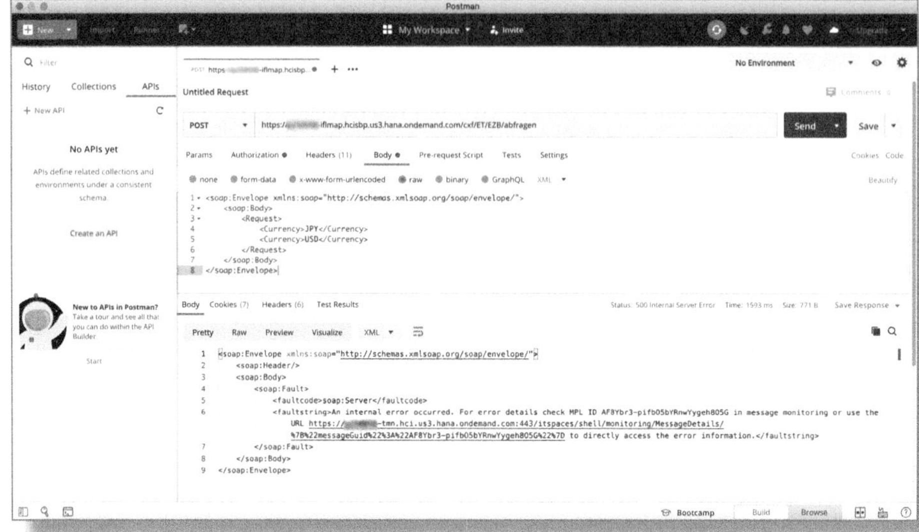

Abbildung 5.10: Postman-Aufruf der SOAP-Adresse

Es wird eine Fehlermeldung angezeigt, die hier nicht weiter spezifiziert wird. Um herauszufinden, an welcher Stelle der Fehler aufgetreten ist, schauen Sie im Message Monitor nach (siehe Abbildung 5.11).

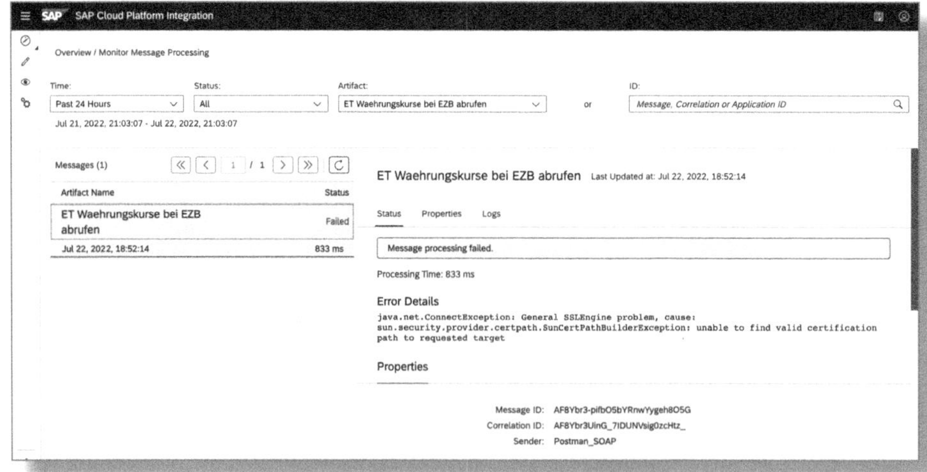

Abbildung 5.11: Fehlersuche im Message Monitor

Unter ERROR DETAILS finden Sie die Fehlermeldung. In diesem Fall tritt der Fehler beim Aufruf des EZB-Services auf, wie beim Klick auf den LOG ersichtlich wird (siehe Abbildung 5.12).

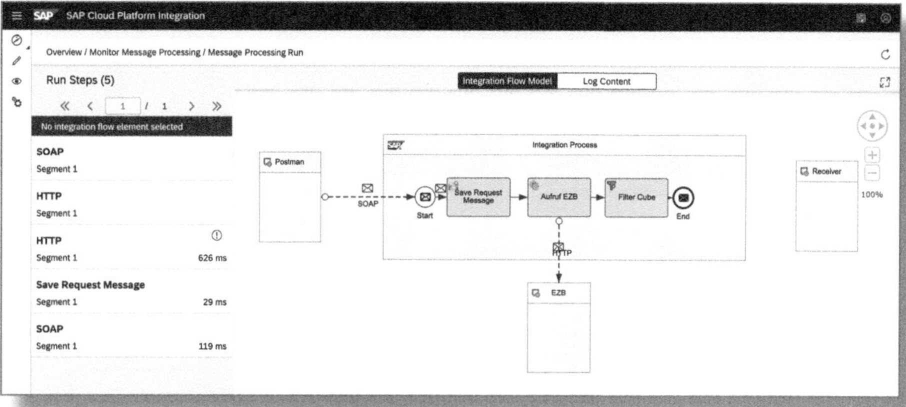

Abbildung 5.12: Fehlerdetails im Log

Die folgende Fehlermeldung besagt, dass keine SSL-Verbindung zum Server hergestellt werden kann, weil kein gültiger Pfad zum Ziel gefunden wurde:

```
java.net.ConnectException: General SSLEngine problem, cause:
sun.security.provider.certpath.SunCertPathBuilderException:
unable to find valid certification path to requested target
```

Um das Problem zu beheben, führen Sie einen Connectivity-Test durch (MONITOR • MANAGE SECURITY). Wenn Sie als Ziel *www.ecb.europa.eu* eingeben, sehen Sie dieselbe Fehlermeldung (siehe Abbildung 5.13).

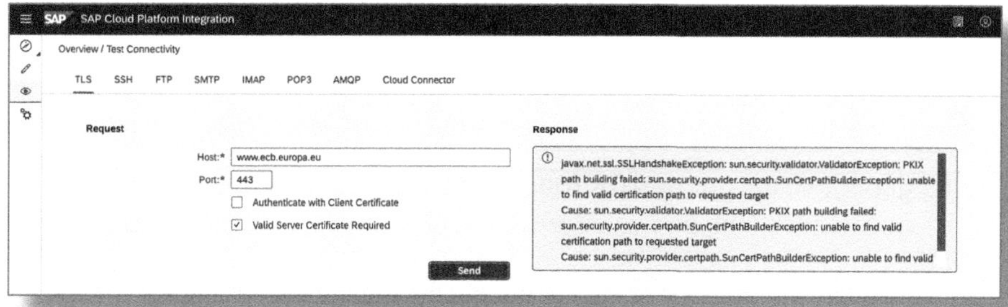

Abbildung 5.13: Connectivity-Test mit Fehler

Sobald Sie VALID SERVER CERTIFICATE REQUIRED deselektieren, wird die Zertifikatskette angezeigt und zum Download angeboten (siehe Abbildung 5.14).

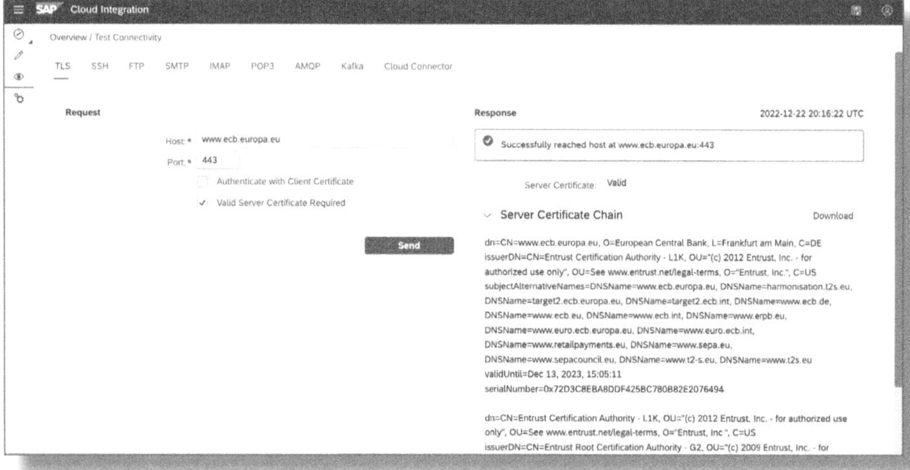

Abbildung 5.14: Connectivity-Test mit Zertifikatskette

Laden Sie die Zertifikatskette herunter und importieren Sie das Rootzertifikat (*Certification Authority, kurz CA*) in den KEYSTORE unter MONITOR • MANAGE SECURITY (siehe Abbildung 5.15).

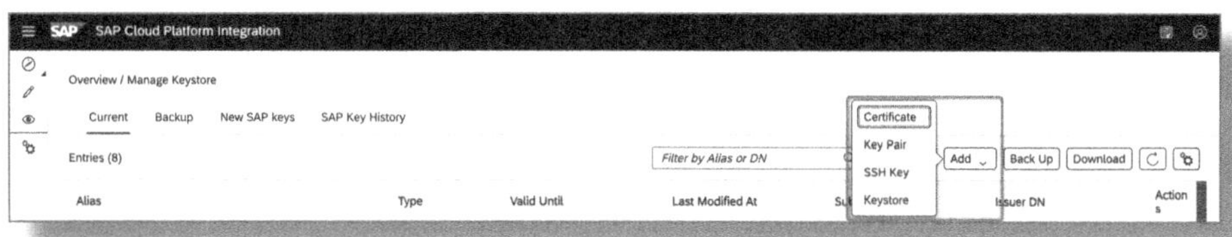

Abbildung 5.15: Zertifikat importieren

> **Zertifikatsimport**
>
> Es genügt völlig, nur das CA (oder die CAs) zu importieren. Das eigentliche Zertifikat, das von der CA signiert wurde, wird nicht benötigt.

Wenn Sie jetzt den Connectivity-Test noch einmal durchführen, erhalten Sie ein positives Ergebnis (siehe Abbildung 5.16).

Abbildung 5.16: Erfolgreicher Connectivity-Test

Der erneute Aufruf des iFlows vom Postman sollte nun ein positives Ergebnis anzeigen, d. h., der HTTP-Status weist *202 Accepted* aus (siehe Abbildung 5.17).

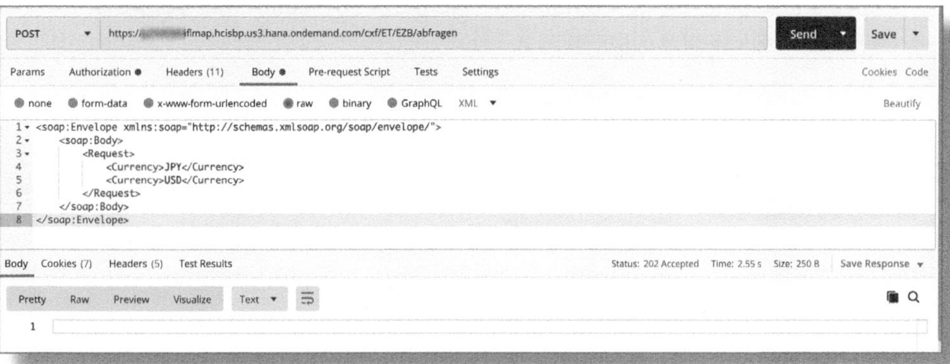

Abbildung 5.17: Erfolgreicher Postman-Aufruf

Im Message Monitor sehen Sie die Nachricht. Wenn Sie den Trace aktivieren und den Aufruf ein weiteres Mal durchführen, können Sie auch die einzelnen Verarbeitungsschritte samt Message Payload (z. B. Header und Body) nachvollziehen (siehe Abbildung 5.18).

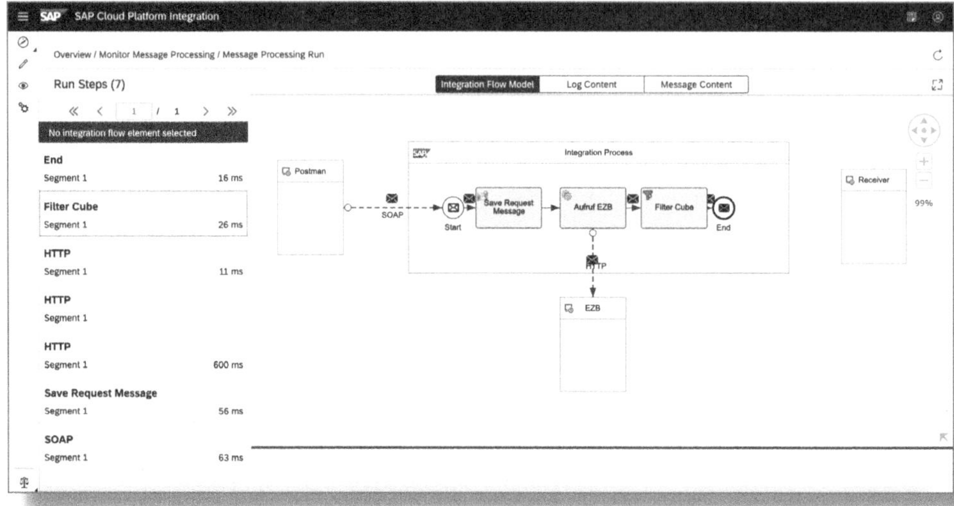

Abbildung 5.18: Message Monitor Trace – Überblick

Wählen Sie den Schritt FILTER CUBE aus, selektieren Sie MESSAGE CONTENT und Sie sehen den Inhalt der Nachricht zu Beginn des Verarbeitungsschritts (siehe Abbildung 5.19).

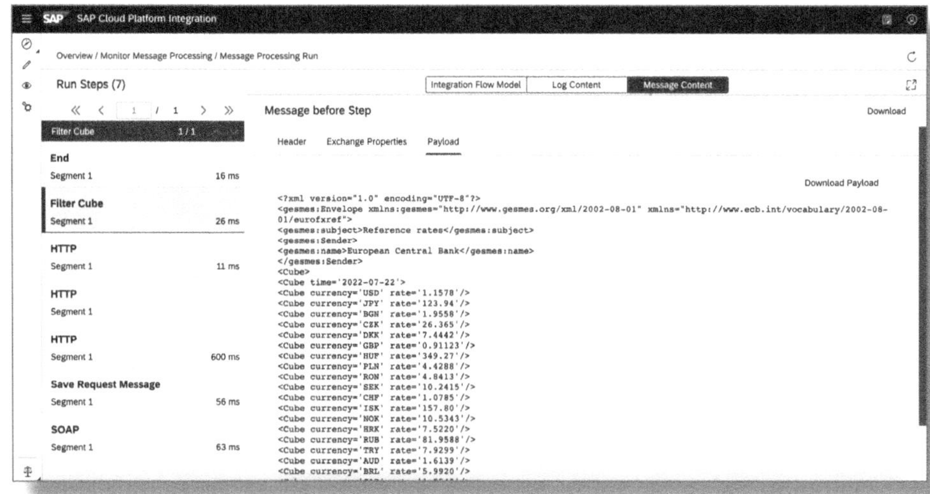

Abbildung 5.19: Message Monitor Trace – Payload

Als Nächstes erweitern wir den iFlow um einen Splitter, der die Verarbeitung der einzelnen Währungskurse vornimmt. Damit wir den Kontext erhalten (nämlich alle Elemente über dem eigentlich ausgewählten XML-Knoten), verwenden Sie den General Splitter (siehe Abbildung 5.20).

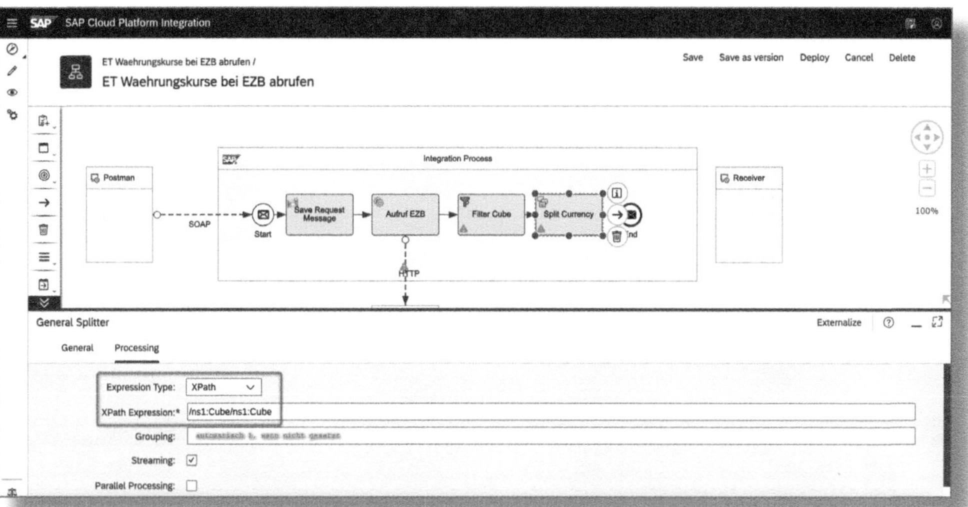

Abbildung 5.20: General Splitter

Anschließend entfernen Sie alle nicht benötigten Währungskurse, indem Sie den aktuell im Splitter verarbeiteten Wert mit dem angefragten Währungskurs vergleichen. Dazu setzen Sie zunächst die aktuelle Währung als MESSAGE HEADER (*ECB_Currency*) über einen CONTENT MODIFIER (siehe Abbildung 5.21).

Der Vergleich erfolgt über einen ROUTER. Fügen Sie diesen und ein END EVENT ein, das Sie als DEFAULT ROUTE deklarieren (siehe Abbildung 5.22).

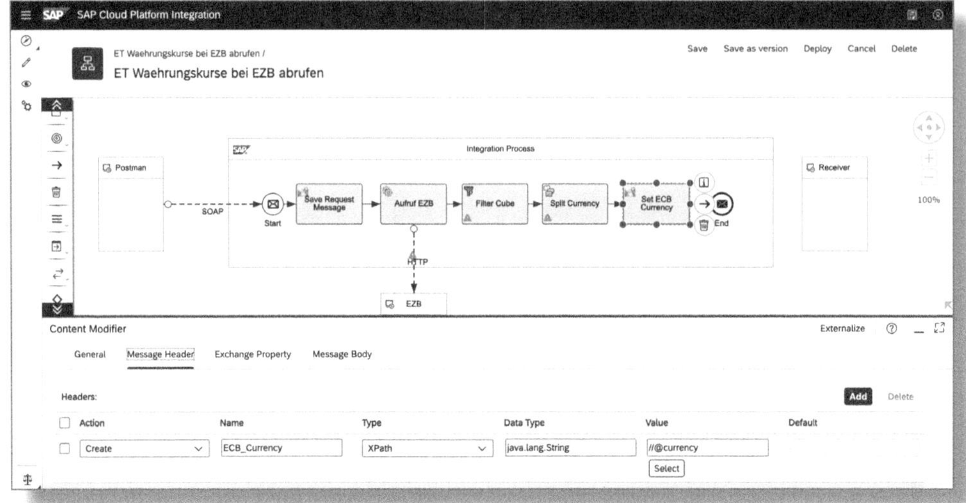

Abbildung 5.21: Setzen der EZB-Währung mit Content Modifier

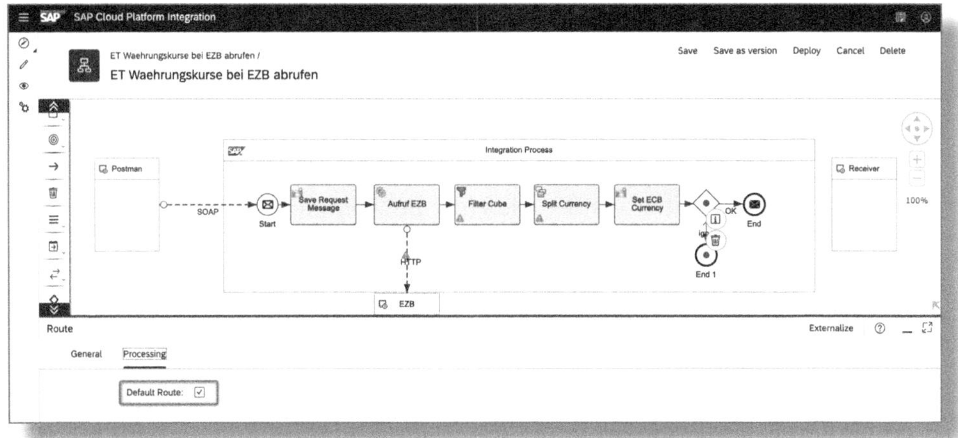

Abbildung 5.22: Default Route mit End Event

Die Verarbeitung soll demnach dann fortgesetzt werden (OK-Route), wenn folgende Bedingung erfüllt ist: Der Header *ECB_Currency* entspricht entweder dem Header *Currency1* oder *Currency2* (siehe Abbildung 5.23).

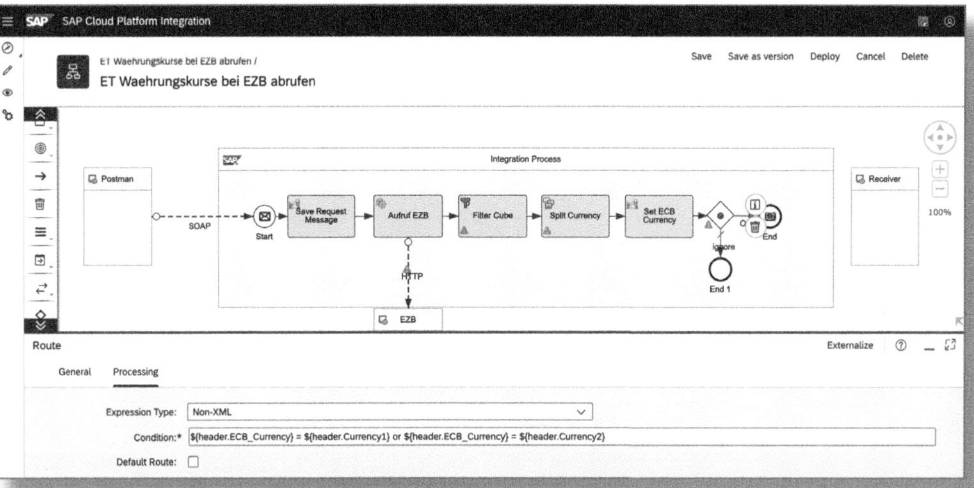

Abbildung 5.23: Route mit Non-XML-Bedingung

Zuletzt werden die durch den Splitter einzeln verarbeiteten Währungskurse wieder zusammengefügt. Dies erfolgt über den Data Store und das Write-Element. Wählen Sie als Data Store *ECB* und lassen Sie die Entry ID frei (siehe Abbildung 5.24).

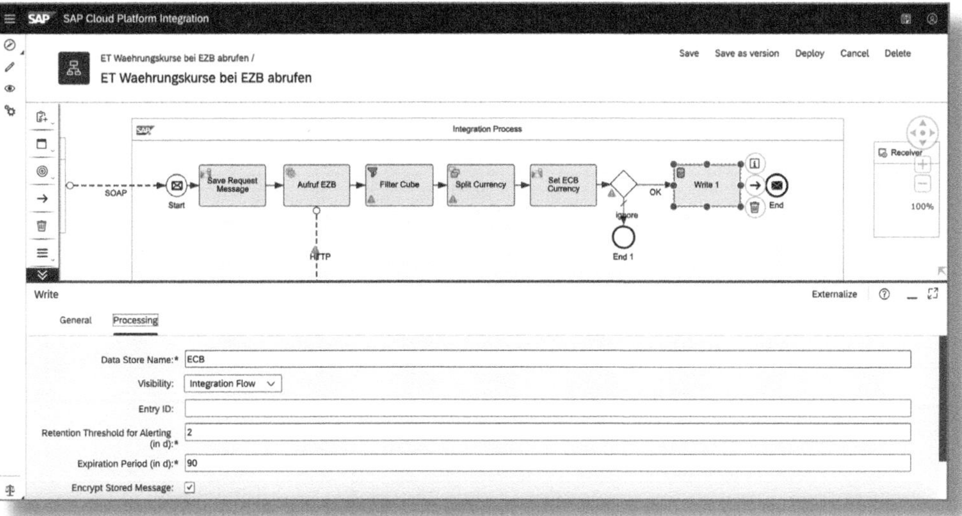

Abbildung 5.24: Speichern im Data Store

Das Abholen der Nachrichten aus dem Data Store erfolgt über einen separaten Integrationsprozess. Legen Sie einen solchen an und vergeben Sie einen sprechenden Namen (z. B. *Read Datastore*). Wählen Sie einen TIMER START *Event* aus und konfigurieren den SCHEDULER auf SCHEDULE TO RECUR mit EVERY 1 MIN (siehe Abbildung 5.25).

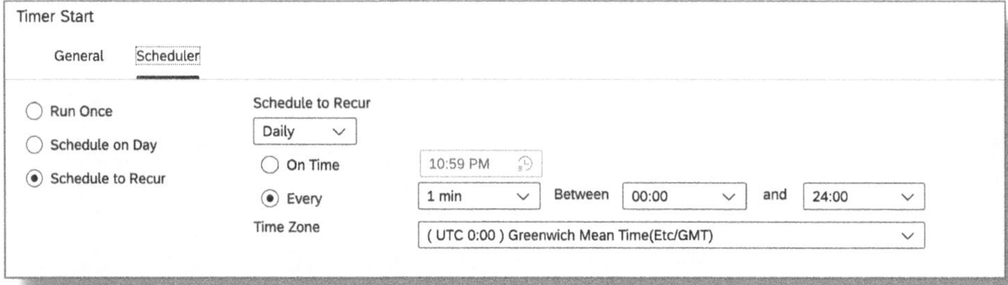

Abbildung 5.25: Timer Start Event

Fügen Sie die DATA STORE-Operation SELECT ein und wählen Sie denselben Data Store aus (z. B. *ECB*, siehe Abbildung 5.26).

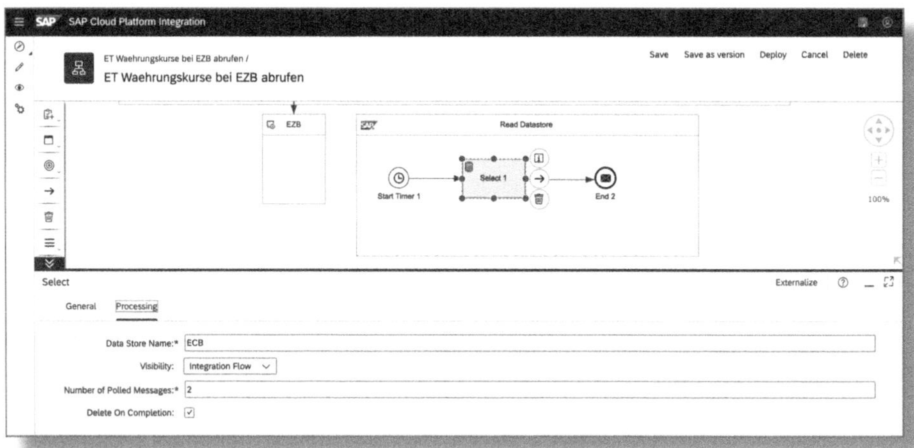

Abbildung 5.26: Lesen des Data Store

Zuletzt wird die Nachricht konvertiert und via E-Mail an einen oder mehrere Empfänger versendet. Dazu legen Sie zunächst ein XSLT

MAPPING an, das die Währungskurse in ein lesbares Format konvertiert (siehe Abbildung 5.27).

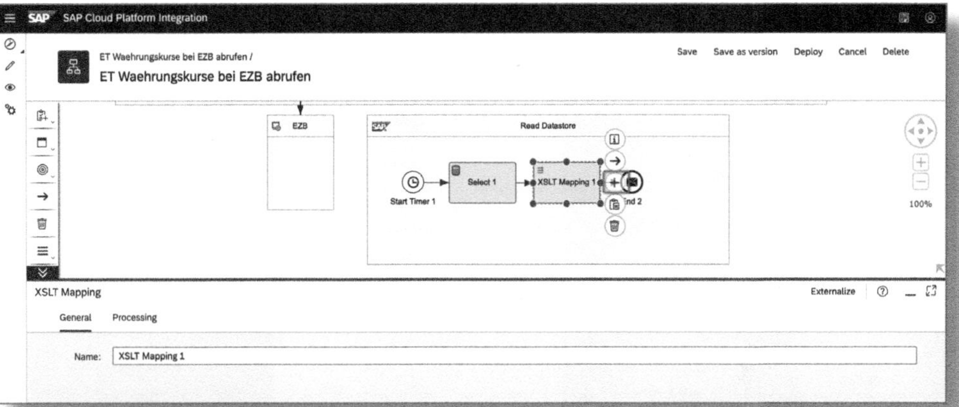

Abbildung 5.27: XSLT Mapping anlegen

Fügen Sie das Programm aus Listing 5.2 ein, um die Konvertierung durchzuführen:

```
<?xml version="1.0" encoding="UTF-8"?>
<xsl:stylesheet version="3.0" xmlns:xsl="http://www.
w3.org/1999/XSL/Transform" xmlns:ns1="http://www.ecb.int/
vocabulary/2002-08-01/eurofxref">
 <xsl:output method="text"/>
 <xsl:template match="/">
  <xsl:text>Euro Currency Rates of </xsl:text>
  <xsl:value-of select="//message[1]/ns1:Cube/@time"/>
  <xsl:text>: &#xD;</xsl:text>
  <xsl:for-each select="//message/ns1:Cube">
   <xsl:value-of select="ns1:Cube/@currency"/>
   <xsl:text>: </xsl:text>
   <xsl:value-of select="ns1:Cube/@rate"/>
   <xsl:text>&#xD;</xsl:text>
  </xsl:for-each>
 </xsl:template>
</xsl:stylesheet>
```

Listing 5.2: XSLT-Mapping

Zuletzt senden wir das Ergebnis als E-Mail (via Gmail) an einen Empfänger. Dazu verbinden wir das MESSAGE END EVENT mit dem RECEIVER und wählen als ADAPTER TYPE *Mail* aus (siehe Abbildung 5.28).

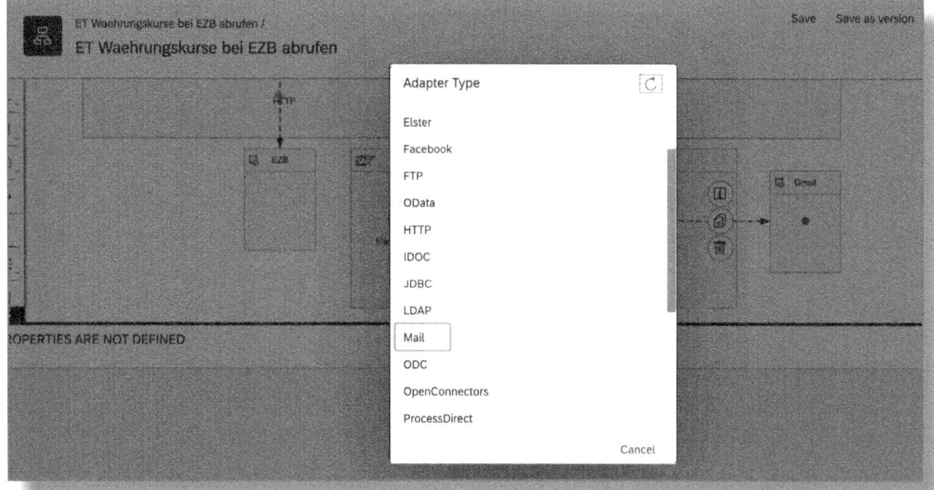

Abbildung 5.28: Mail-Adapter auswählen

Sie benötigen zu diesem Zweck ein Gmail-Konto, das Sie kostenlos anlegen können. Alternativ verwenden Sie den E-Mail-Anbieter Ihrer Wahl.

Die Konfiguration des Mail-Adapters erfolgt über nachstehende Parameter (CONNECTION DETAILS, siehe Abbildung 5.29):

- ADDRESS: `smtp.gmail.com:465`
- PROTECTION: `SMTPS`
- AUTHENTICATION: `Plain User/Password`
- CREDENTIAL NAME: Geben Sie hier das USER CREDENTIAL Ihres Gmail-Benutzers ein, das Sie zuvor bereitgestellt haben

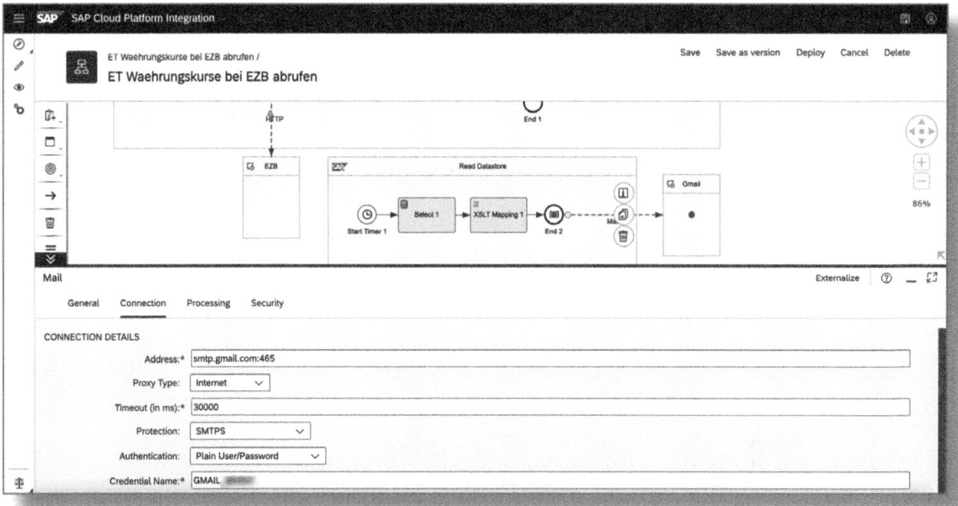

Abbildung 5.29: Mail-Adapter Connection

Unter PROCESSING geben Sie Informationen wie z. B. Absender, Empfänger und Betreff an (siehe Abbildung 5.30).

Abbildung 5.30: Mail-Adapter Processing

Führen Sie ein erneutes Deployment des iFlows durch und senden Sie die XML-Nachricht über den Postman. Falls Sie im MESSAGE MONITOR eine Fehlermeldung bzgl. SSL erhalten (siehe Abbildung 5.31), führen

Sie einen Connectivity-Test mit dem SMTP-Server durch und deployen Sie die notwendigen Zertifikate, wie bereits bei der HTTP-URL der EZB. Gegebenenfalls müssen Sie den Zugriff auf Ihr Google-Konto explizit erlauben.

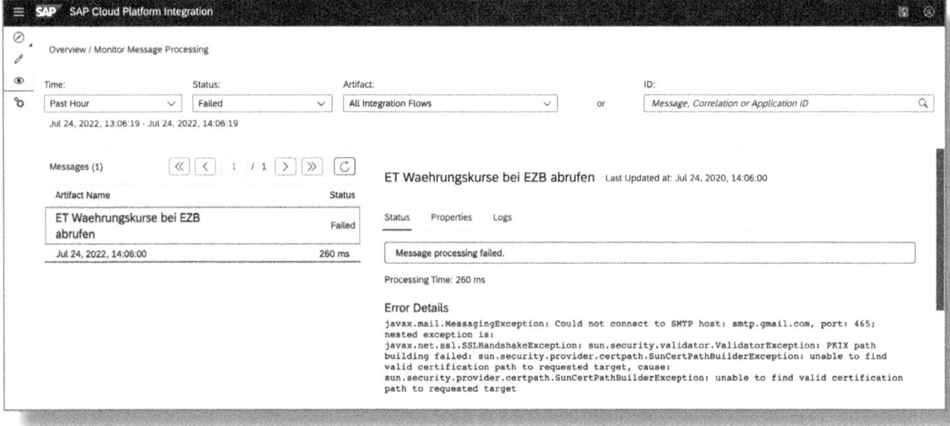

Abbildung 5.31: SSL-Fehler bei SMTPS-Kommunikation

Nachdem die Kommunikation mit dem E-Mail-Server hergestellt wurde, sollten Sie eine elektronische Nachricht erhalten (siehe Abbildung 5.32).

Abbildung 5.32: E-Mail-Empfang

Im MESSAGE MONITOR sehen Sie für den Aufruf vom Postman sowie pro Polling über den START TIMER eine Nachricht. Sie stellen fest, dass nun auch bei leerem Data Store eine E-Mail (ohne Währungskurse) versendet wird. Dies können Sie umgehen, indem Sie nach erfolgtem Data Store SELECT eine Prüfung auf die Existenz des XML-Tags `<message>` hinzufügen (siehe Abbildung 5.33).

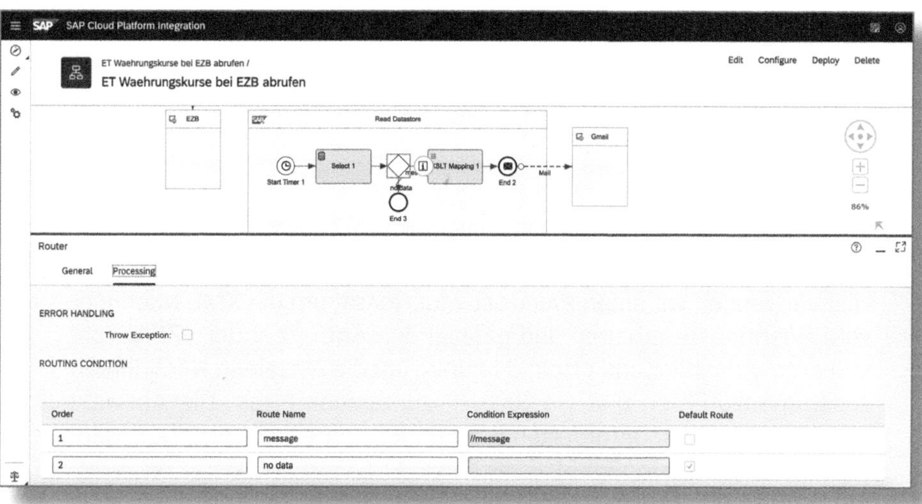

Abbildung 5.33: Router-Bedingungen

> **👉 Platz im iFlow schaffen**
>
> Bei ROUTER, JOIN und MULTICAST empfiehlt es sich, die Bezeichnung zu entfernen, um Platz zu schaffen, sodass die einzelnen Routen sinnvoll beschriftet werden können.

5.3 Implementierung einer Variante

Unser Beispielszenario ist nun vollständig. Damit Sie erkennen, dass mehr als eine Möglichkeit existiert, wie es umgesetzt werden kann, kopieren Sie es zunächst und vereinfachen den Ablauf (siehe Abbildung 5.34).

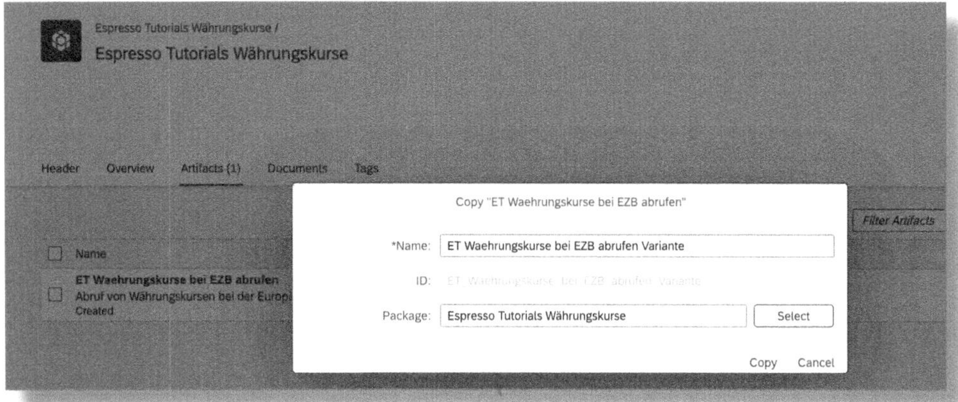

Abbildung 5.34: Integration Flow kopieren

Hier verwenden wir einen PARALLEL MULTICAST, um die XML-Nachricht vom Postman zu erhalten und parallel den Aufruf bei der EZB durchzuführen. Anschließend erfolgt ein JOIN, um die einzelnen Nachrichten zusammenzuführen und via GATHER zu verschmelzen. Die Auswahl (das Filtern) der angeforderten Währungskurse erfolgt im XSLT Mapping (siehe Abbildung 5.35).

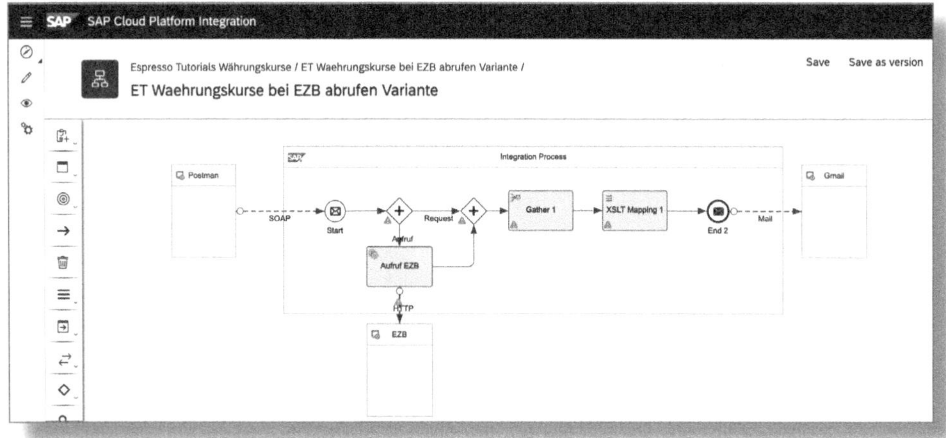

Abbildung 5.35: Vereinfachter iFlow

Verwenden Sie das XSLT-Programm aus Listing 5.3, um die vom Postman gesendete XML-Nachricht zur Selektion der Daten der XML der EZB zu nutzen.

```
<?xml version="1.0" encoding="UTF-8"?>
<xsl:stylesheet version="3.0" xmlns:xsl="http://www.
w3.org/1999/XSL/Transform" xmlns:ns1="http://www.ecb.int/
vocabulary/2002-08-01/eurofxref">
 xsl:output method="text"/>
 <xsl:template match="/">
  <xsl:text>Euro Currency Rates of </xsl:text>
  <xsl:value-of select="//ns1:Cube/@time"/>
  <xsl:text>: &#xD;</xsl:text>
  <xsl:for-each select="//Request/Currency">
   <xsl:variable name="ReqCurr" select="."/>
   <xsl:for-each select="//ns1:Cube/ns1:Cube/↩
ns1:Cube[@currency=$ReqCurr]">
    <xsl:value-of select="@currency"/>
    <xsl:text>: </xsl:text>
    <xsl:value-of select="@rate"/>
    <xsl:text>&#xD;</xsl:text>
   </xsl:for-each>
  </xsl:for-each>
 </xsl:template>
</xsl:stylesheet>
```

Listing 5.3: XSLT Mapping für die Selektion der Währungskurse

Bevor Sie den iFlow deployen, müssen Sie die SOAP-Adresse anpassen, da diese pro Tenant eindeutig ist und bereits durch unseren ersten iFlow verwendet wird. Fügen Sie `/variante` am Ende hinzu (siehe Abbildung 5.36) und nutzen Sie diese Adresse beim Aufruf aus dem Postman (siehe Abbildung 5.37).

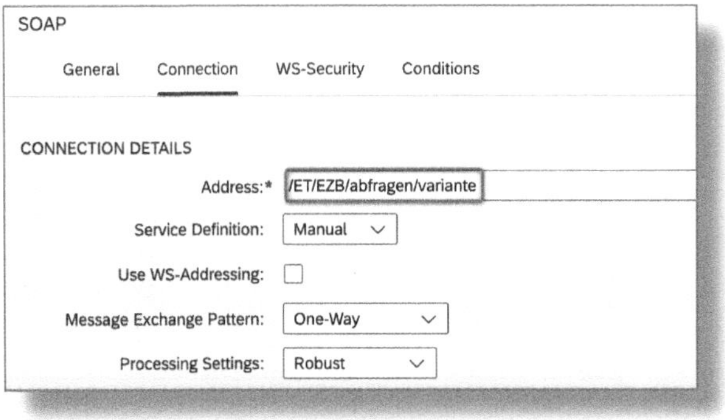

Abbildung 5.36: SOAP-Adresse anpassen

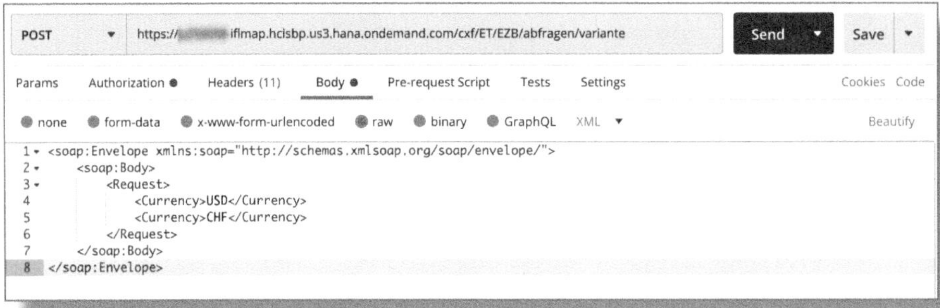

Abbildung 5.37: Postman-Aufruf der SOAP-Variante

Der Aufruf aus dem Postman hat jetzt direkt den Versand der E-Mail zur Folge, d. h., es erfolgt keine via TIMER zeitgesteuerte Verarbeitung wie im ursprünglichen Beispielszenario.

Zuletzt fügen wir dem iFlow eine Option hinzu, um die Daten synchron via HTTP-GET abzufragen. Legen Sie dazu einen zweiten Integrationsprozess an, der ein Start Message Event vom Postman-Sender via HTTP-Adapter verbindet (siehe Abbildung 5.38).

Als Adresse verwenden Sie den gleichen Alias wie beim SOAP-Adapter. Die angeforderte Währung soll dieses Mal als HTTP-Header (*currency*) und nicht als XML-Nachricht übermittelt werden. Um HTTP-Header zu akzeptieren, müssen Sie diese auf der iFlow-Ebene ausweisen (siehe Abbildung 5.39).

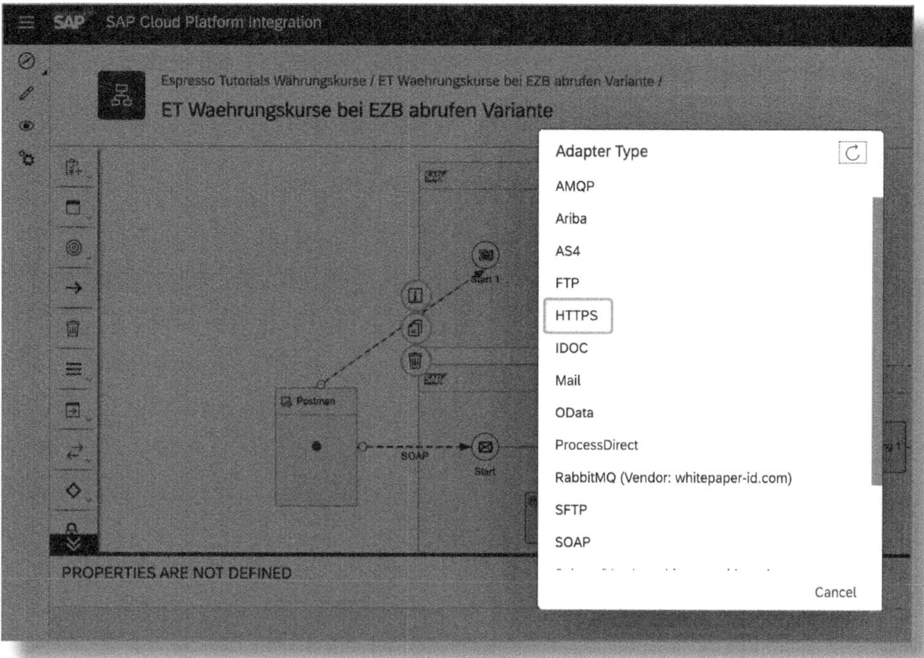

Abbildung 5.38: HTTP-Sender hinzufügen

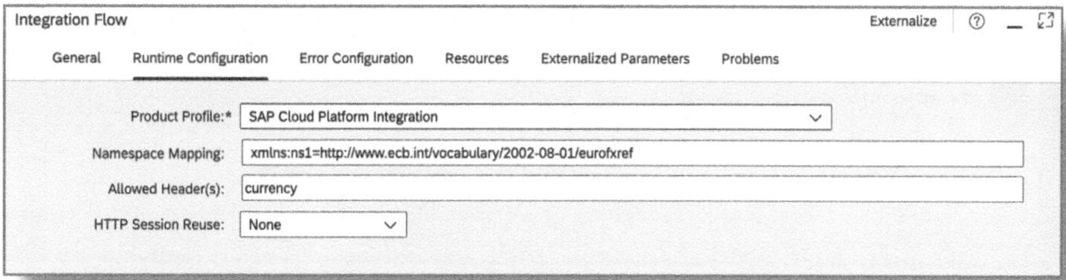

Integration Flow | Externalize

General | Runtime Configuration | Error Configuration | Resources | Externalized Parameters | Problems

Product Profile:* SAP Cloud Platform Integration

Namespace Mapping: xmlns:ns1=http://www.ecb.int/vocabulary/2002-08-01/eurofxref

Allowed Header(s): currency

HTTP Session Reuse: None

Abbildung 5.39: HTTP-Header erlauben

Damit der Aufruf des EZB-Service nicht erneut implementiert werden muss, modularisieren Sie diesen in einem lokalen Integrationsprozess. Da dieser jedoch eine XML-Nachricht erwartet, erzeugen Sie diese über einen CONTENT MODIFIER (siehe Abbildung 5.40).

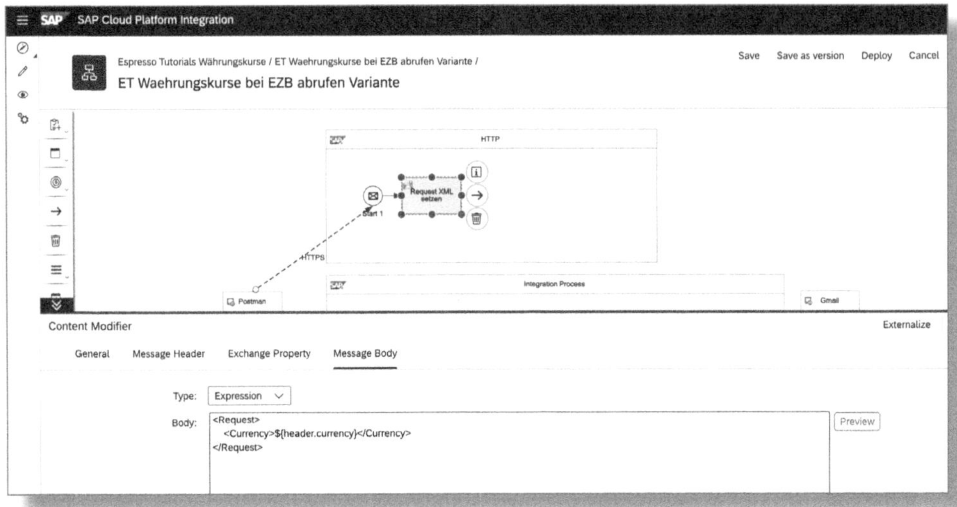

Abbildung 5.40: Request-XML erzeugen

Übertragen Sie alle für den Aufruf und das Mapping relevanten Elemente in einen lokalen Integrationsprozess und rufen Sie diesen von den Hauptintegrationsprozessen aus über PROCESS CALL auf (siehe Abbildung 5.41).

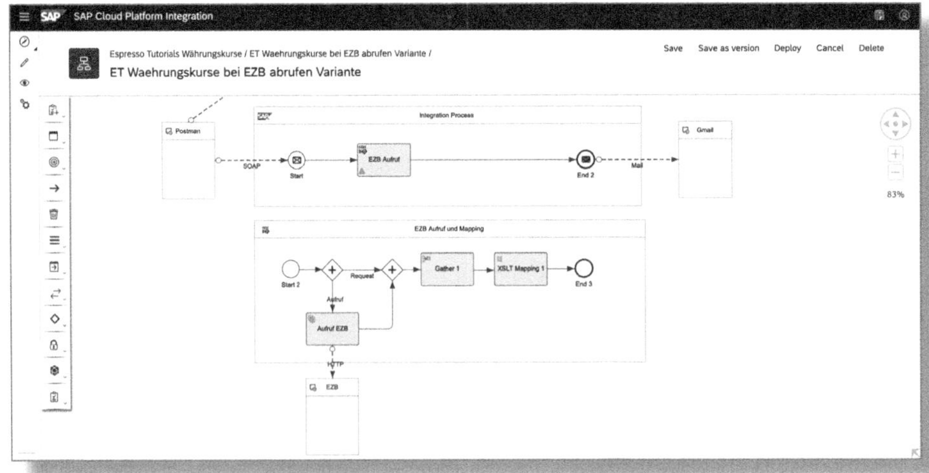

Abbildung 5.41: Verwendung eines lokalen Integrationsprozesses

Der bereitgestellte iFlow ist nun über zwei Adressen (ENDPOINTS) aufrufbar (siehe Abbildung 5.42).

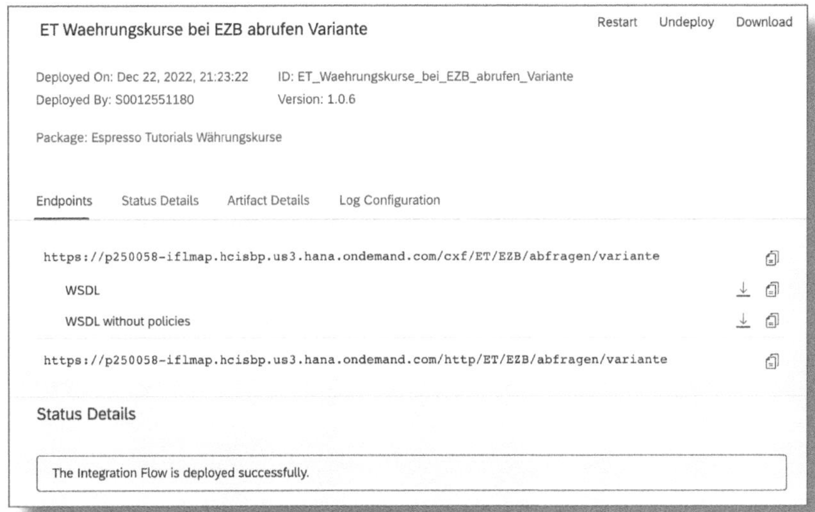

Abbildung 5.42: Integration Flow mit zwei Endpunkten

Der Aufruf aus dem Postman verwendet die HTTP-URL des HTTPS-Adapters und übergibt den Header »currency« mit einem Wert (siehe Abbildung 5.43).

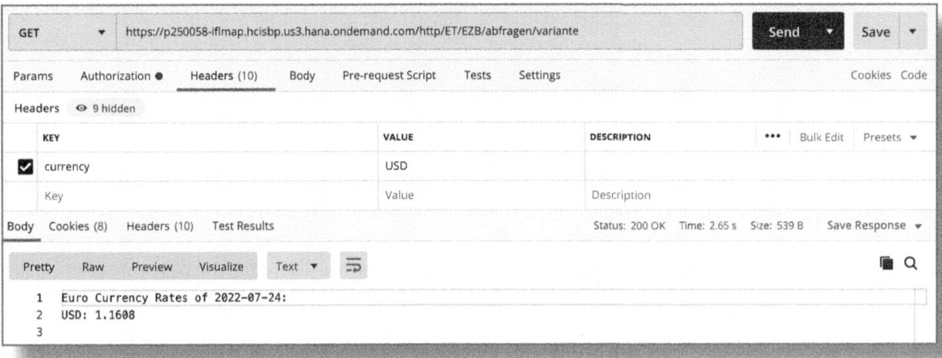

Abbildung 5.43: Synchroner GET-Aufruf via Postman

Das fertige Beispielszenario (iFlow) wird in Abbildung 5.44 dargestellt.

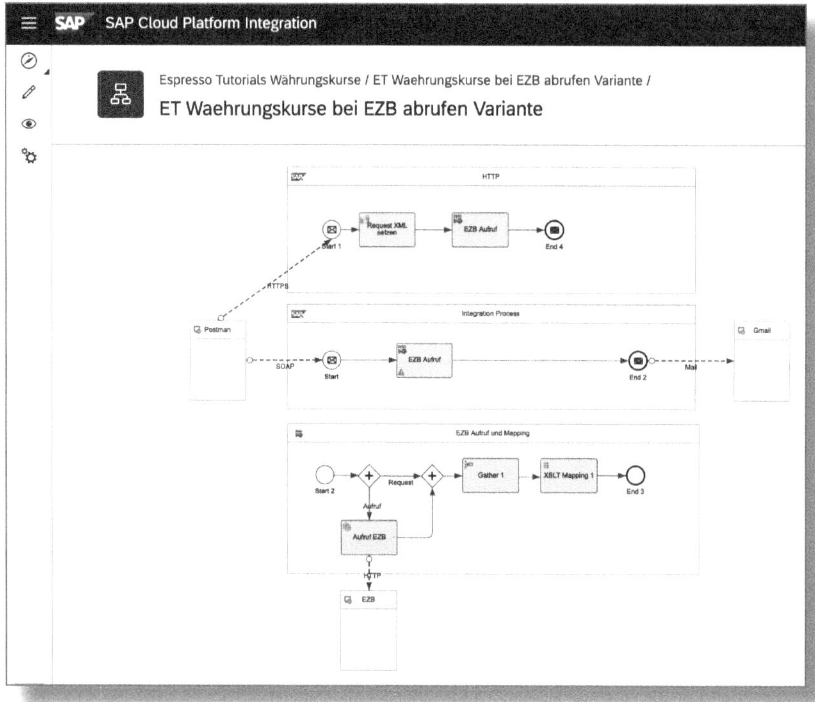

Abbildung 5.44: Fertiges Beispielszenario

6 Standard Integration Content

Einer der Erfolgsfaktoren von Integrationsplattformen ist das Vorhandensein von Integration Content. Damit ist der »digitale Klebstoff« gemeint, d. h. vordefinierte Schnittstellen z. B. in Form von Mappings, Routings und Adapterkonfigurationen. Das vorliegende Kapitel beschreibt, wie diese Plug-und-Play-Schnittstellen verwendet und erweitert werden.

6.1 Schnittstellen konfigurieren

Im *SAP API Business Hub* (*https://api.sap.com*, siehe Abbildung 6.1), und auch im eigenen Cloud Integration Tenant unter DISCOVER (siehe Abbildung 6.2), finden Sie vorhandenen Integration Content von der SAP und SAP-Partnern.

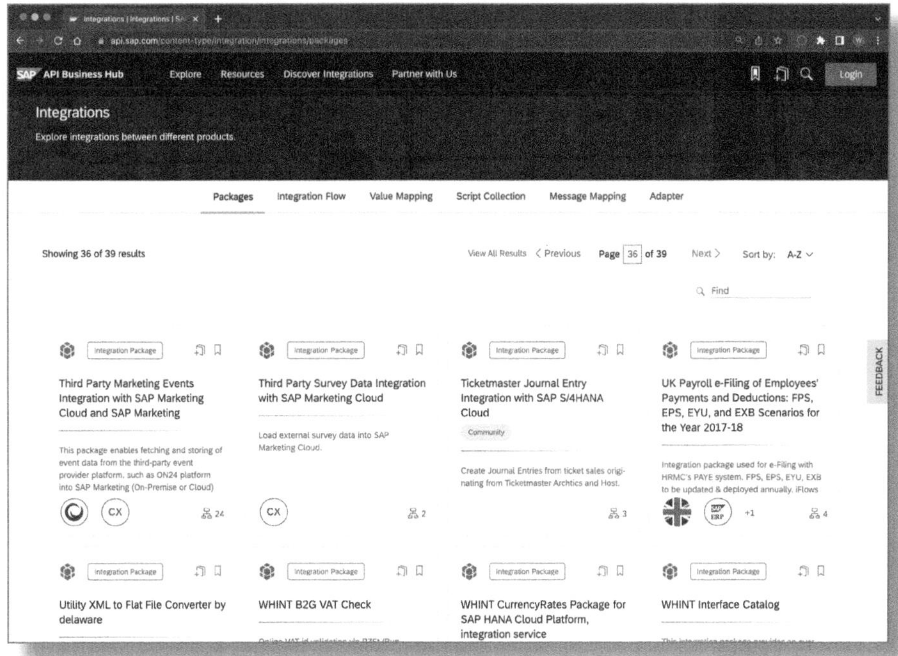

Abbildung 6.1: SAP API Business Hub

Dabei filtern Sie nach INTEGRATION PACKAGE und erhalten so sämtliche Pakete angezeigt, die verwendet werden können. Neben einer Freitextsuche können Sie auch mithilfe nachfolgender Kriterien filtern bzw. die Suche verfeinern:

- PRODUCTS (z. B. SAP S/4HANA, SAP ARIBA)
- INDUSTRIES (z. B. AUTOMOTIVE, BANKING)
- LINES OF BUSINESS (z. B. SALES, HUMAN RESOURCES)
- VENDOR (z. B. SAP, WHITEPAPER.ID GMBH)
- COUNTRIES (z. B. GERMANY, USA)

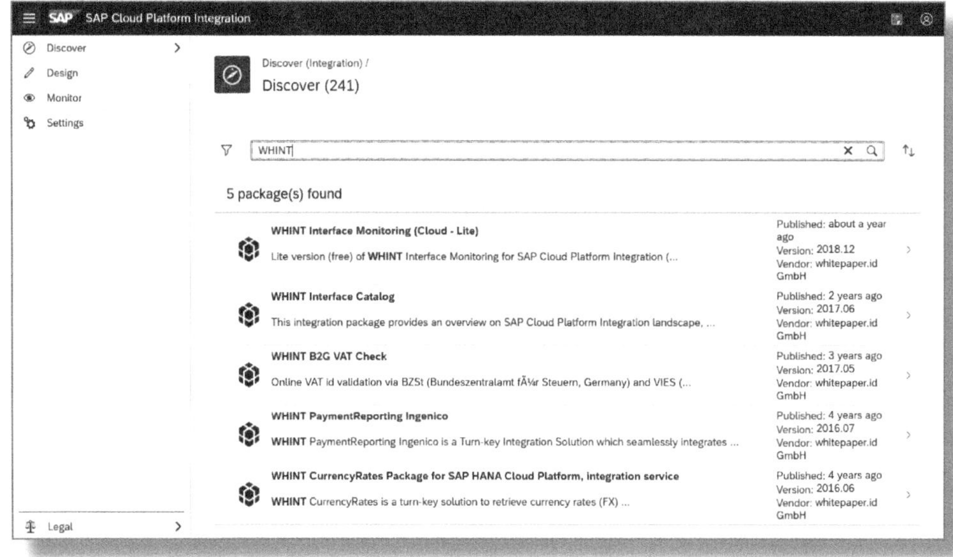

Abbildung 6.2: Discover – Integration

Sie sollten immer auch den Bereich DOCUMENTS des INTEGRATION PACKAGE betrachten, da hier eine Dokumentation (als PDF oder z. B. als URL zu einer Hilfeseite) hinterlegt ist. Häufig sind dort auch Voraussetzungen erwähnt, die bspw. im SAP Backend benötigt werden, damit Sie das Integrationsszenario betreiben können.

Um vorhandenen Content verwenden zu können, kopieren Sie das Integration Package in Ihren eigenen Cloud Integration Tenant mithilfe der Funktion »Copy« (siehe Abbildung 6.3).

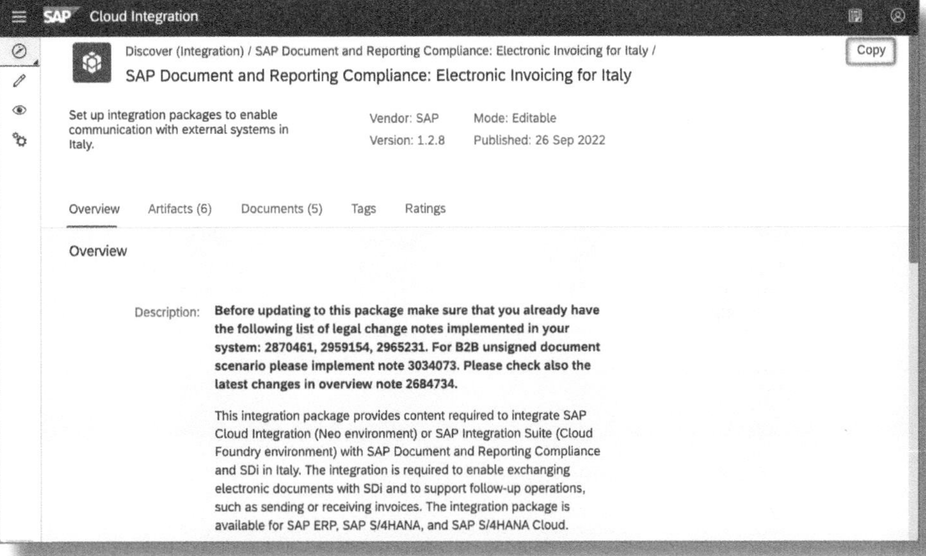

Abbildung 6.3: Integration Package kopieren

Das Package erscheint sodann im Tenant unter DESIGN und die zu verwendenden INTEGRATION FLOWS und ODATA-SERVICES können Sie anhand Ihrer kundenspezifischen Landschaft konfigurieren und bereitstellen, ohne sonstige Änderungen am Schnittstellenobjekt durchzuführen (siehe Abbildung 6.4).

Manche Integration Packages erlauben Ihnen auch eine Massenkonfiguration – sofern dies durch die Integration Flows und die verwendeten externalisierten Elemente unterstützt wird –, damit Sie sämtliche Parameter gleichzeitig eingeben können (siehe Abbildung 6.5).

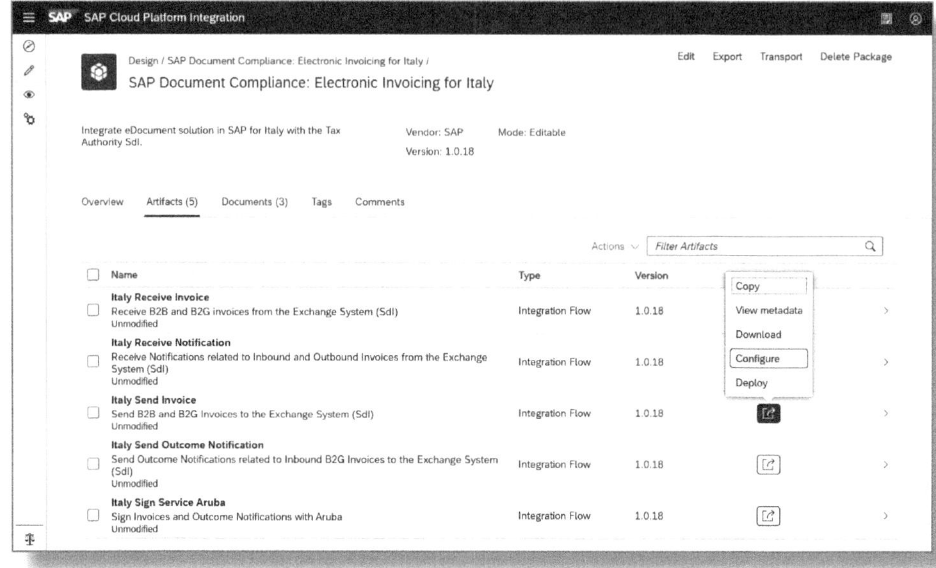

Abbildung 6.4: Integration Flow konfigurieren

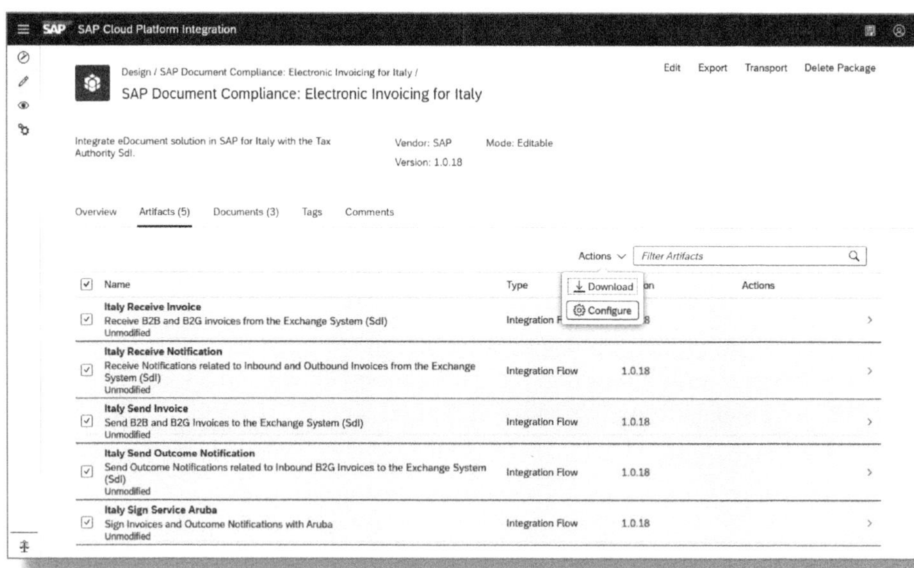

Abbildung 6.5: Integration Flows – Massenkonfiguration

Sollte das Integration Package bereits vorhanden sein (siehe Abbildung 6.6), können Sie es einfach überschreiben oder eine Kopie unter Angabe eines Suffixes anlegen (siehe Abbildung 6.7).

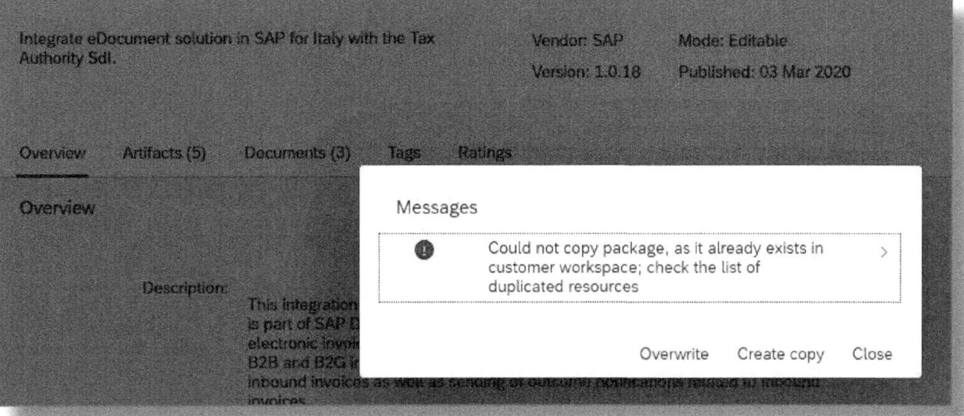

Abbildung 6.6: Erneutes Kopieren eines Integration Package

Mehrere Kopien von Integration Packages zu betreiben, erscheint dann sinnvoll, wenn derselbe Content zwischen verschiedenen (parallel betriebenen) Systemen benötigt wird (z. B. zwei SAP Cloud for Customer Tenants) oder wenn unterschiedliche Organisationen (z. B. Buchungskreise) desselben Systems (bspw. SAP S/4HANA) differente Instanzen brauchen, weil z. B. organisationsspezifische Zertifikate konfiguriert werden müssen.

Abbildung 6.7: Kopiertes Integration Package

6.2 Aktualisierungskonzept

Sobald neue Funktionen im Zusammenhang mit dem Integration Package durch die SAP ausgeliefert werden, erscheint der Text UPDATE AVAILABLE in der Designübersicht (siehe Abbildung 6.8).

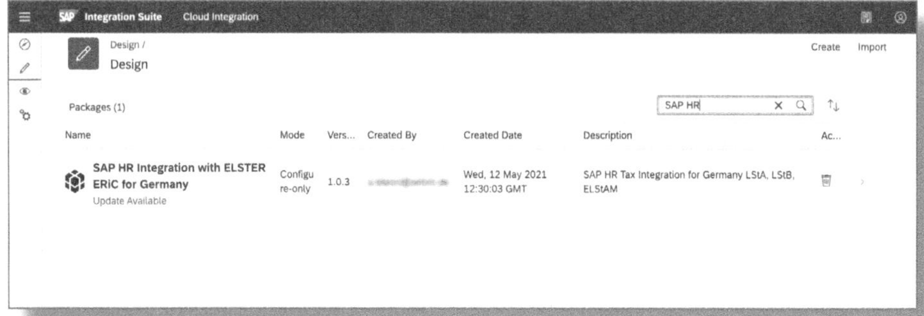

Abbildung 6.8: Aktualisierung für Integration Package verfügbar

Um die Erweiterungen zu übernehmen, müssen Sie das Package zunächst aktualisieren (siehe Abbildung 6.9), wobei die Integration Flows im Integration Package automatisch angepasst werden Gegebenenfalls durch Sie selbst hinzugefügte Integration Flows bleiben dabei erhalten und werden nicht gelöscht. Anschließend müssen Sie die Konfiguration, sofern notwendig, anpassen (z. B. wenn durch die Aktualisierung neue externalisierte Parameter hinzugekommen sind) und den bzw. die Integration Flow(s) neu bereitstellen.

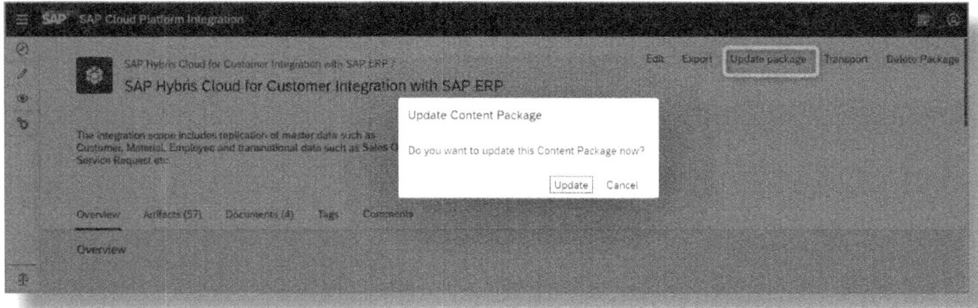

Abbildung 6.9: Aktualisierung eines Integration Package

6.3 Erweiterungskonzept

Änderungen an Standard Integration Flows durch den Kunden sind nicht vorgesehen. Sobald Sie Änderungen durchführen möchten (EDIT-Modus), erscheint eine Warnmeldung (siehe Abbildung 6.10). Falls Sie dennoch Anpassungen vornehmen, erhalten Sie keine Erweiterungen bzw. Aktualisierungen mehr, da der Integration Flow als »modifiziert« gilt. Um dies zu umgehen, kopieren Sie den Integration Flow, sodass die Änderungen an dieser Stelle durchgeführt werden können. Sobald Erweiterungen am Standard-Content ausgeliefert werden, können Sie diese manuell im kopierten Objekt nachbauen, indem Sie den Inhalt vergleichen.

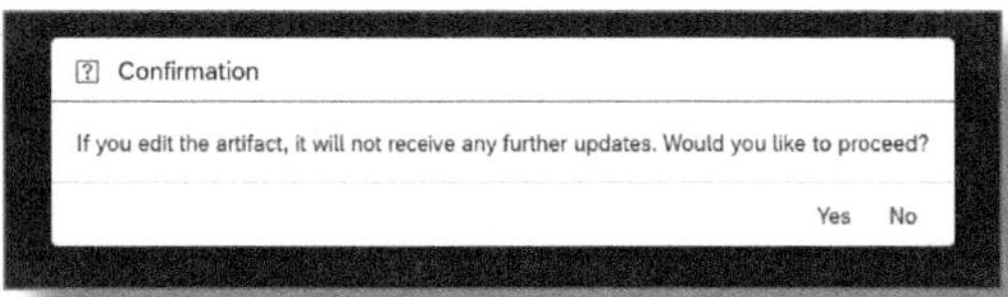

Abbildung 6.10: Standard Integration Flow ändern

Einige Integration Packages der SAP bieten mittlerweile sogenannte *Exits* an. Dabei wird aus dem Prozessablauf eines Standard Integration Flows ein kundenspezifischer Integration Flow (über einen PROCESS-DIRECT-Adapter) aufgerufen. Typischerweise sind solche Exits zu Beginn und/oder am Ende eines Integration Flows hinterlegt und enthalten die Nachricht (Payload) vor und nach einem erfolgten Mapping (siehe Abbildung 6.11).

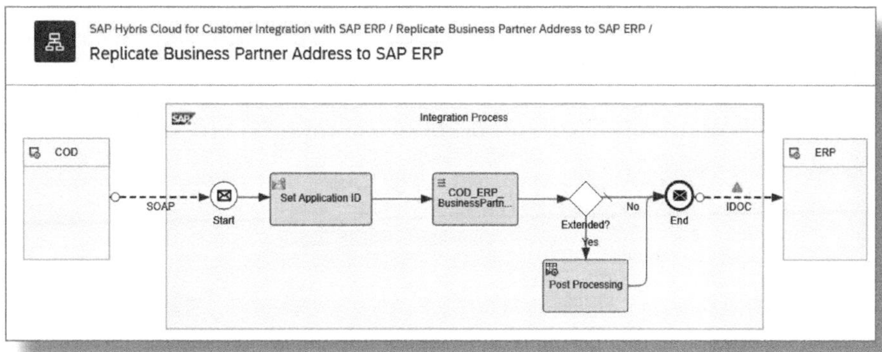

Abbildung 6.11: Aufruf eines Exits im Integration Flow

Falls also eine Erweiterung durch den Entwickler implementiert wurde (dies wird durch einen Parameter konfiguriert, siehe Abbildung 6.12), erfolgen die Bereitstellung und der Aufruf des kundenspezifischen Integration Flows (siehe Abbildung 6.13).

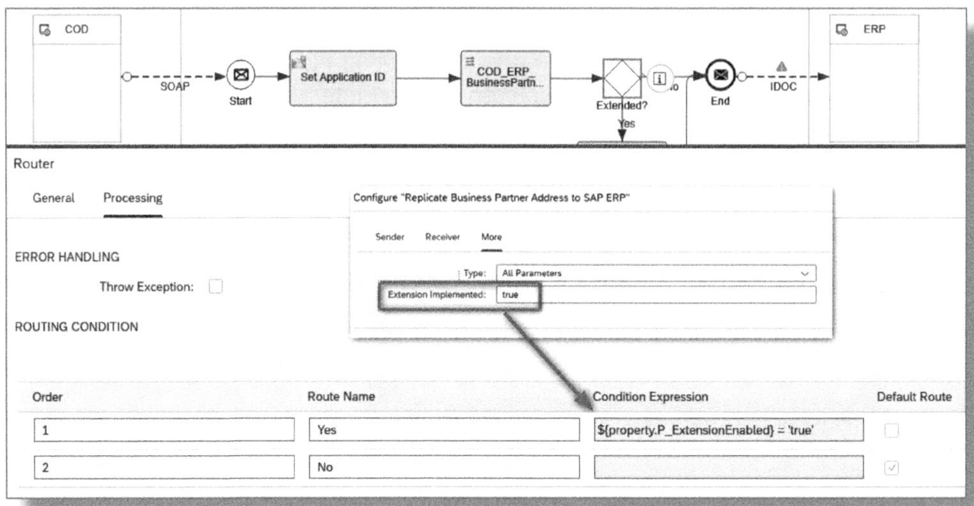

Abbildung 6.12: Erweiterung implementiert am Integration Flow

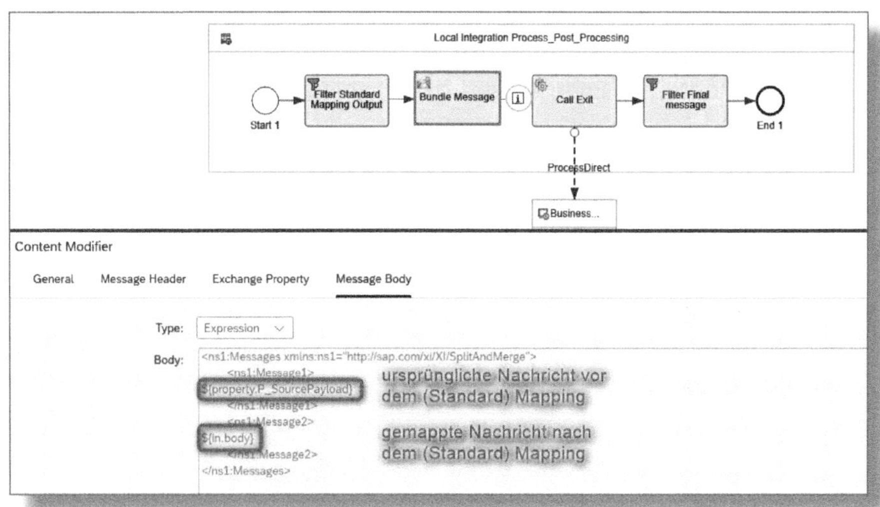

Abbildung 6.13: Aufruf des Exits

Nun können Sie Ihren eigenen Integration Flow implementieren, der über die PROCESSDIRECT-Adresse bereitgestellt und aufgerufen wird (siehe Abbildung 6.14).

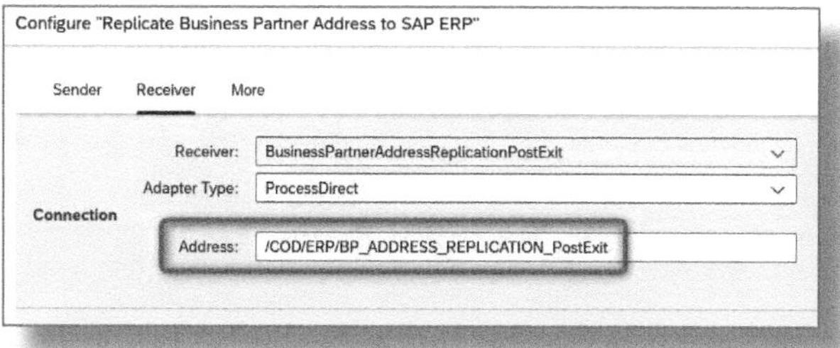

Abbildung 6.14: ProcessDirect-Adresse des Exits

Möchten Sie also Ihre eigenen Felder hinzufügen oder vorhandene Feld-Mappings verändern, können Sie diese Erweiterungstechnik modifikationsfrei einsetzen, sofern der Anbieter des Integration Content dies vorgesehen hat (siehe Abbildung 6.15).

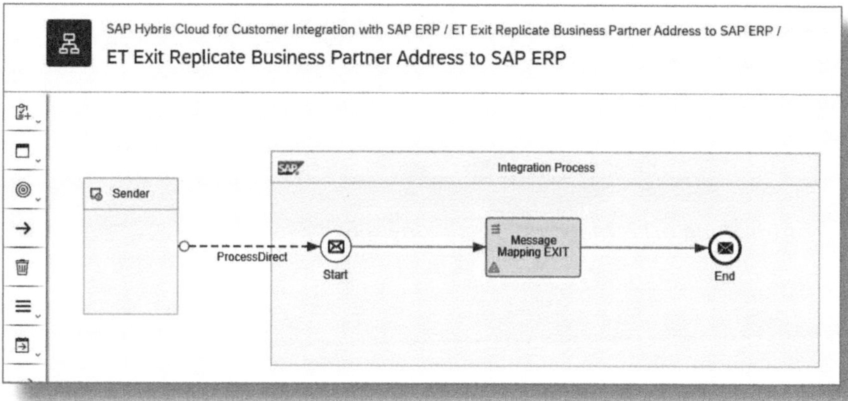

Abbildung 6.15: Exit-Implementierung

Die Strukturen (XSD, WSDL) können Sie dem Standard Integration Flow entnehmen (siehe Abbildung 6.16) oder aus dem Zielsystem exportieren, falls es erweitert wurde.

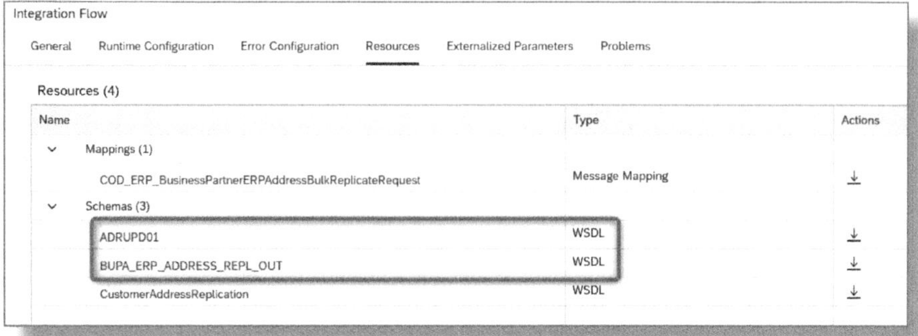

Abbildung 6.16: Nachrichtenstrukturen für Mapping im Exit

Im Anschluss statten Sie das Message Mapping entsprechend mit den notwendigen Nachrichten aus und führen die Zuordnung der Felder durch (siehe Abbildung 6.17). Natürlich können Sie die Implementierung des Exits auch mit XSLT-Programmen, Skripten oder beliebigen anderen Elementen vornehmen.

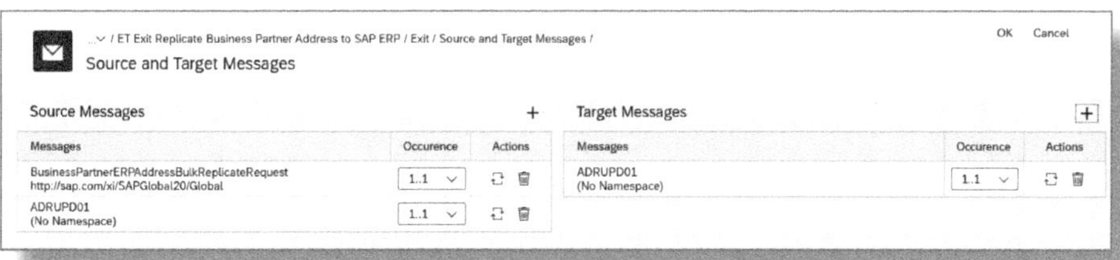

Abbildung 6.17: Mapping-Definition im Exit

7 Monitoring und Betrieb

Das Monitoring von Nachrichten und der Betrieb bzw. die Administration einer SAP Cloud Integration sind Gegenstand dieses Kapitels.

7.1 Nachrichten und Artefakte

Die Überwachung von Nachrichten bzw. des Integration Contents erfolgt über das WebUI (siehe Abbildung 7.1).

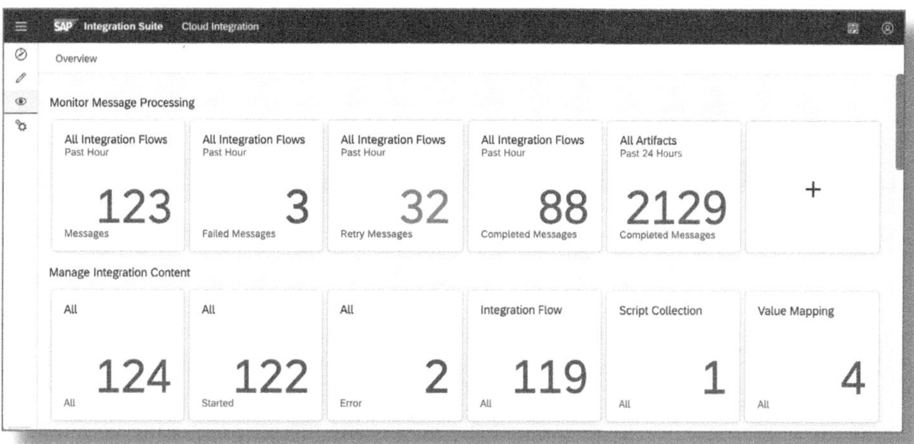

Abbildung 7.1: Monitoring

Unter MONITOR MESSAGE PROCESSING können Sie ein sogenanntes *Tile* hinsichtlich der folgenden Parameter konfigurieren (siehe Abbildung 7.2):

- ARTIFACT (alle, Integration Flows, OData-Services, bestimmte Artefakte)
- STATUS (alle, Failed, Retry, Completed, Processing, Escalated)
- TIME (Zeitraum: Letzte Minute, 24 Stunden, Woche, Monat)

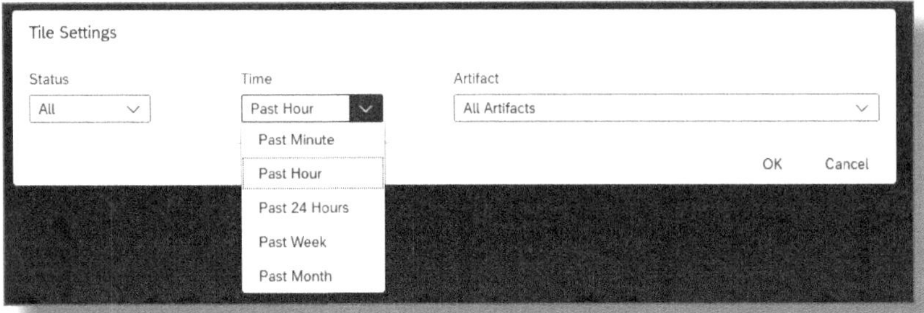

Abbildung 7.2: Konfiguration der Monitoring Tiles

Wenn Sie zur Detailsicht navigieren, können Sie anhand folgender Parameter selektieren (siehe Abbildung 7.3):

- TIME: Zeitraum (auswählbar bzw. Start-Ende)
- STATUS
- ARTIFACT

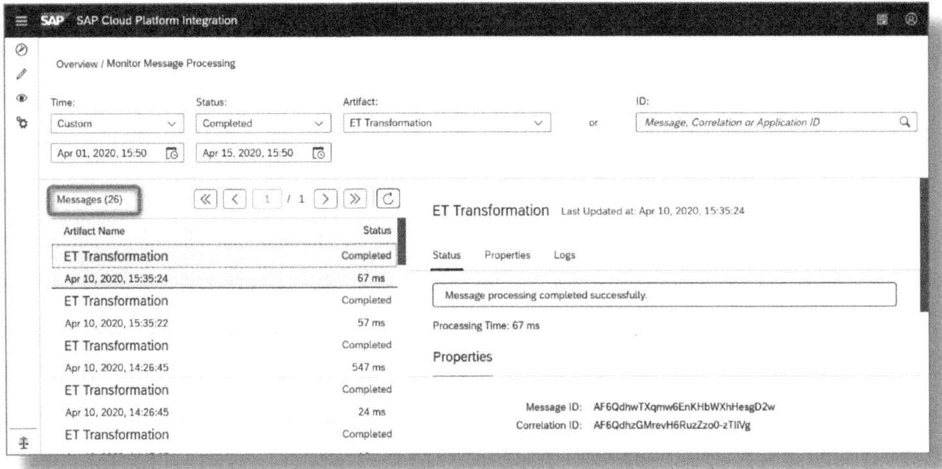

Abbildung 7.3: Nachrichten-Monitoring

Die Anzahl der im Zeitraum gesuchten Nachrichten wird oben links in der Trefferliste angezeigt; in Abbildung 7.3 waren dies 26 Nachrichten.

Alternativ können Sie auch anhand einer ID suchen (Feld oben rechts), dies kann eine der folgenden IDs sein:

- MESSAGE ID: Eine Cloud Integration GUID, die pro Nachricht vergeben wird
  Message Header: SAP_MessageProcessingLogID
- CORRELATION ID: Eine Cloud Integration GUID, die für eine Gruppe von Nachrichten vergeben wird, um diese zu gruppieren (korrelieren)
  Message Header: SAP_MplCorrelationID
- APPLICATION ID: Eine anwendungsspezifische ID, wie z. B. SAP-IDoc-Nummer, oder auch der Dateiname. Die Application ID muss im Integration Flow gesetzt werden (siehe Abschnitt 4.8)
  Message Header: SAP_ApplicationID

Sofern Sie den TRACE-Modus für ein Artefakt (Integration Flow bzw. OData-Service) aktiviert haben, erhalten Sie ein detailliertes Protokoll der Nachrichtenverarbeitung. Das grafische Objekt wird mit den jeweiligen Message Payloads, Headern und Parametern angereichert (»konfektioniert«), Sie können zu jedem Schritt im Integrationsprozess die entsprechenden Veränderungen nachverfolgen (siehe Abbildung 7.4).

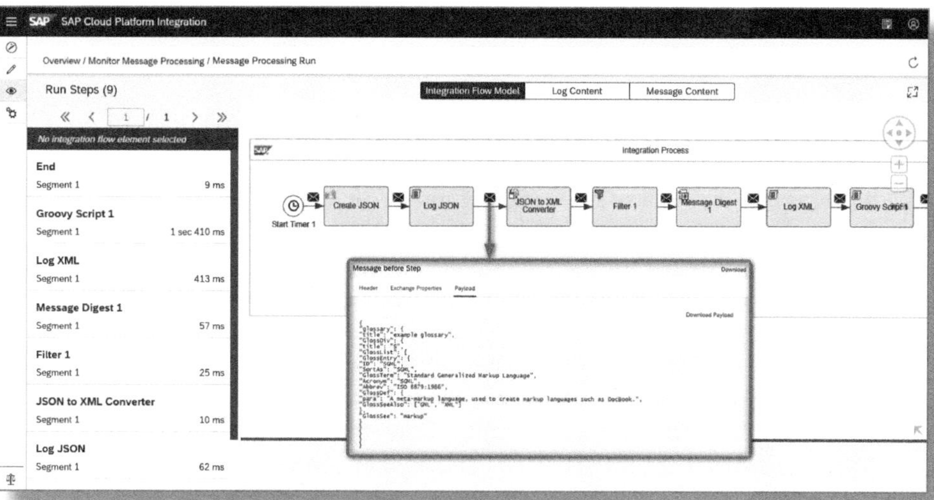

Abbildung 7.4: Message Trace

Das Aktivieren des Trace erfolgt für 10 Minuten (aufgrund der erhöhten Belastung für den Cloud Integration Tenant) und deaktiviert sich anschließend selbst wieder auf den vorher eingestellten Wert (siehe Abbildung 7.5).

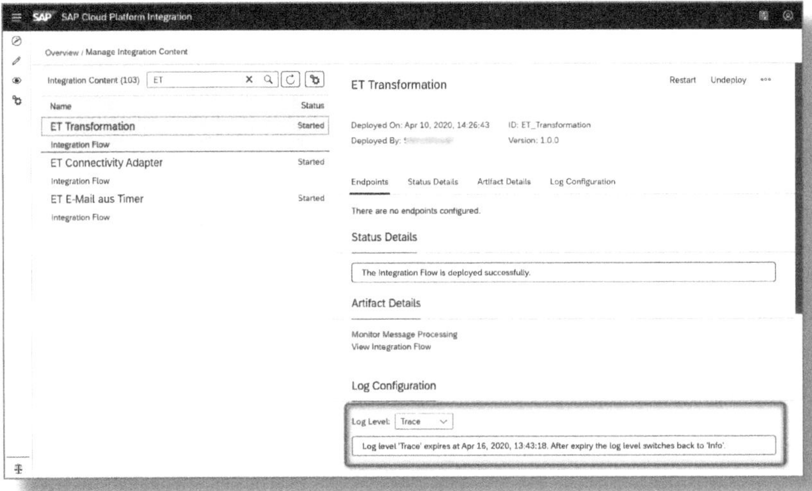

Abbildung 7.5: Integration Content – Trace aktivieren

7.2 Alerting

Ein Standard Alerting, d. h. die Benachrichtigung von Benutzern via E-Mail über fehlerhafte Nachrichten, bietet SAP Cloud Integration nicht. Die SAP hat in der Vergangenheit (als »Best Practice«) empfohlen, Fehlersituationen abzufangen und aktiv eine E-Mail aus dem Integration Flow heraus zu versenden. Das ist jedoch nur für selbst erstellte Schnittstellen möglich und gilt nicht für Standard Integration Content (siehe Kapitel 6).

Mittlerweile existiert ein SAP Business Technology Platform Service, der ein Alerting für Cloud Integration Content anbietet, jedoch muss dieser zusätzlich lizenziert (bzw. subskribiert) werden (siehe Abbildung 7.6).

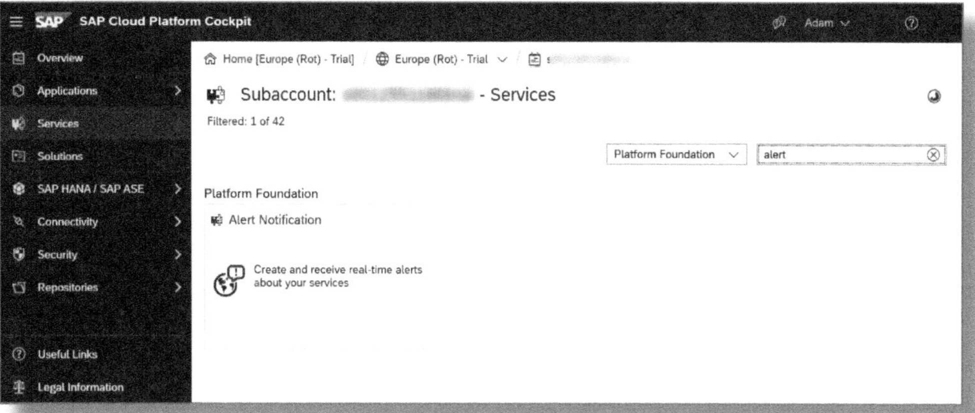

Abbildung 7.6: SAP Alert Notification Service for SAP BTP

Die daraus resultierenden E-Mails werden pro fehlgeschlagener Nachricht versendet und haben folgendes Format (siehe Abbildung 7.7).

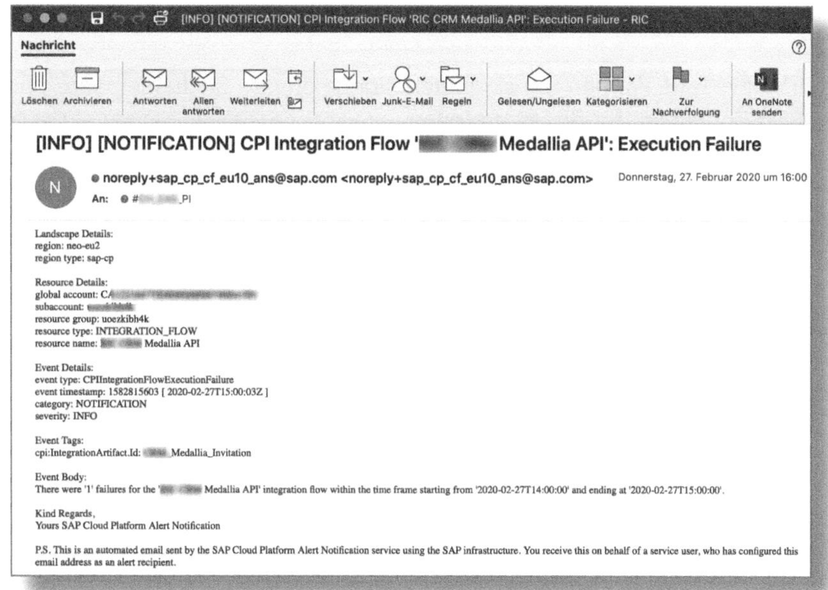

[INFO] [NOTIFICATION] CPI Integration Flow ' Medallia API': Execution Failure

noreply+sap_cp_cf_eu10_ans@sap.com <noreply+sap_cp_cf_eu10_ans@sap.com> Donnerstag, 27. Februar 2020 um 16:00

An: # _PI

Landscape Details:
region: neo-eu2
region type: sap-cp

Resource Details:
global account: CA
subaccount:
resource group: uoezkibh4k
resource type: INTEGRATION_FLOW
resource name: Medallia API

Event Details:
event type: CPIIntegrationFlowExecutionFailure
event timestamp: 1582815603 [2020-02-27T15:00:03Z]
category: NOTIFICATION
severity: INFO

Event Tags:
cpi:IntegrationArtifact.Id: _Medallia_Invitation

Event Body:
There were '1' failures for the ' Medallia API' integration flow within the time frame starting from '2020-02-27T14:00:00' and ending at '2020-02-27T15:00:00'.

Kind Regards,
Yours SAP Cloud Platform Alert Notification

P.S. This is an automated email sent by the SAP Cloud Platform Alert Notification service using the SAP infrastructure. You receive this on behalf of a service user, who has configured this email address as an alert recipient.

Abbildung 7.7: E-Mail via SAP BTP Alert Notification Service

Darüber hinaus existieren Lösungen von SAP-Partnern, die ein Monitoring von Cloud Integration Content ermöglichen (siehe Abschnitt 8.11).

7.3 Zertifikate und Identitäten

Zertifikate für die Kommunikation, Verschlüsselung, Dekodierung oder die nachrichtenbasierte Verwendung werden im KEYSTORE verwaltet (siehe Abbildung 7.8). Falls Sie eine eingehende, zertifikatsbasierte Authentifizierung nutzen (siehe Abschnitt 3.7.1), werden die Zertifikate (inkl. der Zuordnung zum Benutzer) unter CERTIFICATE-TO-USER-MAPPINGS hinterlegt. Dies gilt nur für Neo. In Cloud Foundry erfolgt die Ablage der Zertifikate in den Service-Instanzen.

Ablage von Zertifikaten in Cloud Foundry

Es empfiehlt sich, die Zertifikate, die in Service-Instanzen hinterlegt sind, zusätzlich im Keystore zu speichern, um deren Ablaufdatum überwachen zu können, da dies im *BTP Cockpit* nicht möglich ist.

Im KEYSTORE können Sie sich auch eigene private Schlüsselpaare und SSH-Schlüssel (für SFTP) erstellen.

Alle anderen Identitäten werden unter SECURITY MATERIAL verwaltet:

- User Credentials (siehe Abschnitt 3.7.1)
- OAuth2 Credentials (siehe Abschnitt 3.7.1)
- Known Hosts (SSH, siehe Abschnitt 4.2.4)
- PGP Public und Secret Keyring (für PGP, siehe Abschnitt 4.7.1)

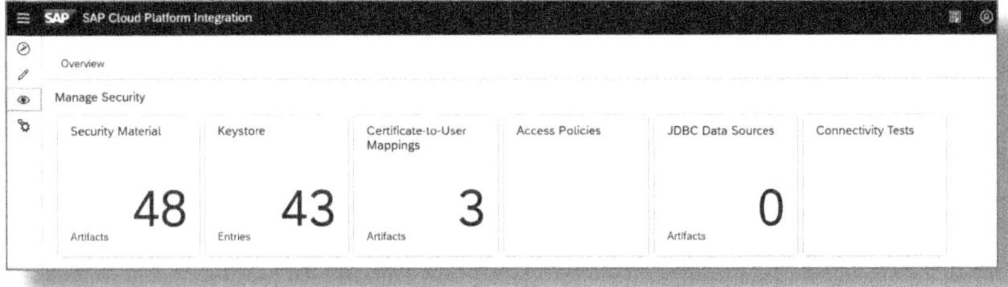

Abbildung 7.8: Zertifikate-Monitor

7.4 Speicher

Unter MANAGE STORES (siehe Abbildung 7.9) finden sich alle (via JDBC oder JMS) persistierten Objekte, die im Rahmen von Cloud-Integration-Schnittstellen verwendet werden:

- DATA STORE (siehe Abschnitt 4.6.2)
- VARIABLES (siehe Abschnitt 4.6.3)
- MESSAGE QUEUES (in Neo nur in der Cloud Integration Enterprise Edition verfügbar bzw. bei aktiviertem Event Mesh, siehe Abschnitt 4.2.23)
- NUMBER RANGES (sie dienen dem Verwalten von Nummernkreisobjekten, die z. B. für die EDI-Kommunikation benötigt werden, siehe Abschnitt 4.3.4)

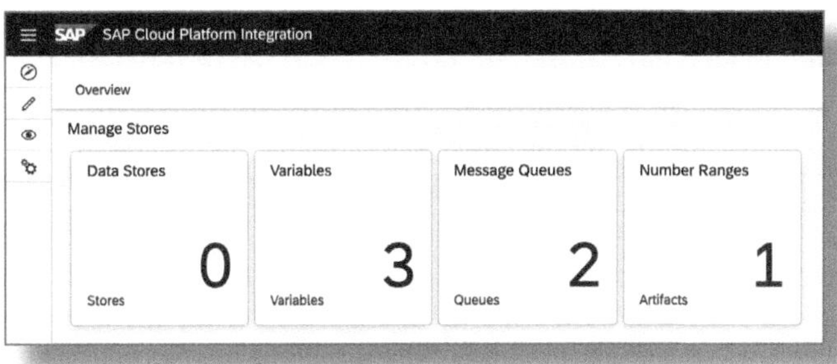

Abbildung 7.9: Manage Stores

Die Objekte können jeweils angesehen/überwacht werden, bzw. es ist auch möglich, bei Bedarf Inhalte (Nachrichten) zu löschen, um Fehlersituationen manuell aufzulösen.

7.5 Logs und Traces

Unter MONITOR • ACCESS LOGS findet sich ein technisches Monitoring, das den Zugriff auf folgende Bereiche ermöglicht (siehe auch Abbildung 7.10):

- AUDIT LOG
- SYSTEM LOG FILES

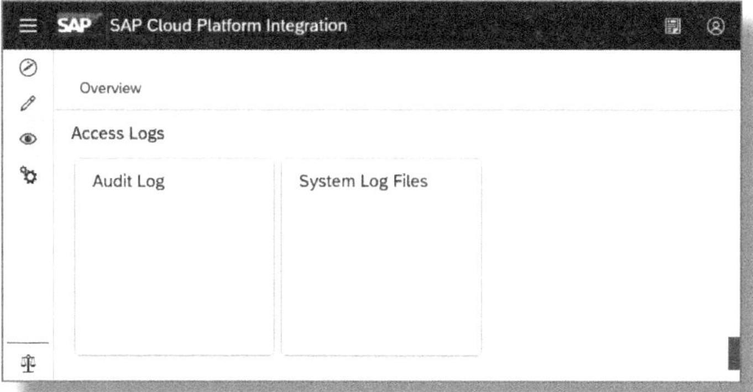

Abbildung 7.10: Access Logs

AUDIT LOG ist nur in Neo verfügbar und protokolliert die manuellen Aktivitäten des Cloud Integration Tenants (primär über die Tenant Management Node), während System Log Files den Download von Logdateien erlauben. Darin enthalten ist der CP DEFAULT TRACE, der die serverseitigen Meldungen enthält, sowie das HTTP ACCESS LOG, das die Zugriffe auf den Server via HTTP protokolliert (siehe Abbildung 7.11).

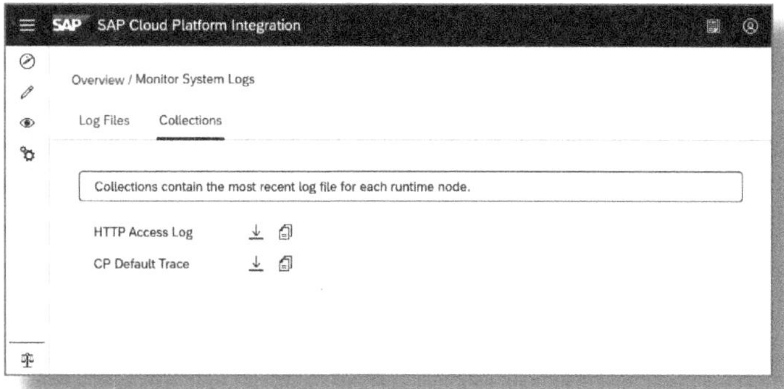

Abbildung 7.11: System Log Monitoring

7.6 Eclipse

Zusätzlich zum WebUI existiert die Möglichkeit, über Eclipse auf den Cloud Integration Tenant zuzugreifen. Aktuell wird die Version »Oxygen« von Eclipse unterstützt, die man unter *https://eclipse.org* herunterladen kann. Sobald die Version installiert ist, lädt man das SAP Cloud Integration Plugin unter Angabe der URL: *https://tools.hana.ondemand.com/oxygen*.

In der Vergangenheit war Eclipse der einzige Weg, um Schnittstellen in SAP Cloud Integration zu modellieren und verfügbar zu machen. Heute dient Eclipse primär nur noch zum Entwickeln von eigenen Adaptern und zum Bereitstellen eigener Adapter oder solcher von SAP-Partnern in Neo (siehe Abbildung 7.12).

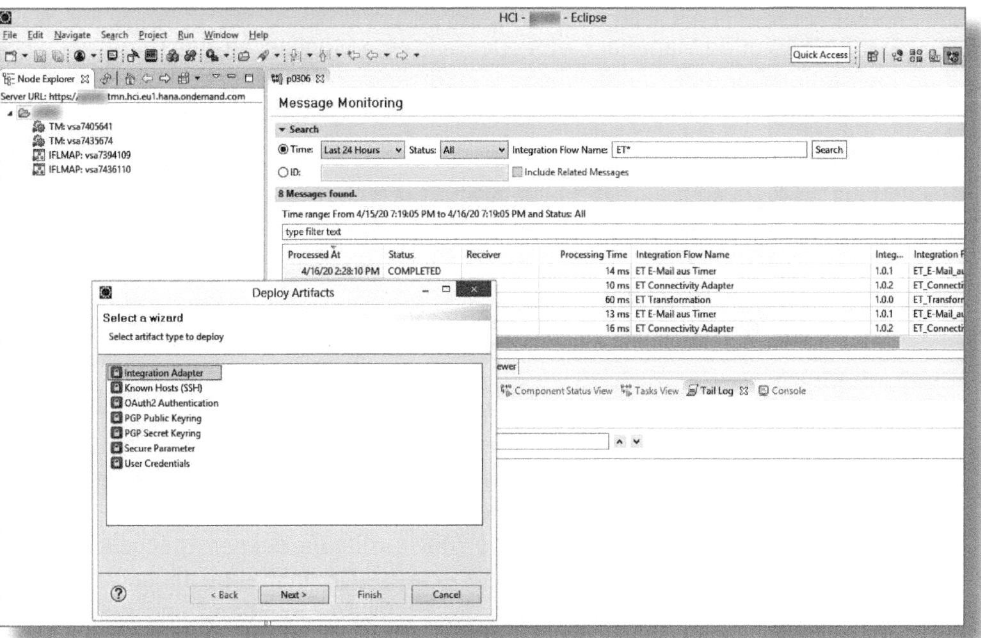

Abbildung 7.12: Integration Operations in Eclipse

Zusätzlich existiert eine Operationsperspektive, über die man ein Message Monitoring durchführen oder auch das Trace ansehen kann (Tail

Log). Unterhalb des Tenant-Namens kann man die Knoten auswählen (siehe Abschnitt 3.1.1):

- TM (Tenant Management Node)
- IFLMAP (Runtime Node)

Der TAIL LOG in den TM- und den IFLMAP-Knoten entspricht dabei dem Default Trace der System Logs (siehe Abschnitt 7.5).

Weitere Informationen finden sich unter *https://tools.hana.ondemand.com/#cloudintegration*.

7.7 SAP Solution Manager und Focused Run

Der SAP Solution Manager bietet ebenfalls eine Möglichkeit, den Cloud Integration Content zu überwachen. Zu diesem Zweck können Sie auf das Monitoring Template *Cloud* zurückgreifen; es überwacht die folgenden Metriken:

- Anzahl fehlerhafter iFlows (Delta-Modus)
- Anzahl fehlerhafter iFlows (letzte 24 Stunden)
- Anzahl ausgeführter iFlows
- Durchschnittliche iFlow-Antwortzeit

SAP Focused Run (FRUN) ist eine kostenpflichtige Zusatzlösung für den SAP Solution Manager mit dem Ziel, hybride Landschaften (mit etwas stärkerem Schwerpunkt auf On-Premise-Systemen) besser steuern und überwachen zu können. Hierzu gehört ein sogenanntes *Advanced Integration Monitoring (AIM)*, mithilfe dessen man die Schnittstellenlandschaft (sowohl SAP Process Orchestration als auch SAP Cloud Integration) hinsichtlich der Bereiche Monitoring und Reporting, Message Tracking und Message Alerting überwachen kann (siehe Abbildung 7.13).

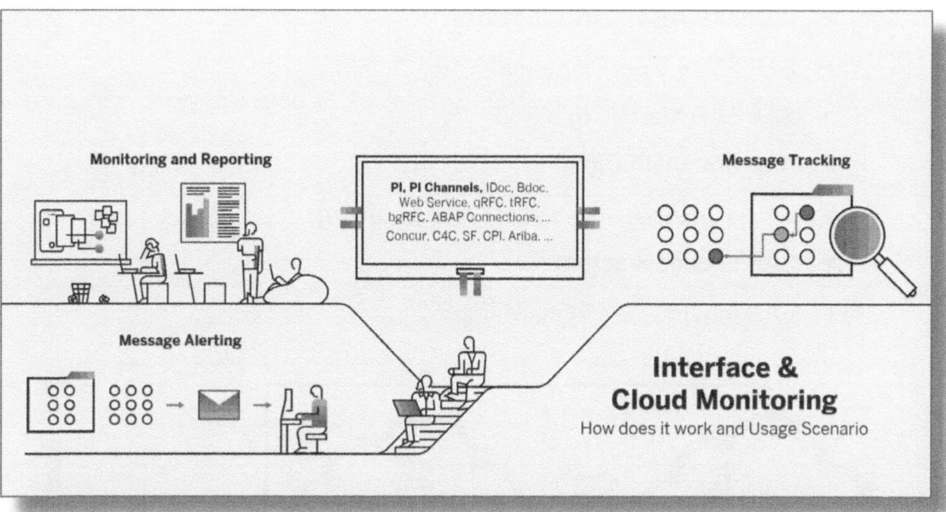

Abbildung 7.13: Advanced Interface Monitoring

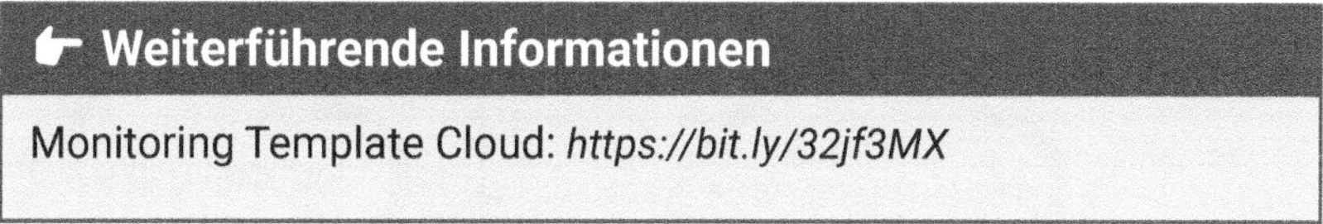

Weiterführende Informationen

Monitoring Template Cloud: *https://bit.ly/32jf3MX*

7.8 SAP Cloud ALM

SAP Cloud ALM for Operations (auch CRUN genannt) ist das Pendant zu *SAP Focused Run* (FRUN) für primär (oder größtenteils) Cloud-basierte Systemlandschaften. ALM steht für Application Lifecycle Management (siehe Abbildung 7.14). Darin enthalten sind die Komponente *Integration & Exception Monitoring*, die ein anwendungsübergreifendes Monitoring erlaubt, und u. a. folgende von SAP unterstützte Produkte (Cloud und On-Premise):

- SAP Integration Suite (Cloud Integration)
- SAP BTP, Neo environment
- SAP BTP, Cloud Foundry environment

- SAP BTP, ABAP environment
- SAP Sales & Service Cloud
- SAP SAP Marketing Cloud
- SAP S/4HANA Cloud
- SAP S/4HANA (incl. private cloud edition)
- SAP SuccessFactors
- SAP Master Data Integration

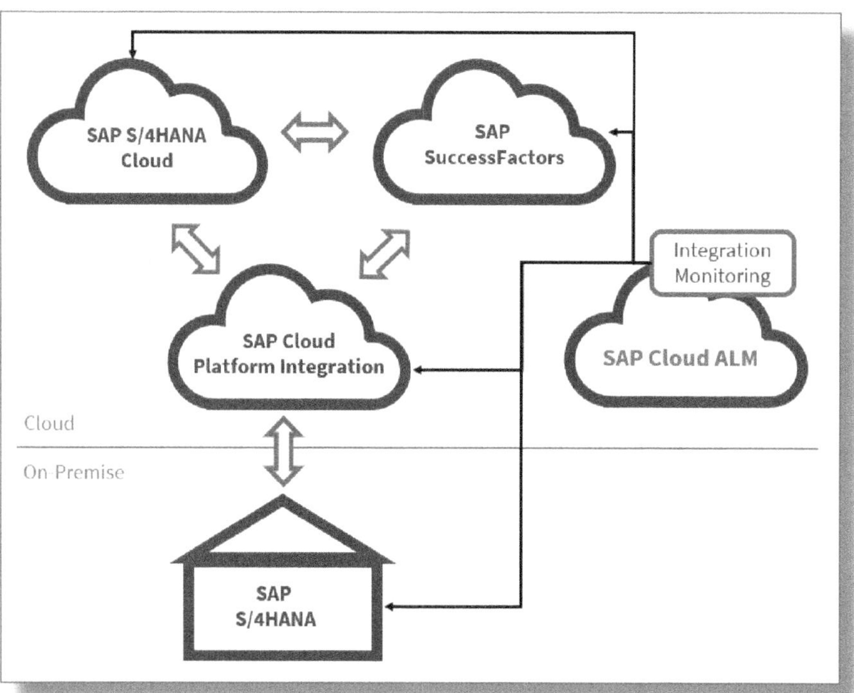

Abbildung 7.14: SAP Cloud ALM for Operations

8 Spezialthemen

Das letzte Kapitel dieses Buches befasst sich mit besonderen Themen, die eher selten vorkommen, d. h., die etwas exotischer sind bzw. inhaltlich an SAP Cloud Integration angrenzen und nicht direkter Teil der Lösung sind.

8.1 B2B Add-on

Dieser Abschnitt beschäftigt sich mit den Komponenten, die für eine Integration von Geschäftspartnern (Business-to-Business) im Kontext eines EDI-basierten Nachrichtenaustausches zuständig sind.

Die Funktionalität für B2B umfasst folgende Komponenten und wird durch die Enterprise Edition der SAP Cloud Integration bereitgestellt:

- Adapter: AS2 und JMS (siehe Abschnitt 4.2.11 und Abschnitt 4.2.23)
- EDI Konverter (siehe Abschnitt 4.3.7)
- EDI Splitter (siehe Abschnitt 4.5.5)
- Monitor: Message Queue (siehe Abschnitt 7.4)
- Integration Advisor (siehe Abschnitt 8.3)

Das Zusammenspiel der Komponenten sieht typischerweise wie folgt aus (siehe Abbildung 8.1): Die EDI-Nachricht geht via AS2-ADAPTER ein und wird zunächst in einer *JMS Queue* persistiert. Sollte in der Folgeverarbeitung ein Fehler auftreten, kann die Nachricht wiederholt werden (z. B. wenn das SAP-System (temporär) nicht erreicht werden kann). Die Nachricht wird über den EDI SPLITTER ggf. aufgeteilt, sofern es sich um eine Sammelnachricht handelt. Alternativ kann über den Schritt auch ein funktionales Acknowledgement zurückgeschickt werden (z. B. ANSI X12 997 Nachricht). Anschließend wird die Nachricht vom nativen EDI-Format in EDI-XML, basierend auf der hinterlegten EDI XSD, umgewandelt. Die EDI-XML-Nachricht wird mithilfe eines XSLT MAPPINGS in das SAP-IDoc-Format transformiert und mit dem IDoc-Adapter an das SAP-System übertragen.

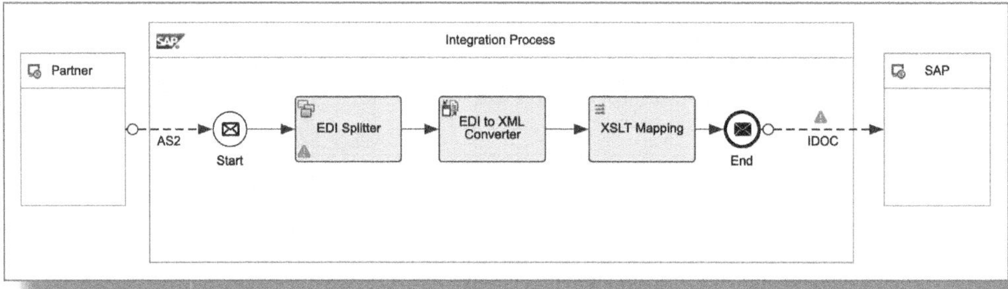

Abbildung 8.1: B2B-EDI – eingehende AS2-Kommunikation

8.2 Partner Directory

Das *Partner Directory* dient der Auslagerung von geschäftspartnerspezifischen Informationen. Auf diese Weise sind Sie in der Lage, mit nur einem Integration Flow eine beliebige Anzahl von Partnern anzubinden, indem sender- respektive empfängerspezifische Informationen (aus dem iFlow in das Partner Directory) ausgelagert werden (siehe Abbildung 8.2). Folgende Objekte sind darin enthalten:

- Partner ID und Alternative Partner ID
- Authorized User (für die eingehende Kommunikation)
- XSLT (Mapping-Programm)
- XSD (XML-Schema für die XML-Validierung
- Skript (Groovy/Java als Mapping-Programme)
- HTTP-Empfänger-Adapter: Adresse (URL)
- HTTP/SOAP-Empfänger-Adapter: User Credential
- HTTP/AS2-Sender-Adapter: User Role/Client Certificate

- AS2-Empfänger-Adapter: X.509-Zertifikat
- Beliebige Parameter vom Typ String, Binär, UserCredential

Das Partner Directory verfügt über keine Benutzeroberfläche und lässt sich nur via OData API auslesen bzw. beschreiben.

Ein Anwendungsfall ist z. B. der Integration Advisor (siehe Abschnitt 8.3), der XSLT Mappings aus Laufzeitobjekten bereitstellt, die direkt in einem partnerspezifischen iFlow oder über das Partner Directory in einem generischen iFlow verwendet werden können.

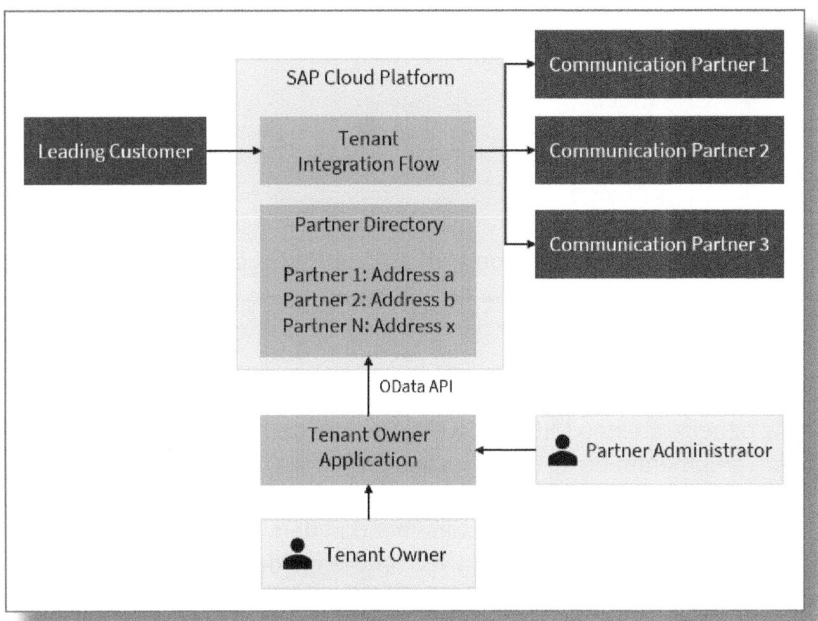

Abbildung 8.2: Partner Directory

Weitere Informationen finden Sie unter *https://blogs.sap.com/2017/07/25/cloud-integration-partner-directory-step-by-step-example/*.

8.3 Integration Advisor

Der *Integration Content Advisor* ermöglicht das Erstellen folgender Dokumente:

- *Message Implementation Guideline* (MIG) als Schnittstellen-Spezifikation (Nachrichten)
- *Mapping Guideline* (MAG) als Mapping-Spezifikation zwischen den Nachrichten

Das Tool verwaltet die Nachrichtendefinitionen (XML-Schema) unterschiedlicher Standards in einem Verzeichnis als sogenannte *Library of Type Systems*, so z. B.

- SAP IDocs
- ANSI ASC X12
- UN/EDIFACT

Dabei verwendet die Lösung vorhandene (freiwillig veröffentlichte und anonymisierte) Spezifikationen und Mappings, um daraus Vorschlagswerte zu ermitteln und so den Prozess der Erstellung deutlich zu beschleunigen.

Die dabei erstellten MIG- und MAG-Spezifikationen können Sie sowohl als Dokumentation (PDF, RTF) als auch als Objekte für die Laufzeitumgebung (XSD- und XSLT-Dokumente für SAP Cloud Integration und SAP PO) exportieren, die entsprechend in den iFlows (bzw. im Partner Directory, siehe Abschnitt 8.2) verwendet werden können.

8.4 Trading Partner Management

In Cloud Foundry wird *Trading Partner Management (TPM)* als eigenständige Komponente (»Capability«) der SAP Integration Suite ausgeliefert. Deren Prinzip basiert auf Mappings, die im Integration Advisor (siehe Abschnitt 8.3) angelegt wurden, sowie einer Verwaltung von Geschäftspartnern, mit denen B2B-Nachrichten (vornehmlich auf

Basis von EDIFACT und ANSI X.12) ausgetauscht werden (siehe Abbildung 8.3). Sämtliche Artefakte wie Zertifikate, Zieladressen, Identifier werden zusammen mit den Mappings in das Partner Directory (siehe Abschnitt 8.2) geladen.

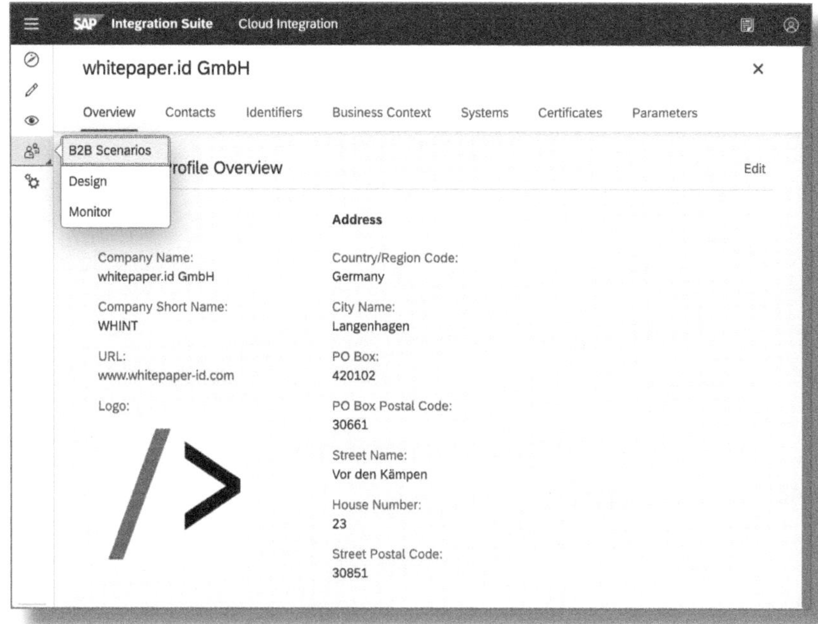

Abbildung 8.3: TPM-Konfiguration

Zur Laufzeit kommunizieren von der SAP ausgelieferte Integration Flows mit den im Partner Directory hinterlegten Einträgen, um die Nachrichtenverarbeitung zu gewährleisten (siehe Abbildung 8.4). TPM stellt zudem zusätzliche Möglichkeiten zum B2B-spezifischen Monitoring von Nachrichten bereit.

SAP Trading Partner Management

Weitere Informationen zu SAP TPM finden Sie in folgendem Blogbeitrag: *https://bit.ly/3UKNgwz*.

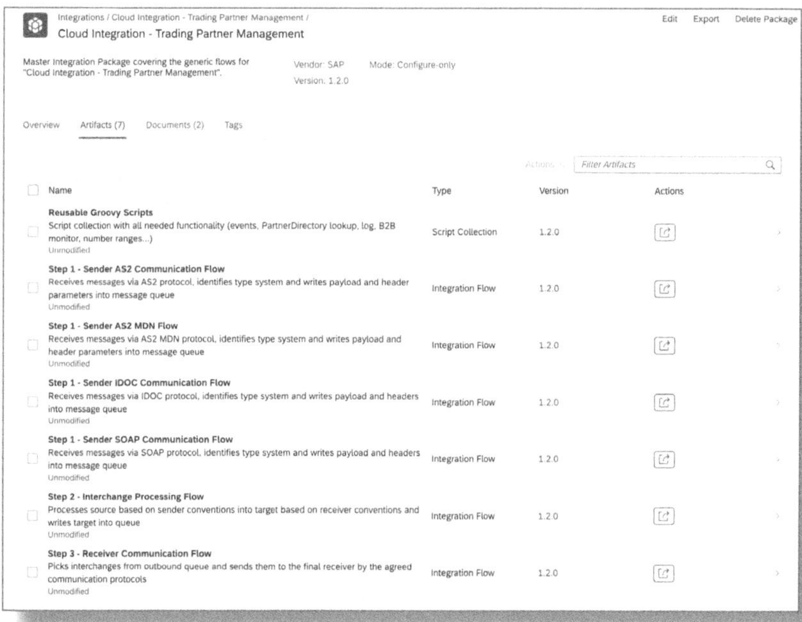

Abbildung 8.4: TPM Integration Package

8.5 Lokales Deployment

Seit Version 7.50 von SAP Process Orchestration besteht die Möglichkeit, Integration Content, der in SAP Cloud Integration modelliert wurde, lokal (d. h. auf SAP PO) bereitzustellen. Dabei können Sie schon zum Zeitpunkt des Modellierens überprüfen, ob die verwendeten Elemente mit der PO-Version (Support Package, SP) kompatibel sind. Zu diesem Zweck stellen Sie das Produktprofil in der RUNTIME CONFIGURATION des Integration Flows auf die jeweilige PO-Version um (siehe Abbildung 8.5). Um diese Einstellung vornehmen zu können, müssen Sie eine Meldung bei der SAP öffnen (Komponente LOD-HCI-PI-OPS), da dies nur durch das SAP Operations Team eingerichtet werden kann (siehe Abbildung 8.6).

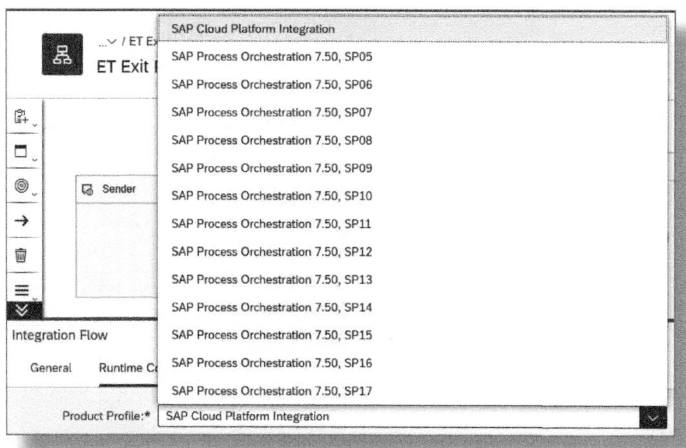

Abbildung 8.5: Produktprofil im Integration Flow

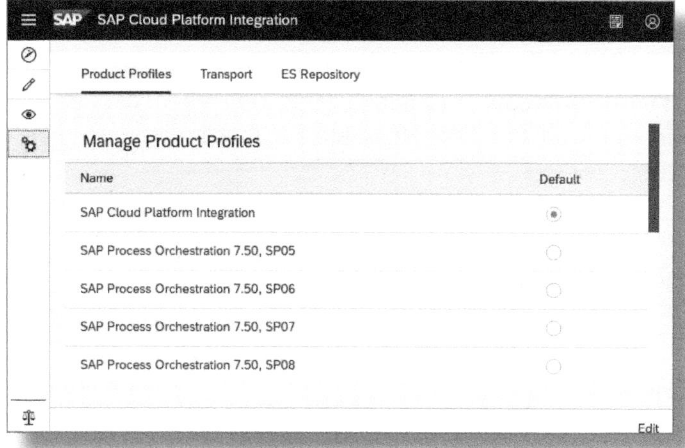

Abbildung 8.6: Produktprofile in den Einstellungen

Während der Modellierung werden Sie hier bei eingestelltem Produktprofil SAP PROCESS ORCHESTRATION 7.50, SP11 grafisch und unter PROBLEMS im Integration Flow darauf hingewiesen, welche Elemente inkompatibel sind (siehe Abbildung 8.7).

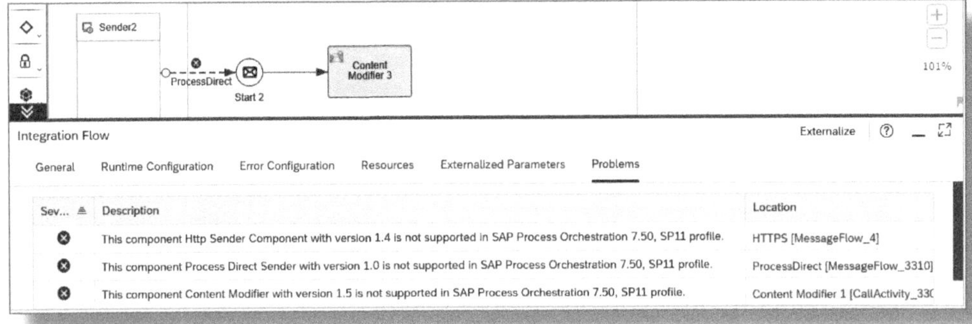

Abbildung 8.7: Probleme mit der Modellierung

Aktivierung von Cloud Integration Content in SAP PO 7.50

Damit Sie diese Funktion aktivieren können, führen Sie über den Konfigurationsassistenten im PO-System die Funktion PI CLOUD INTEGRATION CONTENT aus (SAP Note: *https://launchpad.support.sap.com/#/notes/2201086*) und deaktivieren den Virenscanner für den Upload von Archiven (SAP Note: *https://launchpad.support.sap.com/#/notes/2266024*).

Der jeweilige Integration Flow wird entweder über einen DOWNLOAD exportiert oder vom PO-System aus über eine Destination zum Cloud Integration Tenant importiert (siehe Abbildung 8.8 und Abbildung 8.9).

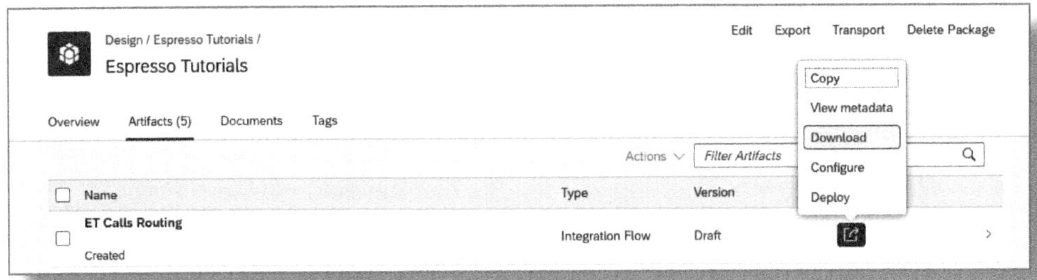

Abbildung 8.8: Download Integration Flow

Das Deployment im PO-System führen Sie unter dem Link CLOUD INTEGRATION CONTENT durch (siehe Abbildung 8.10).

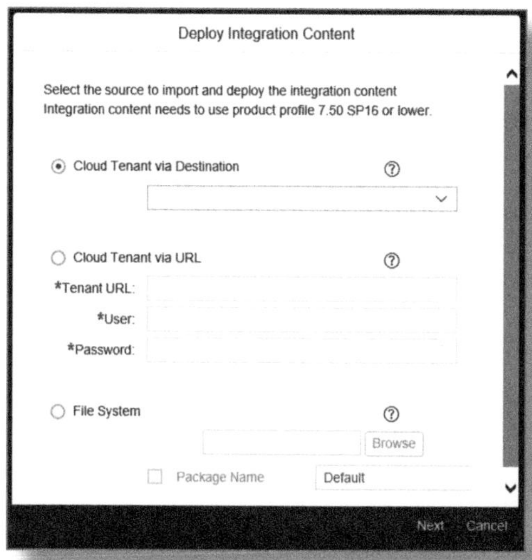

Abbildung 8.9: Deploy Integration Content

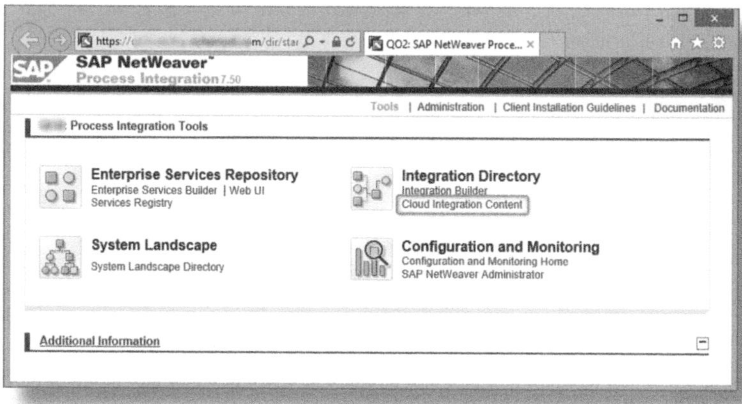

Abbildung 8.10: Cloud Integration Content

Die ggf. benötigten Benutzer (User Credentials) werden analog zur Cloud-Integration-Konfiguration (*Security Material*, siehe Abschnitt

7.3) unter MANAGE SECURITY MATERIAL verwaltet. Zertifikate und private Schlüssel werden, wie in PI/PO-Systemen üblich, im Keystore des *NetWeaver-Administrators* abgelegt. Die Endpunkte der zur Verfügung gestellten Integration Flows sind unter END POINTS sichtbar (siehe Abbildung 8.11).

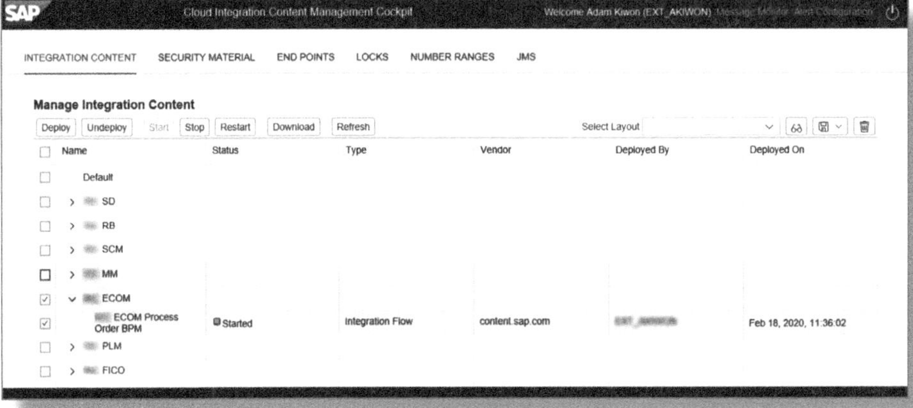

Abbildung 8.11: Manage Integration Content

Die Konfiguration externalisierter Parameter wird unter PROPERTIES • CONFIGURE vollzogen (siehe Abbildung 8.12).

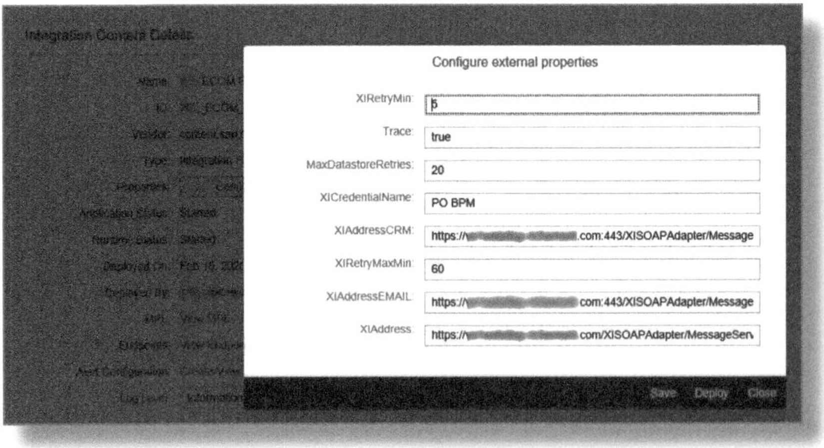

Abbildung 8.12: Konfiguration der externalisierten Parameter

Das Monitoring erfolgt über die gewöhnlichen PI/PO-Nachrichten, aber auch über die bekannten Benutzeroberflächen im neu hinzugekommenen Tab CLOUD INTEGRATION CONTENT (siehe Abbildung 8.13).

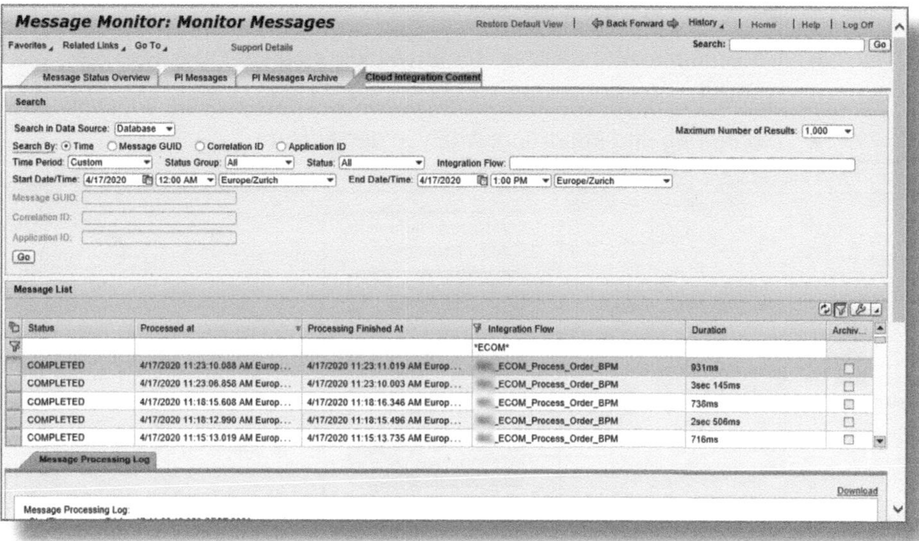

Abbildung 8.13: Message Monitoring

8.6 API Management

Die Idee hinter *API Management* besteht primär in der Verwaltung von bereitgestellten Application Programming Interfaces (APIs). Dabei werden vorhandene Web Services (basierend auf SOAP) oder auf OData/REST beruhende Services über das HTTP-Protokoll mittels sogenannter API Proxys angeboten.

Anwendungen (intern oder durch Geschäftspartner) konsumieren die APIs über ein sogenanntes Developer Portal.

Beim Design der API Proxies definiert man diverse Policies, d. h. Regeln, die während der Laufzeit ausgeführt werden, um verschiedene Anwendungsbereiche zu unterstützen:

- Harmonisierter (standardisierter) *Zugriff*, auch in Bezug auf Authentifizierung (Sicherheit)
- *Traffic Management*: Definition von Zugriffen pro Sek./Min., Sicherheit vor DDoS-Attacken
- *Governance*: Standardisierter Entwicklungsprozess, Wiederverwendung, Versionierung
- *Monitoring und Reporting*: Analyse der Aufrufe

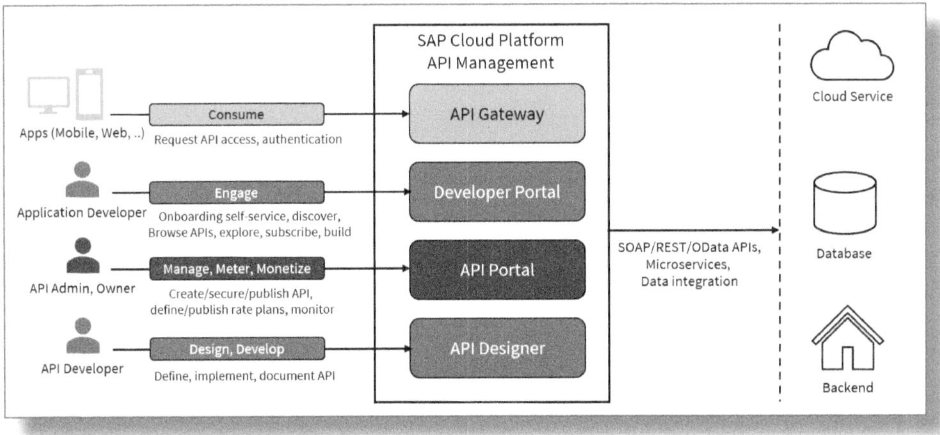

Abbildung 8.14: API-Management-Bereiche

Abbildung 8.14 zeigt die einzelnen Komponenten und deren Anwendungsbereiche: Im *API Designer* stellt der Entwickler eine API bereit bzw. identifiziert eine freizugebende API in einem anderen System (SAP S/4HANA). Anschließend wird im *API Portal* ein API Proxy angelegt, der konfiguriert wird. Es besteht die Möglichkeit, Aufrufeigenschaften zu bestimmen (z. B. die Anzahl der Aufrufe pro Zeiteinheit) und eine Monetarisierung zu hinterlegen (z. B. sind die ersten zehn Aufrufe pro Tag gratis, danach entstehen Kosten in Höhe von 5 Cent pro Aufruf). Die API wird im *Developer Portal* in Form eines Produktes bereitgestellt und kann durch einen Entwickler konsumiert werden. Der Aufruf der API erfolgt während der Laufzeit über den sogenannten *API Gateway*.

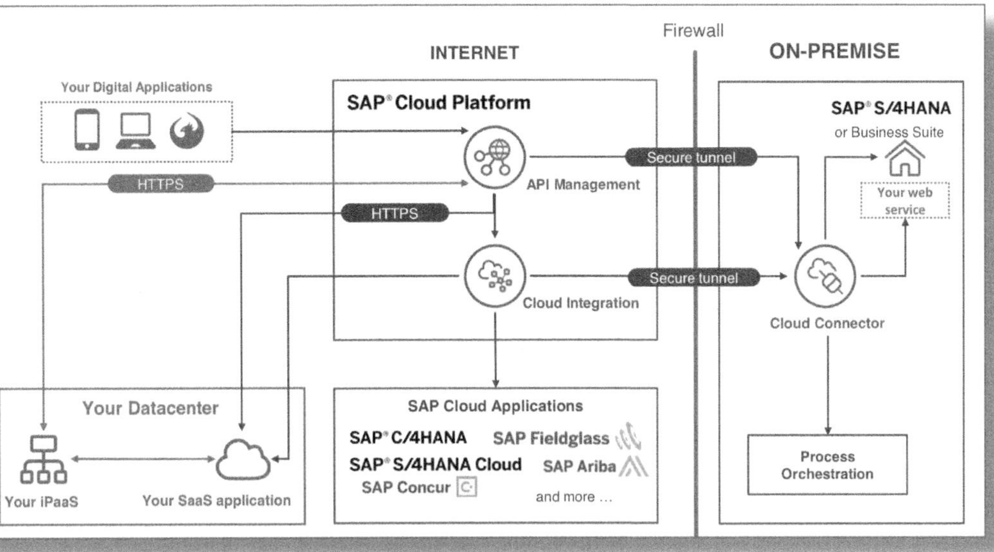

Abbildung 8.15: Anwendungsbeispiel Cloud Integration und API Management

Häufig ist eine Co-Existenz von API Management und Cloud Integration gegeben (siehe Abbildung 8.15). API Management unterstützt das Generieren von Integration Flows in Cloud Integration. Umgekehrt kann man SAP Cloud Integration als API-Provider in API Management anlegen und so die OData-Services bzw. auch die Endpunkte von Integration Flows einfach konsumieren.

8.7 Event Mesh

Im Kontext von SAP Cloud Integration fasst man unter *SAP Event Mesh* (EM, ehemals als Enterprise Messaging bezeichnet) zwei Anwendungsbereiche zusammen:

- **Cloud-Integration-intern** für die Verwendung von JMS-Queues (siehe Abschnitt 4.2.23)

- **Cloud-Integration-extern** für die Interaktion mit dem BTP-Service Event Mesh (EM)

Mit EM ist eine eventbasierte Komponente gemeint, die einen Nachrichtenaustausch auf Basis von *Queues* und *Topics* (Publish und Subscribe) unterstützt (siehe Abbildung 8.16). Eine eventbasierte Architektur ermöglicht eine gänzlich entkoppelte Integration von Anwendungen, d. h., unabhängig von der Antwort des Empfängersystems ist das Sendersystem in der Lage, Ereignisse zum Zustand von Daten und Prozessen in eine Queue oder an ein Topic zu publizieren. Das oder die interessierten Systeme subskribieren sich an diese/n Queue/Topic. Auf diese Weise wird über die Ereignisse informiert. Es kann sich dabei um kurzlebige Ereignisse handeln (z. B. »Ein Kunde mit der Nummer 4711 wurde angelegt«), oder auch ausführlichere Geschehnisse (z. B. »Kundenauftrag 1200 vom Typ EC01 (E-Commerce) wurde am 01.12.2022 in der Verkaufsorganisation DE03 (Online-Vertrieb Deutschland) zur Kundennummer 0815 und mit dem Listenpreis 9800 EUR angelegt«).

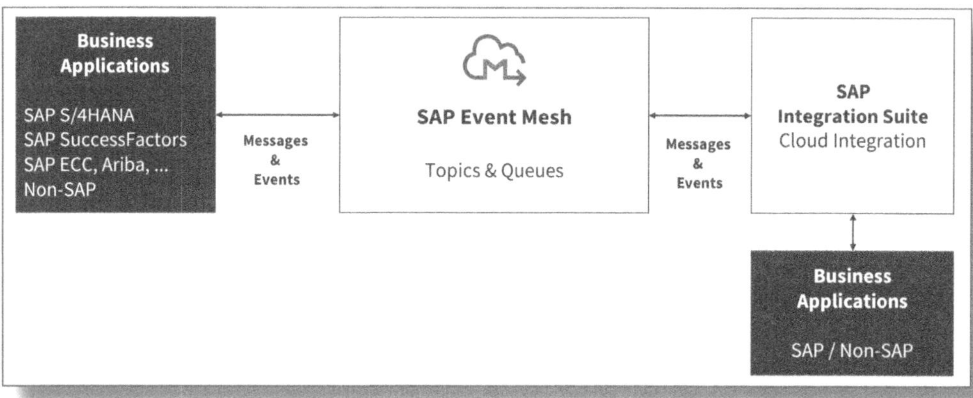

Abbildung 8.16: SAP Event Mesh

Eine Interaktion zwischen Cloud Integration und Event Mesh ist über den HTTP- und AMQP-Adapter möglich und unterstützt so den Austausch von Nachrichten, wenn weitere Integrationselemente wie Mapping, Routing oder spezifische Kommunikationsprotokolle notwendig sind.

Zusätzlich existiert ein weiterer BTP-Service als Teil der Integration Suite: *Advanced Event Mesh*. Es handelt sich dabei um die Möglichkeit, mehrere Event-Mesh-Instanzen miteinander zu koppeln und sowohl in der Cloud als auch On-Premise zu betreiben. Advanced Event Mesh wird von der SAP nicht nur als *Message Broker* positioniert, sondern analog zu Kafka als Event-Streaming-Plattform (siehe Abschnitt 4.2.9).

Advanced Event Mesh

Für weiterführende Informationen, inklusive eines Vergleichs der Event-Mesh-Komponenten, besuchen Sie folgenden Blogeintrag: *https://bit.ly/3Yfazli*.

8.8 Open Connectors

Mit *SAP Open Connectors* ist man in der Lage, über standardisierte APIs auf eine Vielzahl von (Cloud-basierten) Anwendungen zuzugreifen. Es handelt sich jedoch nicht um Adapter, die auf Cloud Integration verwendet werden, sondern um den API-Zugriff auf eine Plattform (Open Connectors), die über eigene Adapter in einer separaten Laufzeitumgebung (aktuell im Datacenter von AWS) die jeweilige Anwendung aufruft. Technisch ist dies eine SAP-spezifische Ausprägung der Plattform **Cloud Elements** (*www.cloud-elements.com*).

Open Connectors kann man über Cloud Integration konsumieren (via OpenConnectors-Adapter, siehe Abschnitt 4.2.18) bzw. über HTTP sowie über andere Dienste auf der SAP BTP (siehe Abbildung 8.17).

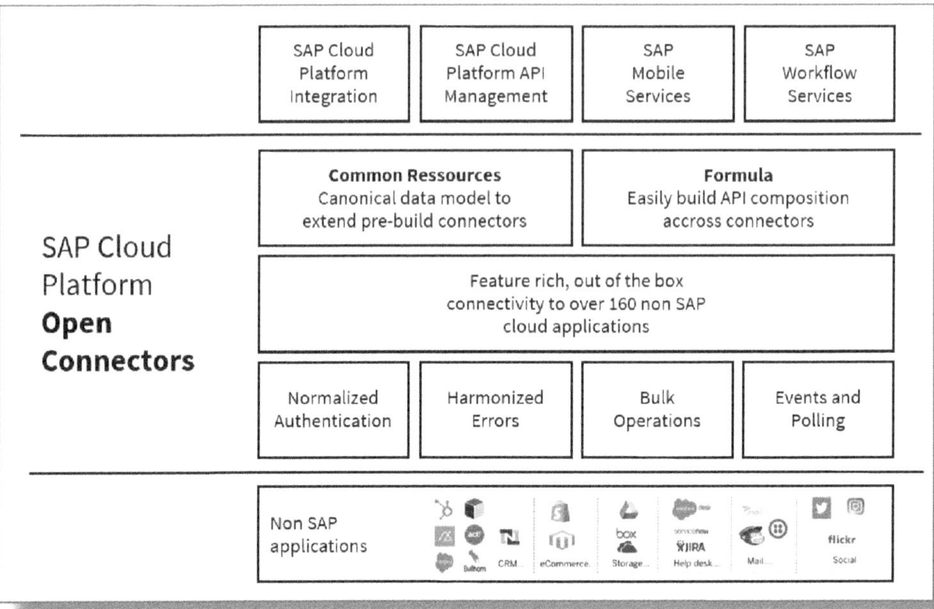

Abbildung 8.17: Open-Connectors-Architektur

Um den Dienst zu nutzen, aktiviert man den Service im Account Cockpit (als Trial bzw. im Rahmen des Enterprise Agreements, siehe Abbildung 8.18).

Um den Unterschied zwischen einer direkten Kommunikation über SAP Cloud Integration und einer Interaktion über SAP Cloud Integration und Open Connectors zu verdeutlichen, wird hier die Integration mit Twitter und OneDrive betrachtet: Open Connectors integriert beide Dienste, während Cloud Integration nur einen Adapter zu Twitter anbietet.

Eine Integration beider Dienste könnte mithilfe von Cloud Integration und Open Connectors, wie in Abbildung 8.19 gezeigt, erfolgen, während man eine Twitter-Integration auch direkt mit Cloud Integration durchführen könnte (siehe Abschnitt 4.2.27). Würde man unmittelbar von SAP Cloud Integration mit OneDrive interagieren wollen, müsste man zunächst ermitteln, wie der Dienst aufgerufen werden kann (URL), wie die Authentifizierung erfolgt und welche Abfolge von (HTTP-/OData-)Aufrufen man durchführen müsste, um die API korrekt zu starten.

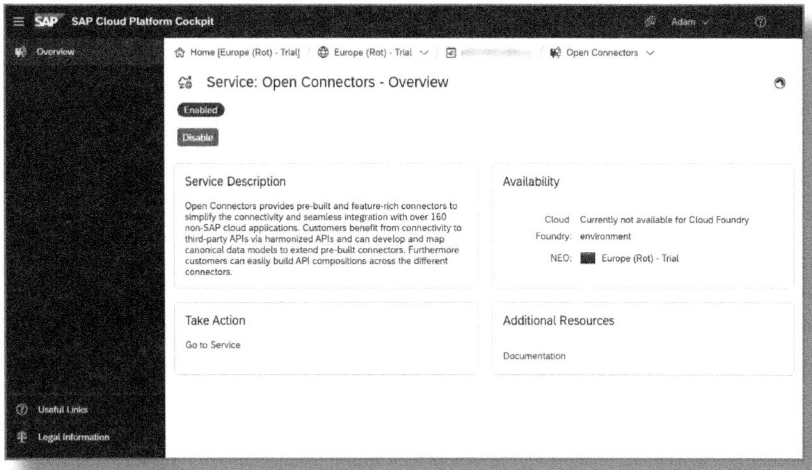

Abbildung 8.18: SAP Open Connectors

Diese Fragen sind beim Einsatz von Open Connectors bereits geklärt, d. h., man kann direkt mit der Verwendung beginnen, sobald man das Grundprinzip verstanden hat:

1. Aktivierung und Anmeldung in Open Connectors
2. Auswahl des Connectors und Anlage einer »Instance« (inkl. Authentifizierung)
3. Analyse der Dokumentation (API Docs) und Aufruf in SAP Cloud Integration

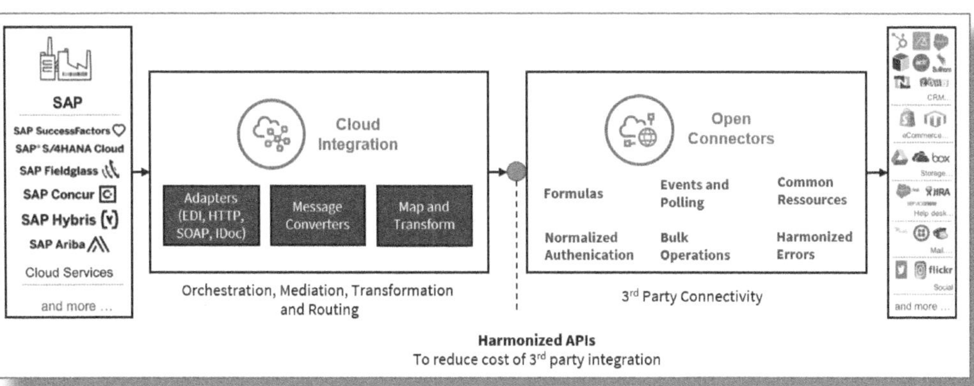

Abbildung 8.19: Open Connectors und Cloud Integration

8.9 Integration Assessment

SAP hat mit der *Integration Solution Advisory Methodology* (ISA-M) ein Konzept entwickelt, mit dessen Hilfe sich Organisationen Richtlinien für Integrationsthemen erarbeiten können. Ziel ist, neben einer Sensibilisierung für das Thema in den Unternehmensbereichen, vor allem die Definition einer Integrationsstrategie und Governance für die Entwicklung und Bereitstellung von Schnittstellen. Basierend auf ISA-M erweitert das *Integration Assessment* die Richtlinien um eine systematische Organisation aller Auswahlentscheidungen für Integrationstechnologie-Komponenten. Der Service ist Teil der SAP Integration Suite auf Cloud Foundry und wird als Capability aktiviert. Sie konfigurieren dabei, basierend auf Ihren Integrationstechnologien und Kriterien, einen formularbasierten Fragebogen, der Integrationsanforderungen systematisch erfasst, dokumentiert und eine passende Technologie-Komponente vorschlägt. In Abbildung 8.20 sehen Sie exemplarisch für die Key Characteristic *Connectivity*, inwieweit das Technologieprofil »SAP Integration Suite, Cloud Integration« bestimmte Aspekte gut, nur teilweise oder nicht unterstützt.

Abbildung 8.20: Integration Assessment

ISA-M

Weiterführende Informationen zu ISA-M finden Sie unter folgendem Blogbeitrag: *https://bit.ly/3uEUUOn*.

8.10 Workflow und Business Rules

SAP Workflow Management erlaubt das grafische Modellieren und Ausführen von benutzerzentrischen Workflows und fungiert während der Laufzeit als Task Management System. Es stellt das Pendant zu *SAP NetWeaver BPM* als Teil von *SAP Process Orchestration* für die Cloud dar.

Workflows werden im *SAP Web IDE* (Integrated Development Environment) der SAP BTP, basierend auf dem BPMN-Standard, modelliert. Im Account Cockpit wird Workflow gemeinsam mit BUSINESS RULES in der Kategorie INTELLIGENT BUSINESS PROCESS MANAGEMENT aufgelistet (siehe Abbildung 8.21).

BUSINESS RULES ermöglichen die Modellierung von Geschäftsregeln (meist in Form von Entscheidungstabellen), die im Rahmen von Workflows abgefragt werden. Dabei kann es sich um einfache Regeln (»Darf Benutzer X ein Angebot mit der Summe Y in Region Z unterzeichnen?«), aber auch um komplexere Preisberechnungen handeln.

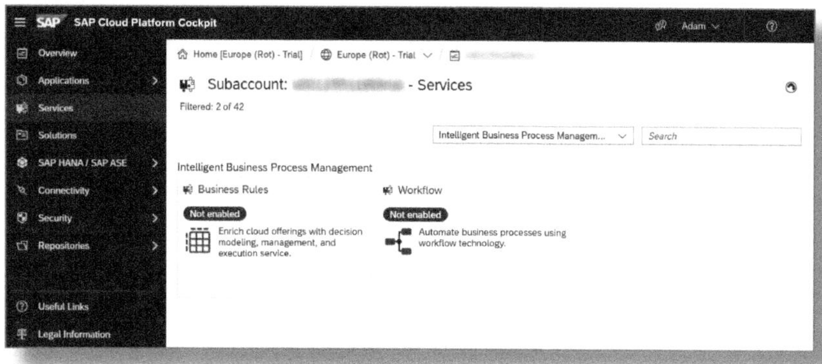

Abbildung 8.21: Intelligent BPM

Eine Integration zwischen SAP Cloud Integration und SAP CP Workflow ist aus beiden Richtungen möglich (siehe Abbildung 8.22):

- SAP Cloud Integration startet einen Workflow, um eine Benutzerinteraktion zu gestatten.
- Workflow ruft einen SAP Cloud Integration iFlow auf, um die Verbindung zu einer Anwendung herzustellen, die nicht direkt erfolgen kann bzw. soll.

Erkennbar ist ebenso die direkte Interaktion von Workflow und Business Rules.

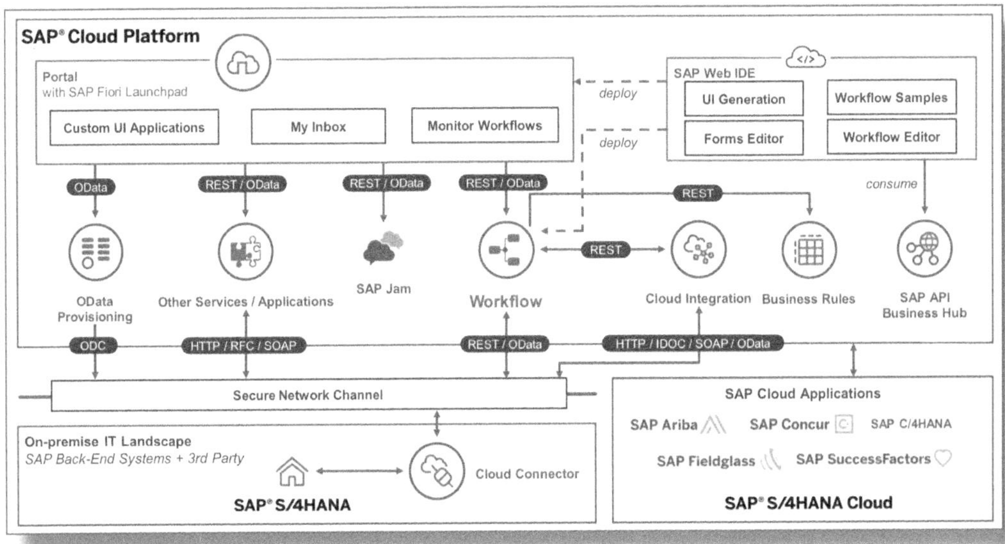

Abbildung 8.22: Workflow-Architektur

8.11 SAP-Partner-Add-ons

Neben zusätzlichen Lösungen für die Konnektivität (siehe Abschnitt 4.2.28) existieren solche von SAP-Partnern für die Themenbereiche der Schnittstellenverwaltung (Interface Management), die hier als Empfehlung aufgeführt werden:

- **Benutzeroberfläche (Message Store)**
  - Lösung: *WHINT MessageStore Viewer* – UI5 Anwendung für die Anzeige von Nachrichten im Message Store
  - Lizenzmodell: gratis
  - Anbieter: whitepaper.id GmbH (*http://blog.whint.de/whint-messagestore-viewer-for-sap-cpi/*)
- **Benutzeroberfläche (Produktivität)**
  - Lösung: *SAP CPI Helper* – Verbesserung der Navigation zwischen Design und Monitoring als Google Chrome Plugin
  - Lizenzmodell: gratis
  - Anbieter: Kangoolutions UG (*https://github.com/dbeck121/CPI-Helper-Chrome-Extension*)
- **Dokumentation und Reporting**
  - Lösung: *WHINT Interface Catalog* – Katalogisierung von SAP Cloud Integration und API Management in Excel
  - Lösung: *WHINT Interface Documentation* – Dokumentation und Qualitätsprüfungen von Cloud Integration Content und API Management als PDF-Extraktion
  - Lizenzmodell: kostenpflichtig
  - Anbieter: whitepaper.id GmbH (*www.whint.de*)
- **Monitoring und Alerting**
  - Lösung: *WHINT Interface Monitoring* – Prüfung des Cloud Integration Tenants und API Management Proxies auf Fehler und Benachrichtigung via E-Mail
  - Lizenzmodell: kostenpflichtig
  - Anbieter: whitepaper.id GmbH (*www.whint.de*)
- **DevOps: Change Management**
  - Lösung: *IRT Cloud* – Verwaltung von Änderungen, verbessertes Transportwesen, Testen von iFlows
  - Lizenzmodell: kostenpflichtig
  - Anbieter: Figaf ApS (*www.figaf.com*)

9 Zusammenfassung und Ausblick

SAP Cloud Integration unterliegt einem permanenten Wandel. Es werden regelmäßig Änderungen in Form von Erweiterungen und Verbesserungen bereitgestellt. Dies geschieht ohne großes Risiko für den Betrieb vorhandener Schnittstellen, die Testmechanismen der SAP sind deutlich intensiver als bei klassischen On-Premise-Produkten, bei denen man den Zeitpunkt des Einspielens selbst bestimmen kann, nachdem man seine Integrationsszenarien ggf. intensiv getestet hat. Während dieses Buch geschrieben wurde, hat die SAP wieder neue Funktionen hinzugefügt und weitere Möglichkeiten der Integration ergänzt. Dazu entwickeln SAP-Partner neue Add-ons, die den Standard erweitern und zusätzlichen Nutzen bringen.

SAP Cloud Integration ist Teil einer Integrationsplattform (siehe Kapitel 2), deren Komponenten einen eigenständigen Nutzen liefern, aber auch einen kombinierten, indem sich die Dienste gegenseitig befruchten bzw. in ihrer Funktionalität ergänzen (siehe Kapitel 8).

Auf dem Weg zu einer *hybriden Integrationsplattform (HIP)* überträgt die *Integration Suite* der SAP diesen Ansatz aus der Cloud in die Rechenzentren der SAP-Kunden. Heute ist es mit SAP Process Orchestration 7.50 bereits möglich, Cloud Integration Content lokal zu betreiben (On-Premise, siehe Abschnitt 8.4), jedoch bereitet die SAP sich schon auf eine Zeit nach SAP PO vor und plant, 2023 eine lokale Version von Cloud Integration (ohne PO) als sogenannte »Neuron Edge« auszuliefern (gemeinsam mit einem On-Premise-API-Management).

Deren Möglichkeiten scheinen weit größer als die von SAP PO, nicht nur aufgrund des Open-Source-Ansatzes (Apache Camel), der sich hinter der Cloud Integration verbirgt (siehe Abschnitt 3.1.2). Die flexible Pipeline von SAP Cloud Integration scheint dem starren (fast schon dogmatischen) Ansatz der PI/PO überlegen zu sein, auch wenn diese Flexibilität (bzw. Freiheit) den Schnittstellenentwicklern mehr Disziplin abverlangt, weil auch einiges im Design der Schnittstellen falsch gemacht werden kann (siehe Abschnitt 3.8).

Obwohl sich die SAP in einem Markt mit starken Wettbewerbern befindet (z. B. Boomi und Mulesoft), macht der von SAP (und SAP-Partnern) gelieferte Integration Content (siehe Kapitel 6) häufig den Unterschied und lässt die Wahl als (Cloud-)Schnittstellenlösung auf SAP fallen. Zusätzlich ist der Cloud Connector ein zentraler Entscheidungsfaktor, da er die Anbindung vorhandener SAP-Systeme, die sich im eigenen Rechenzentrum oder im Betrieb bei einem Outsourcing-Partner befinden, deutlich vereinfacht.

Die SAP hat erkannt, dass Integration ein Erfolgsfaktor für viele Kunden darstellt – nicht nur für die SAP-interne Kommunikation, sondern auch für die gesamte Landschaft der Unternehmen, die häufig heterogen und (je nach Unternehmensgröße und -historie) sehr komplex sein kann. Dies lässt hoffen, dass noch viele Erweiterungen und Investitionen der SAP in die Produkte Cloud Integration und Integration Suite fließen werden.

Ein letzter Hinweis betrifft die allgemeinen Themen Interface Management und Integration Excellence (siehe Abschnitt 3.8): Integration ist wichtig und wird in Zeiten zunehmender Digitalisierung, Cloud-Initiativen und Best-of-Breed-Strategien immer bedeutsamer. Nicht nur bei großen Änderungsprozessen wie Migrationen von SAP ECC nach S/4HANA oder von SAP Process Orchestration nach SAP Cloud Integration sowie Mergers und Carve-Outs sollten Sie eine zentrale, ganzheitliche Übersicht und aktuelle Dokumentation über Ihre Schnittstellen im Unternehmen vorhalten. Dies ist ebenso bedeutsam wie ein smarter Betrieb mit automatisiertem Monitoring und Alerting. Exzellenz im Bereich robuster Integration von Anwendungen erreicht man häufig erst, wenn noch automatisierte Prüfungen der Landschaft, Runtime und des Integration Content hinzukommen, um die Qualität und Stabilität von Schnittstellen zu optimieren, damit (digitale) Geschäftsprozesse unterbrechungsfrei laufen können.

A Der Autor

Adam Kiwon hat seine berufliche Laufbahn nach dem Studium der Wirtschaftsinformatik als Entwickler bei SAP in Walldorf begonnen. Dort war er im Bereich R/3 Financials hauptsächlich für die Schnittstelle zum Rechnungswesen zuständig und war seitdem (bis heute) mit dem Thema anwendungsübergreifende Integration betraut. Als Mitglied im SAP-weiten Process Integration Council war er an der Entwicklung von Enterprise Services und Global Datatypes beteiligt; er ist auch Patentmitinhaber ebendieser.

Als Senior Consultant in der Practice Unit Process Integration bei SAP Deutschland hat Kiwon diverse Projekte und Ramp-Ups (Markteinführungen) betreut und geleitet. Er war für Unternehmen in Deutschland sowie international aktiv, um SAPs Middleware (SAP XI/PI/PO) einzuführen oder von anderen Herstellern zu migrieren. Zuletzt leitete er die bereichsübergreifende Arbeitsgruppe SOA Middleware Architecture.

Nach neun Jahren bei SAP wechselte er zu einem SAP-Partner und baute dort ein Team für die Themen SAP EAI und BPM auf. Seit jeher ist er auch als Trainer für SAP Education aktiv (für Business Integration Technology/BIT Trainings) und hält bis heute gelegentlich die Schulung CLD900 (SAP Integration Suite).

2014 gründete er Whitepaper InterfaceDesign, ein Software- und Beratungsunternehmen, das auf SAP Integration und Interface Management spezialisiert ist und neben Consulting Services insbesondere auch Lösungen für die Automatisierung der Organisation und Optimierung von Schnittstellen anbietet. Durch seine branchen- und länderübergreifende Erfahrung in Unternehmen unterschiedlicher Größe hat er viele Herausforderungen in der Entwicklung und dem Betrieb von Schnittstellen-Landschaften erlebt und strebt seither mit seinen Mitarbeitern und für seine Kunden nach »Integration Excellence«. Unter diesem Namen ist auch der Unternehmensblog bekannt.

B Index

A

Account Cockpit 20
- Global Account 20
- Sub-Account 20
- Tenant 20

Adapter 93
- Ariba 118
- AS2 112
- AS4 115

Adapter Development Kit (ADK) 131
Aggregator 162
Aktualisierungskonzept 206
Alerting 214
AMQP-Adapter 108
Apache Camel 29
Application-to-Application (A2A) 93
Authentifizierungsmethoden 72

B

B2B Add-on 223
B2B Business-to-Business 93
B2G Business-to-Government 93
Base64 145
Benutzerrollen 79
Berechtigungen 80

C

Calls 148
Certificate-to-User-Mappings 216
Connectivity-Tests 83
Content Enricher 150
Content Modifier 56, 137
Converter 143
CPI Content in SAP PO 230
CPI Data Services 19

D

Data Store 165
Decoder 145
Decryptor 168
Deployment 52
Design Guidelines 86

E

Eclipse 219
Elastizität 86
Electronic Data Interchange (EDI) 93
Elster-Adapter 128
Encoder 145
Encryptor 168
Enterprise Integration Patterns 29
Erweiterungskonzept 207
Events 89
Exception Subprocess 65, 89
Externalisierung von Parametern 67

F

Facebook-Adapter 129
Filter 146

G

Gateway 156
Gather 158
Groovy-Skripte 139

H

Hochverfügbarkeit 86
HTTP-Adapter 95

I

IDOC-Adapter 116
Integration Content 33
Integration Content Advisor 226
Integration Excellence 86
Integration Flow 35
Integration Package 33
Integration Pattern 89
  Process Call 154
  Send 153
Integration Platform as a Service (iPaaS) 15
Integrationsprozess 36

J

JavaScript 143
JDBC-Adapter 124
JMS-Adapter 126
Join 158

L

Laufzeitvariablen 170
LDAP-Adapter 111
Logs 218
Lokale Integrationsprozesse 62

M

Mail-Adapter 105
Mappings 132
Message Header 56
Message Mappings 132
Message Processing Log 65
Message Queues 217
Message Store 163
Modularisierung 61
Monitoring 55, 211
Multicast 157
  Parallel Multicast 158
  Sequential Multicast 158

N

Number Ranges 217

O

OData-Adapter 107
OData-Service 40
Open Connectors 237
OpenConnectors-Adapter 122

P

Partner Directory 224
Persist 163
Platform as a Service (PaaS) 15
Process Call
  Looping Process Call 154
ProcessDirect-Adapter 63, 126

Q

Queueing 66

R

Request Reply 149
RFC-Adapter 117
Router 156
Routings 156
Runtime Node 28

S

SAP API Business Hub 201
SAP Cloud ALM for Operations 221
SAP Cloud Connector 84
SAP Cloud Platform
- Alert Notification 88
- API-Management 233
- Integration Suite 16
- Transport Service 71

SAP Cloud Platform Workflow 241
SAP Event Mesh 235
SAP Focused Run (FRUN) 220
SAP Process Integration (PI) 14
SAP Process Orchestration (PO) 14, 228
SAP Solution Manager 220
SAP Trust Center 32
Schnittstellenplattform 13
SFTP-Adapter 100
Signer 169
SOAP-Adapter 97
Splitter 160
- EDI Splitter 161
- General Splitter 160
- IDoc Splitter 161
- Iterating Splitter 161
- PKCS#7/CMS Splitter 161

SuccessFactors-Adapter 119

T

Tenant Management Node 28
Timer Start Event 91
Trace 213
Transformationen 132
Transport 52, 67, 69
Twitter-Adapter 130

U

User Role 72

V

Value Mapping 45
Variables 167
Verifier 169

X

XI-Adapter 120
XML Validator 169
XSLT Mappings 136

Z

Zertifikate 216
Zertifizierungsstellen 76
ZIP 145

C Disclaimer

Die in diesem Werk wiedergegebenen Gebrauchsnamen, Handelsnamen, Warenbezeichnungen usw. können auch ohne besondere Kennzeichnung Marken sein und als solche den gesetzlichen Bestimmungen unterliegen. Sämtliche in diesem Werk abgedruckten Bildschirmabzüge unterliegen dem Urheberrecht der SAP SE, Dietmar-Hopp-Allee 16, 69190 Walldorf.

In dieser Publikation wird auf Produkte der SAP SE Bezug genommen. SAP, R/3, SAP NetWeaver, Duet, PartnerEdge, ByDesign, SAP BusinessObjects Explorer, StreamWork und weitere im Text erwähnte SAP-Produkte und -Dienstleistungen sowie die entsprechenden Logos sind Marken oder eingetragene Marken der SAP SE in Deutschland und anderen Ländern. Business Objects und das Business-Objects-Logo, BusinessObjects, Crystal Reports, Crystal Decisions, Web Intelligence, Xcelsius und andere im Text erwähnte Business-Objects-Produkte und -Dienstleistungen sowie die entsprechenden Logos sind Marken oder eingetragene Marken der Business Objects Software Ltd. Business Objects ist ein Unternehmen der SAP SE. Sybase und Adaptive Server, iAnywhere, Sybase 365, SQL Anywhere und weitere im Text erwähnte Sybase-Produkte und -Dienstleistungen sowie die entsprechenden Logos sind Marken oder eingetragene Marken der Sybase Inc. Sybase ist ein Unternehmen der SAP SE. Alle anderen Namen von Produkten und Dienstleistungen sind Marken der jeweiligen Firmen. Die Angaben im Text sind unverbindlich und dienen lediglich zu Informationszwecken. Produkte können länderspezifische Unterschiede aufweisen.

Der SAP-Konzern übernimmt keinerlei Haftung oder Garantie für Fehler oder Unvollständigkeiten in dieser Publikation. Der SAP-Konzern steht lediglich für SAP-Produkte und -Dienstleistungen nach der Maßgabe ein, die in der Vereinbarung über die jeweiligen Produkte und Dienstleistungen ausdrücklich geregelt ist. Aus den in dieser Publikation enthaltenen Informationen ergibt sich keine weiterführende Haftung.

Weitere Bücher von Espresso Tutorials

Sebastian Abshoff:

Mobile Apps mit den SAP® Cloud Platform Mobile Services

- Einrichtung der SAP Cloud Platform Mobile Services
- Micro-Apps mit SAP Mobile Cards
- Apps für iOS/Android mit SAP Cloud Platform SDK und SAP Mobile Development Kit
- Online- und Offline-OData

http://5345.espresso-tutorials.de

Maximilian Köbler:

Schnelleinstieg in SAP S/4HANA® Cloud

- Einsatzszenarien für SAP S/4HANA Cloud
- Integrationsmöglichkeiten und verfügbare Schnittstellen
- Embedded Analytics für Key-User und Anwender
- Wohin geht die Reise? Die offizielle Cloud-Roadmap der SAP

http://5379.espresso-tutorials.de

Tobias Steckenborn:

Schnelleinstieg in SAP® Cloud Platform Workflow

- Optimierung des Geschäftsprozessmanagements mit SAP
- Modellierung von Geschäftsprozessen mit BPMN
- Gestaltung von Workflows auf SAP Cloud Platform
- Erstellung von Oberflächen zur Bearbeitung von Aktivitäten eines Workflows

http://5427.espresso-tutorials.de

Udo Walsch, Stefan Endrejat:

Schnelleinstieg SAP® SuccessFactors – Employee Central mit Recruiting und Learning

- Tipps für den Umgang mit den Modulen in SAP SuccessFactors
- Einblick in die Administration von Employee Central (EC)
- Möglichkeiten und Stolpersteine im Modul Recruiting
- Objekte, Rollen und Konfiguration von SF Learning

http://5429.espresso-tutorials.de